绿原译文集

第十卷

叔本华文选

〔德〕叔本华／著　绿原／译

LÜ YUAN
SAMMLUNG
VON
ÜBERSETZUNGEN

人民文学出版社

目　次

新编前言 …………………………………………… 1
旧编译本序 ………………………………………… 1

自我思考 …………………………………………… 1
论写作与风格 ……………………………………… 11
论博学与学者 ……………………………………… 43
论阅读与书籍 ……………………………………… 54
关于美的形而上学与美学 ………………………… 65
论判断、批评、赞许与荣誉 ……………………… 102
论天才 ……………………………………………… 126
论自杀 ……………………………………………… 140
心理学备考 ………………………………………… 145
论教育 ……………………………………………… 177
论妇女 ……………………………………………… 183
论噪音 ……………………………………………… 195
比方,譬喻和寓言 ………………………………… 199
关于文学写作的美学 ……………………………… 207
关于音乐的形而上学 ……………………………… 222
关于音乐的内在本质 ……………………………… 232

关于艺术的内在本质 ·············· 235
关于可笑性原理 ················ 240
论历史 ······················ 253

附录:几首诗的说明 ·············· 261

总目次 ······················ 263

新编前言[*]

这本"新编"是将十年以前问世的一本《叔本华散文选》(百花出版社,1997年初版)清除某些误植之后予以增订而成的。增订的内容为:《关于文学写作的美学》《关于音乐的形而上学》《关于音乐的内在本质》《关于艺术的内在本质》《关于可笑性原理》《论历史》等篇,均译自叔本华的主要著作《作为意志与表象的世界》。新编虽然增加了篇目,仍不足以作为作者的卷帙浩繁的毕生事业之客观的反映,毋宁应视为译者对这位大家挂一漏万的选读之主观的记录,虽然由此可见译者兴趣和精力的有限。

叔本华作为哲学家,向有悲观主义者的称号。其实,他对人世并没有从个人出发的叹老嗟贫之类的悲音,自然也没有天真、幼稚的乐观主义论调;他不过惯于冷静地阐述对人生逻辑之大小前提的见解,精辟地言人之所未言的有关哲理。识者云:作为叔本华的认真的读者,毕竟以摆脱那个"称号"的牵制、直接阅读他的原著为宜。

---

[*] 本卷主要内容系叔本华的《附录与补遗》的一个选本,取自《叔本华散文》(人民文学出版社2008年版)。叔本华(1788—1860),德国哲学家,悲观主义与非理性冲动的主要阐释者,后世生命哲学与存在主义哲学的先驱,黑格尔绝对唯心主义的反对者,自称为康德的唯一继承人。以优美的文体描述但丁式的苦难世界观,以"艺术"为唯一摆脱意志束缚的"短暂的救星"。因受同代人冷遇而愤世嫉俗,但坚信自己所代表的真理会得到最后胜利。直到去世前几年,其哲学方为世界所重视。主要著作有:《论充足理由律的四重根》(1813),《作为意志与表象的世界》(1819),《论自然界中的意志》(1836),《伦理学的两个基本问题》(1841),以及包括著名的《处世格言》在内的《附录与补遗》(1851)。

叔本华的哲学来源于康德的批判唯心主义，兼收费希特、谢林等人以自我为中心的人生观，虽然他同时又在自己独特的唯意志论的基础上，对后者表示了轻蔑。他的主要著作的题目是《作为意志与表象的世界》，其中"表象"（Vorstellung）在这里还可译作"观念"，是指经过感知的客观事物在脑中再现的形象；用他自己的说法，也可叫作"意志的客观化"。那么，世界是什么？在他看来，不过就是意志及其客观化的幻象，进一步认识的关键在于首先弄清楚他笔下的"意志"。意志，类似康德的"物自体"，是一种盲目的、无理性的力量，凌驾在人的智力之上，使人屈从于本性、情绪、性冲动等；因此有"意志是主子，智力是仆人"的说法。而叔氏更把意志比作一个肩头扛着一个跛足智力的盲人。康德把世界分为现象的和本体的；叔本华则把自我也分为现象的和本体的。从现象上说，人作为感知的对象，也是一种物自体；从本体上说，人只能是意志的显现。但是，在反二元论的原则立场上，为了理解人的整体性，他不得不悲观主义地强调意志的贪婪的主宰力量。在他看来，意志独立于时间与空间，超越各种无机和有机现象，包括世界万物的本性和各种现象的内核——它的无所不在、无所不至和无所不为，注定人生多苦恼，幸福不过是幻想。人生苦恼的唯一稀释剂是艺术。只有从事艺术，才能使人在自由的审美沉思中，找到避免屈从于意志的唯一场所；可惜的是，艺术虽然比有涯的人生要长久，但在人类的盲目意志的客观化气焰面前，毕竟只能提供暂时的慰藉。因此叔氏求救于佛教，视佛教和否定人世的神秘主义高于当代流行的基督教神学。他不是首先向德国哲学介绍印度宗教的人，但他却最坚决拥护佛教通过冥想达到否定人世的原则，即通过自我否定和逆来顺受等苦行实践，化解并根除个人意志，进而输入一种万念皆空、死后寂灭的涅槃意识，以便在现实的今世苦难和想象的死后磨难中，为自己的哲学理念建立一个似可与实际生活相呼应的立足点。

由于对当时一般学院派，特别是如日中天的黑格尔学派，抱着严厉的不妥协的对抗态度，叔本华受尽了同代人的冷遇。他一生不得志，但坚信真理的最后胜利(如他所说，"真理终会到来，因为它永久存在")；直到晚年，一八五三年(他卒于1860年)，他的哲学思想才开始为思想界所重视。叔本华的思想遗产对后世的哲学如生命哲学、存在主义哲学以及人类学等，起过积极的促进作用。他的文字优雅，少有哲学家惯用的术语及其晦涩风格，因此直到后世，他的格言、警句往往比他的玄学体系拥有更多的读者，这恐怕是他始料不及而又无可奈何的。据说奠定他的散文家地位的，是其散文集《附录与补遗》(Parerga und Paralipomena, 1851)，被激赏于欧陆文坛大家如托尔斯泰、康拉德、普鲁斯特、托马斯·曼、弗洛伊德等人。

叔本华充分利用德语特有的框型结构，把他的奇思妙想分布在这个结构的各个部位，往往令读者在一而再、再而三的眼花缭乱之后，才勉强接近他的全部思维的轮廓。在翻译过程中，译者难免有如下两种顾虑：一是如何照顾作者的风格，一是如何照顾汉语读者的习惯。前例是：原文如为一个包孕句(Verwickelter Satz)，犹如一株枝叶繁茂的树干，一般资深译者出于某种考虑，往往动手把那些枝叶即修饰性从句，从树干即主句上，一一撕扯下来即单独译出来，然后把它们和主句并列在一起，以为这样会帮助读者细致了解原文。窃以为：如此忽视构件的主从与表述的轻重，可能在一般文字中不大引起注意，也就容易导向大而化之。殊不知这种译法与作者的严谨风格、与干枝分明的原文相去甚远，是不值得提倡的。后例是：原文如为由一个连接词将条件从句和主句连在一起的复合句(Zusammengesetzter Satz)，大都是把主句放在前面，把以"因为""只要""既然"等连接词开头的条件从句放在后面。这种句型在汉语中已逐渐流行，译者一般不加考虑地采用这种造句结构，是可以理解的。不过，窃以为：在合理从俗的前提下，如果条件从句过长，把主句放在前面，便会离它越来越远，以致给读者掌握全句意义造成困难，因此似有必要按照实际情况，尊重汉语习惯，把主句移到从句后面来。

这里想重复一下旧编"译本序"中的一句话，"本集译者不想也不能把这位有棱有角的哲学家变成一个他本人所厌恶的谦谦君子,便只好照原文把他译了出来。"这个态度在本书增订过程中也没有改变,是否得当,尚需候教于高明。

绿 原

二〇〇七年五月

北京东郊八里庄

旧编译本序

据说真正可读的书往往并不需要序跋之类,因为它的内容将会或已经说明一切。本书大概还不是不可读的书,读者读完了,方萦怀于正文之不暇,非正文的跋或后记固不必照顾体例非写不可;但作者既是一百多年前的一位西方哲学家,如果开卷之初,对其身世、著述、生前坎坷、身后争议有所了解,读起来不是会少一点疑讶么?何况本书在他的全集中题材繁博而平易,文笔坦率而凝练,具有特异的风格——风格即人,风格的所以然就是人的性格的所以然:这就要一篇序文先来测试一下才好。对于它的译本的读者,这篇序文更是不得不写的,而且不得不比一般序文写得更长一点,也更杂一点。

中国有句谚语,"时势造英雄",只说了事实的一半。眼界宽一点,时势还造就了哲学家,甚至还造就了他的读者。这里所说的"时势",是指十九世纪上半叶的欧洲历史,也就是本书作者、这位西方现代悲观主义哲学先驱的生活环境。那时,一七八九年燃起来的革命火焰已经衰微,"革命的儿子"拿破仑变成了"反革命的女婿",贝多芬把自己原来献给他的《英雄交响乐》撕得粉碎;接着,从滑铁卢之役经过圣赫勒拿岛到达"神圣同盟":欧洲的封建专制政治进一步巩固了,虽然革命的灰烬还在暗中燃烧,直到一八四八年才似乎一闪而灭。这几次革命,其起因是很复杂的,一般说来,并非由被压迫在底层的饥饿的贫民所发动,站在前列和后台的倒是接近封建压迫者而要求民主的中产阶级代表人物。革命失败,战争频仍,希望和信仰遭到背弃,整个时代弥漫着悲观气氛。在文学方面出现了拜伦、缪塞、海涅、莱奥帕迪等大诗人;在哲学方面则是本书的作者阿图尔·叔本华,他把关于支配一切发展与运动的宇宙力量的思想改造成为彻底的悲观主义。尽管叔本华自己说,唯一使他感兴趣的是关系到一切时代和一切地方的每个人的事物,只要他有从事研究的机会和条件,能够精制他的思想并把它们传播给世界,他就心满意足了,不论他的时代和国家的外在环境如何(见一八一九年向柏林大学求职信)。他的悲观主义哲学客观上反映了欧洲革命失败后消极绝望的中产阶级的沮丧情绪。

叔本华的双亲是荷兰后裔,父亲是个热衷于英国政治制度的充满进取精神的富商,母亲有一定的文化修养,后来成为一个相当丰产的小说家。这是一个传统意识淡薄、欢喜东奔西走的德国中产阶级家庭。一七八八年二月二十二日,阿图尔生于古老的但泽自由市,由父亲起了一个带英国味的名字;一七九三年,但泽为普鲁士占领,阿图尔刚五岁,随全家迁居汉堡;一七九七年,父亲带他去巴黎见世面,两年后返回汉堡;一八○三年,全家又离汉堡去伦敦;一八○四年离英经法国外省到瑞士,又到维也纳;一八○五年重返汉堡。在国外旅游的若干年间,一再发生反法联盟战争,战火在德国境内燃烧,但并没有十分影响阿图尔的正常成长。父亲说过,"我的儿子要读世界之书",这句话算是应验了;但是,他却要求儿子从商,儿子偏爱好文学,虽然勉强进入一家商号学习;不幸同年父亲去世(自杀?),对阿图尔打击至重,虽然父子在就业问题上有矛盾,但是儿子一直十分敬爱父亲。母亲约翰娜·叔本华为人放达,对丈夫并无深厚感情,次年即把尚未成年的阿图尔留在汉堡,自己迁居魏玛,正式开始作家生涯,成为以歌德为核心的文艺圈子里的一员。随着年龄的增长,阿图尔和母亲之间多方面的分歧日益明显:首先是不满她轻易淡忘他所敬爱的亡父,其次是对她的文学声誉产生嫉妒(他极不愿被人称作"小说家约翰娜·叔本华的儿子"),最后是对魏玛沙龙的繁文缛节亦即一般文坛的虚浮气氛的不适应以至反感。这时,他已不再遵照父亲的遗愿走从商的道路,而是按部就班地报考文科中学和大学,逐步完成他的哲学家使命所必需的修养和造诣。这期间他几次回到魏玛他母亲的家里,很快发现两人不能同居在一个屋顶下面,于是在魏玛也分居两处,只是偶尔作为客人拜访一下母亲而已。小说家约翰娜·叔本华虽然在文学史上不过昙花一现,她的全集竟达二十四卷之多,她在自命不凡的主观意识支配下,觉得儿子乖张成性,和她格格不入,也就采取针锋相对的态度。母子间的恶劣关系可以通过一件轶事来说明:他的第一部著作《论充足理由律的四重根》发表以后,母亲对儿子嘲笑道,"可怜的孩子,你怎么会写出这样的东西呢? 连这个题目怕也只有药剂师感兴趣。"儿子当即反唇相讥,"你所有的小说被人忘光了,我这本书肯定还有人读!"在魏玛期间,约翰娜·叔本华颇见爱于歌德,因为她在社交场合,并不忌讳他随身带着他的未正式结婚的夫人克里斯蒂安娜。一次,歌德对她说,她的儿子会成为名人,母亲听了很诧异,也很不高兴,因为她不相信,一个家里会出两个天才。一八一四年,母子发生了激烈的口角,她把他推下了楼,从此彻底决裂,彼此再也没有相见。他临走时对她说:"你在历史上将因我而被人记住。"

　　一八〇九年,叔本华进格廷根大学学习,研究柏拉图和康德的哲学。一八一一年,又进柏林大学,研究费希特的哲学。这时,费希特号召德国青年参加反拿破仑的"解放战争",叔本华一度为这股民族主义热情所动,但终于还是留在魏玛乡下撰写他的博士论文,即《论充足理由律的四重根》。所谓"论充足理由律的四重根",就是因果律的四种形式:一,逻辑上以前提决定结论;二,物理上以前因决定后果;三,数学上以数学和机械原理决定结构;四,伦理上以性格决定行为。在兵荒马乱的形势下,哲学新星的处女作不止是受到母亲的嘲笑,是不足为怪的。在魏玛期间,叔本华拜访过歌德,两人谈得很投缘,还专门讨论过歌德的《颜色论》;后来,他撰写过一篇《论视觉与颜色》(1815),就是为了支援歌德反驳批评歌德的《颜色论》的牛顿主义者。离开魏玛后,在德累斯顿待了四年,叔本华埋头致力于他的"主要著作",他一贯这样称呼《作为意志与表象的世界》。

一八一八年，叔本华的"主要著作"问世了，包括四部分，附录是对康德哲学的批判。第一部分在经验现实的意义上谈作为表象的世界，即科学的对象；第二部分谈作为意志（＝生存意志）的世界；第三部分按第二种意义谈作为表象（作为柏拉图理念）的世界，即艺术的对象；第四部分按第二种意义谈意志，即从生活欲望中净化出来、仿佛转而反对自身的意志。《作为意志与表象的世界》并未按照逻辑发展的模式，提供一个综合的哲学体系，它只是一幅以康德哲学一部分为基础、受到佛教经典的深刻影响、并由个人种种挫折经验加以映衬的人生图解。他把世界分为表象和意志两极，开宗明义地宣称："世界是我的表象。"这就是说，现实是主体的表象，而表象就是感官的知觉；叔本华并不讳言这个命题来自巴克莱所谓的"存在即感知"，还认为康德的首要缺点就是对这个命题的忽略。另方面，表象是由意志产生的，意志乃是一切表象的根源，接着叔本华又宣布"另一真理"："世界是我的意志。"意志作为康德的"物自体"的具体化，独立于时间与空间之外，超然于一切有机和无机现象，与因果性和目的性无关，只在可认识的客体范围内作为生存意志发生作用。意志是盲目的，以跛足的智能为仆役，使人不断屈服于天性、情绪和性冲动。意志永远致力于完成，而完成始终不可能实现，因此人生永远没有满足，永远沉溺于痛苦之中。幸亏克制人生痛苦还有办法，即在于艺术的审美观照——这时，主体暂且摆脱日常的欲望和冲动、忧虑和利害，上升到意识的较高潜能：不再意识到个别事物，而意识到它们的永恒的形式。意志作为纯粹主体向一般表象作为纯粹客体即柏拉图理念的客观化，就是叔本华的艺术理论的基础。艺术的不同部门代表着意志客观化的不同阶段，其中音乐占有特殊的地位，因为它是意志客观化的最直接、最纯粹的体现。然而，对于人生的痛苦，艺术也只能提供暂时的慰藉；真正的解脱只有按照佛教的消极原则，通过禁欲达到对个人意志的绝对否定，从而在内心注入一种完全宁静的幸福感，是谓之"涅槃"。叔本华的悲观主义哲学的概要大致如此。话说回来，这部"主要著作"的初版像《四重根》一样失败了：出版商后来通知作者，本版大部分存书只好作为废纸处理掉。聊可告慰的是，听说歌德虽然一贯厌弃纯思辨，却浏览了一遍他的巨著，对其中关于艺术的见解颇为欣赏，还特别称赞他的文笔明净而流畅。

《作为意志与表象的世界》杀青后，叔本华再度出国，这次游历意大利；在从那不勒斯到罗马的途中，欣悉他的"主要著作于一八一八年十一月出版"，不禁豪兴大发，写了一首《大言不惭的诗》（原文如此，1819），坚信"后代自会将丰碑为我而筑"。一年后返回德累斯顿，他着手向柏林大学申请哲学讲座的主讲职务；经过呈送著作，在大学评议会上做一次报告，并通过一次口试，他被授予不拿薪金的"编外讲师"头衔。一八二○年，叔本华正式在大学里讲授哲学，题目是《整个哲学就是关于世界的本质和人的精神的学说》；可惜精心准备的讲稿像他的著作一样，又一次证明事与愿违，他遭到了彻底的失败。不过，这次也许要怪他自己：他存心要与红极一时的哲学巨子黑格尔一决雌雄，便孟浪地挑选黑格尔上课的时间开讲；他满以为学生们会像他所期望的"后代"一样，能够在他和黑格尔之间分辨是非和真假，可叹那些学生仍不过是令他失望的同代人——结果到学期终了，他的听众减少到成为零，他实实在在地被黑格尔的威望压倒了。于是，他愤而辞职，再也不进大学的讲堂，并从此产生了他对黑格尔的恶感，这种恶感从本书所收的一些文章中不难看出，已经发展到可笑而又可悲的程度：也许他果真始终认为，他的失败出自他的"死敌"的阴谋，而事实上，黑格尔当时可能还不知道这个无名的"编外讲师"及其著作呢。这里需要说明的是，叔本华既然坚持他的哲学是以康德的批判主义为基础，同时又和同样师承康德的费希特、谢林和黑格尔水火不相容，除了他本人性格上的原因，究竟有没有学术思想的分歧为依据呢？原来，康德在《纯理性批判》第一部分把他的体系分为先验美学、先验分析法和先验辩证法；这里所用的"美学"一词，不能按照一般用法来理解，只能取其字源学上的本义即表示"感觉""知觉"等,而所谓"先验美学"实系对于思想发展过程的初期阶段的研究。费希特、谢林和黑格尔师承康德,主要立足于先验分析法和先验辩证法,从意识的综合统一推演出直接思维活动的诸元素,把思维或智能假定为全部现实的最后原则,认为思维(范畴或概念)的形式活动是哲学的起点。相反,叔本华却认为思维不是最后的,而是来源于更深刻的非逻辑的意志原则;认为在某种意义上,艺术比科学更接近哲学,因为艺术不像科学那样只和推理力发生关系,而是和人的最内在性质发生关系——足见叔本华立足于其上的康德哲学基础乃是"先验美学",他正是以知识(经验和现实)中的非逻辑因素排斥和反对黑格尔及学院派的泛逻辑主义,但同时他坚持自己偏爱的英国经验派的归纳法,从而也拒绝了德国古典哲学的精华——辩证法。

　　一八二一年,叔本华又陷入了一场无谓的纠纷,继而酿成几次失败的诉讼。对头不再来自学院或文学界,而是他的房东太太的一个朋友,一个女裁缝。由于她经常在他的窗前喋喋不休,引起他的愤恨,他曾向房东太太抱怨过,虽然后者保证不再发生类似事件,但诺言并没有兑现,于是他忍无可忍,动手把女裁缝推倒在地,并把她所做的针线活连同工具一并扔到了门外。女裁缝向法院提出控诉,他亲自出庭为自己辩护,先争取到有利于被告的判决;原告不服而上诉,他因要动身去瑞士,未能留下来听讼,于是被判决一笔三百塔勒的罚款。三年后,叔本华又被传到了柏林,那个女裁缝重新控告了他,理由是她那次被殴打,使她永远丧失了谋生的能力,因此要求被告今后每季付她十五塔勒津贴作为赔偿金,而他反驳无效,不得不接受这第二次不利的判决。这位女原告已经五十多岁,除了其他疾病,后来还染上当时北德流行的霍乱症,她周围同样被传染、但病情比她轻一些的壮汉一个个死掉了,她却活了下来,而且活得很久,一直享受着叔本华被判付给她的赔偿金。二十年后她才死去,法院把这个消息通知他,他当即在通知书上写下四个押韵的拉丁字,意思是"老妇死,重负释"。不言而喻,这件旷日持久的官司及其后果,加上母亲当年对他的态度,在颇大程度上帮助培养了他对于妇女的偏见,并为他提供了在《论妇女》一文中展示女性的生存意志之显现力量的动机和素材。

一八三一年夏天,柏林流行霍乱,黑格尔罹难,叔本华唯恐被传染,匆匆逃往法兰克福,一住三十年,直到去世。在法兰克福,他靠一点祖产的利息住公寓,过着十分规则的孤寂生活。可以说,他没有一个亲人:没有母亲,没有妻子,没有孩子,没有家庭,也没有国家,除了一只被邻儿称作"小叔本华"的卷毛狗。尼采这样说过他的私淑老师,"他绝对地孤立,没有一个朋友;在一与无之间隔着一个无限。"就在这个"无限"当中,叔本华孤傲而坚忍地期待着人类对他的承认;他深信,无论怎么迟缓,承认一定会到来。一八三六年,他出版了《论自然界中的意志》,其中汇集了各种最新发现的物理科学事实来支持他的哲学见解。似乎命运存心捉弄人,这部新著仍然没有引起、更别说抓住公众的注意力。一八三八年挪威某学术团体征文,讨论意志自由能否以意识为证据加以检验,叔本华立即撰文《论人的意志的自由》应征,次年收到通知,他的论文获奖了,这是他平生历经挫折后的第一次成功;他喜出望外,无限兴奋,马上着手撰文《论道德的基础》参加第二次征文活动,信心十足地期待好事成双的佳音,结果丧气地获悉他的论文落选了,理由是形而上学和伦理学的关系缺乏足够的论证,"同情作为道德之基础"(这个后来为现代自然主义美学家们一再借用的命题)的说服力也不充分,尤为难堪的是对著名哲学家(可想而知是指哪几位)缺乏应有的尊重。这些评语无疑加剧了叔本华对于同代哲学教授们的嫉恨情绪,他不得不认为,这正是已故"元凶"黑格尔的流毒,因此他必须继续孤军奋战,坚持和扩大自己的阵地。这两篇应征论文后来(1841)被合并成一册,在法兰克福出版,换题为《伦理学的两个基本问题》。一八四四年,《作为意志与表象的世界》第二版发行,该版增加了对初版四部分正文的补充,分量超过了正文的篇幅,几乎又是一部新著:叔本华的"主要著作"今后便以这个占全集三分之一规模的宏伟结构传世了。

　　一八四八年的欧洲革命扰乱了叔本华的象牙之塔的平静生活,他从窗口皱眉望着美因河上设起的路障,他把自己的房屋让给奥军作碉堡,向街头起义群众开火;他对革命又恐惧又憎恨,他担心在一次普遍颠覆中会丧失自己的一切。但是,这场革命如马克思所说,不过是"雷声大,雨点小",叔本华所惧怕的前景并没有发生。相反,革命的失败从另一方面预示了日耳曼民族主义统一的实现和一个新的时代变迁的来临——政治上,普鲁士皇帝变成了德意志皇帝;文学上,强调政治性的"青年德意志"运动让位于谨小慎微的"诗意现实主义"——客观上就为叔本华学说的普及准备了适宜的土壤。真可谓"失之东隅,收之桑榆",叔本华的信任者和崇拜者终于逐渐出现了,如最早宣传"叔本华及其真理"(也是一本小册子的题目)的马格德堡老"议员"多尔古特,后来主编《叔本华全集》《关于叔本华哲学的书信集》的作者弗饶恩施台特,叔本华的热情通信者亚当·封·朵斯,积极捍卫叔本华身后令名、驳斥各种诽谤的《孚斯报》助编林特纳,《叔本华传》作者威廉·格温纳等人。还应提到英国评论家约翰·奥克斯福德,他在《威斯敏斯特评论》发表了著名的文章《德国哲学中的偶像破坏》(1853),第一次让叔本华作为哲学家在国外亮了相。真正使作者为广大公众所认识、所承认、所接受的,却是一八五一年出版的 Parerga und Paralipomena;这是两个希腊字,意即《附录与补遗》,似乎比以往任何一本著作的题目更不易引起兴味,难怪该稿曾经为三家出版商所拒绝,后来虽被一家接受,也只收到十几册样书代替稿酬;但是,正是这些关于一般事物的七拼八凑的浅显文章,终于成为叔本华时来运转的关键:不仅本书逐渐深入人心,原先一再遭受冷遇的著作纷纷开始重印,如《论自然界中的意志》再版,《作为意志与表象的世界》印第三版。崇拜者们也并非对整个悲观主义学说有所参悟,大都不过为其个别章节所吸引而转向了这门新哲学:有的为了音乐理论(这是叔本华的艺术理论的精华),有的为了关于性爱的形而上学(叔本华认为性行为是生存意志的典型显现,自称是从哲学上处理性欲冲动的现代第一人),有的甚至为了关于催眠术的见解。虽然各个高等学府仍然对他饷以闭门羹(在大学里受过高级思维训练的人士,很少会为新悲观主义及其鼓吹者所动),叔本华却在普通文化阶层找到越来越多的崇拜者、追随者和感兴趣的读者;而他们则在他身上发现了他们所需要的哲学家,因为他给他们讲的不是矫揉造作的、他们听不懂的形而上学术语,而是可以由生活经验印证的、他们听得懂的人生常识。此外,科学对神学的攻击,社会主义对贫困和战争的控诉,生物学对生存竞争的强调,这些客观因素同样有助于向普通读者推广叔本华的哲学。一句话,对一八四八年革命理想感到幻灭的欧洲中小资产阶级,欢呼这个代言他们的人生观和世界观的新哲学,终于使它的作者得到他苦苦期待一辈子的荣誉。叔本华晚年的乐趣就是阅读对于自己著作的好评,他贪婪地阅读着,并为"肯定还有许多没读到"而遗憾。一八五七年,波恩大学开始讲授叔本华哲学;一八五八年,柏林皇家科学院授予叔本华"院士"称号被推辞。一八六〇年九月二十一日早晨,他被发现倒在沙发上,去世的具体时间不详;二十六日葬于法兰克福公墓,墓碑按照遗愿只刻了"阿图尔·叔本华"两个字,看来他对自己的身后名已无所谓了。

叔本华逝世至今一百多年,世界经过更其凶悍的"意志"的冲突,更其繁芜的"表象"的幻现,他的悲观主义哲学体系,如果也算得上一个体系的话,并没有得到后人完整的继承和传播。但是,他在思维后面发现了欲望和本能,打破了两百年来唯理论的独断局面,在哲学史上毕竟是不可抹煞的。他的一些具体见解特别在文学艺术和心理学等方面,产生过强烈的影响,并被后人陆续开辟出一些曲径通幽的新领域,如尼采、赫贝尔、弗洛伊德、瓦格纳、托马斯·曼、黑塞等人在这方面有着各不相同的成就。本书只是叔本华的《附录与补遗》这部名著的一个选本,其中一些基本观点在他的"主要著作"中已有更周密的阐述,这里不过管中窥豹,仅见一斑而已。译者首先认为,今天的中国读者对于悲观主义哲学一般不会有很大兴味,对它的批判也未必有多少现实意义，因此纯哲学的专题论文这里一篇也没有收入；如目次所示，选择的只是关于治学、写作、为人处世的一些充满经验和智慧的文章。在所有德语哲学家中间，据说叔本华的文字最平易，最流畅，最优美，他关于写作的种种见解（译者特别推荐《论写作与风格》这一篇），例如对简单、明了、朴素的推崇，对"矫揉造作、夸大其词的杂技式文风"的批评，以及对为写而写或为金钱而写的一再告诫，都是很有启发性的。他发于自我思考（即一般所谓的独立思考）的强调，对所谓"博学"的透视，以及经验与实践对于阅读的先决意义，更是值得重视的。他对于人情世故的分析，尤其是对文坛上一些消极现象的抉摘，虽然从时间上和空间上说都已是明日黄花，仍常不免引起我们会心的微笑。叔本华一再引导我们认识艺术的价值，要求把创造美和保存美视作人生最大的和最终的乐趣；这里因此选译一篇他的关于美学的专论，观点简明扼要，文字通俗易懂，如以蜡像不产生美感，不算艺术品为例，阐释了美学上的一个重大问题，颇值得一读；当然，也有些段落近乎主观臆断，缺乏说服力，如对《神曲》的批评，举例说它的盛誉"被夸大了"，弗朗茨·梅林就认为"并没有说明但丁，倒充分说明了叔本华自己"。《论妇女》这一篇可以说声名狼藉，其偏颇、乖戾、荒谬显而易见（即使对于欧洲的所谓 Damen 也有失公允），更反证了作者本人性格上的不近情理；其实，叔本华对于妇女的偏见和反感，与其说来自先天的反常性格，不如说是他为了维护他的哲学结构，不得不否定妇女、婚姻、儿童这种不近情理的"意志"使然；不过，对于知人论世的学者，这篇文章仍有其研究价值。《论自杀》也是一篇名作，作者反对把自杀认作"罪行"，可能还与他的父亲自杀（？）有关，须知他也并不主张自杀，由此可以深刻理解他的基本观点。最后一些比方，譬喻和寓言，文辞隽永，耐人寻味，如豪猪取暖的故事，我们早就熟悉，我们并不熟悉的，将更可能引人入胜。由作者自己选辑、准备传给"后世的同情者们"的几首诗，就诗论诗，难称上乘，却从侧面反映了作者怀才不遇、愤世嫉俗、桀骜不驯、我行我素的一生，反过来也有助于理解他的文章及其风格。叔本华的这些非哲学性文论,坊间已有若干译本,似乎都是从英译本转译的;英译本为了照顾本国读者的口味和忌讳,常把原作的锋芒消磨殆尽,有时成段加以删削或颠倒①,力图让叔本华仿佛成为一个英国的"绅士"。本集译者不想也不能把这位有棱有角的哲学家变成一个他本人所厌恶的谦谦君子,便只好照原文把他译了出来。得当与否,有待指正,连同这篇不得不写的序文。

绿　原

一九九五年七月大暑

北京东郊八里庄

---

① 作者在《论写作与风格》第二节中说过:"这种行为我总觉得鲁莽无礼。"

自我思考

1（§257）①

最丰富的图书馆如不加以整理,其用途赶不上一个藏书有限、但却有条不紊的图书馆;同样,大量的知识如未经自己的思考加工,其价值赶不上为量甚小、但却经过反复思考的知识。因为,只有把所知道的东西加以多方面综合,把每种真理同另一种真理相比较,人才能完全占有自己的知识,并掌握它的威力。人只能熟思他所知道的东西,所以,人应当学到一点什么;但是,人也只知道他所熟思过的东西。

诚然,人们可以随意从事阅读和学习,但却不能随意从事思考。这就是说,后者必须由任何一种对事物本身的兴趣加以煽动和维护,犹如火之于风一样;这种兴趣或可是纯客观的,或只是主观的。主观的兴趣见于我们的个人事务中,而客观兴趣则限于天生善于思考的头脑,思考对于他们有如呼吸一样自然,但这样的头脑是很罕见的。所以,大多数学者身上少有这样的兴趣。

2（§258）

自我思考对于心灵所起的作用,与阅读所起的作用,其差别之大

---

① 括弧内的编码为《附录与补遗》（原著）所有,下同。

令人难以置信；人们凭借头脑或从事思考或从事阅读，所以那种差别还将不断加大头脑之间的原始差别。这就是说，阅读把思想强加于心灵，那是些对心灵目前所有的志向与情绪陌生而异质的思想，恰如印章在火漆上印出了图印。心灵就这样承受着全部外来的压力，时而思考这个，时而思考那个，虽然它对此既无冲动亦无兴致。——与之相反，如果是自我思考，心灵便遵循自己固有的冲动，这种冲动目前或是由外部环境，或是由任何一件回忆引起的。这就是说，直观的环境并不像阅读那样，把一个确定的思想强加于心灵，而只给它以材料和动机，去思考适宜于其本性与当前情绪的东西。——所以，多读会使心灵失去一切弹性，正如不断加压会使一根弹簧失去弹性一样；因此，为了使自己不具有任何思想，最可靠的办法就是，一有空闲就手里拿起一本书。这种习惯正是博学会使大多数人比他们原本更迟钝，更愚蠢，使他们的著述毫无成就可言的所以然：他们始终像蒲伯①所说的：

永远阅读别人，
从不被人阅读。
——蒲伯：《愚人叙事诗》第三卷第 194 节

学者是在书本中阅读的人；思想家、天才、世界启蒙者和人类的促进者，则是直接在世界之书中阅读的人。

3（§259）

归根到底，只有自己的基本思想才有真实和生命：因为只有它，我们才真正完全理解。读来的别人的思想乃是别人的餐事的残羹剩汁，一个陌生人脱下来的衣服。

---

① 蒲伯（亚历山大，1688—1744），英国诗人。《愚人叙事诗》是一部针对文人的讽刺作品。

读来的别人的思想之与从我们心中产生的自己的思想相比,有如史前植物的化石痕迹之与春日盛开的植物相比。

4(§260)

阅读不过是自己思想的代用品。人们阅读时,是让自己的思想被别人用襻带牵着走。此外,书多适足以表示歧路多,表示如果跟着它们走,会有多大的迷途的危险。但是,为天才所引导的人,即自我思考、自动思考、正确思考的人,他却有找到正确道路的指南针。——只有当自己思想的源泉停滞时,才应当去读书;这种情况即使对于最优越的头脑也在所难免。但是,赶走自己的独创思想,以便拿起一本书来读,则是渎亵圣灵的罪过。不妨把这种人比作逃离广阔自然而去参观植物标本,或者在铜版上观赏美妙景色的人。

我们经过很大的努力,逐渐通过自己的思考和推断,才发现一点真理,一点见解,我们有时也可能不费吹灰之力地在一本书中现成地碰见它;但是,如果我们是通过自己的思考获得它的,那它就会贵重一百倍。因为,只有这样,这点真理,这点见解,才能作为不可缺少的部分,作为活生生的肢体,进入我们思想的整个体系,才能与这个体系保持完整而稳固的联系,才能连同这些联系的全部因果一起被理解,才能具备我们整个思维方式的色彩、色调、特色,才能恰在需要它的时刻到来,从而才能稳固下来,再也不会消失了。因此,歌德的诗句

你从你父辈继承的一切,
要去挣得它,才能占有它。

(《浮士德》第一部)

在这里才得到最完善的运用和阐明。这就是说,自我思考者只是到后来才为自己的见解而去认识权威著作,那时这些著作也不过用来确证

他的见解,加强他自己而已;书本哲学家却从权威著作出发,他用搜集来的别人的见解为自己构成一个整体,这就像用非血肉材料拼成的一个机器人,而自我思考者的见解则相反,它像一个由人生出来的活生生的人。它所以像活人一样产生,是外在世界使思维着的心灵受孕,它随后才分娩了这个宁馨儿。

仅仅用从书本学来的真理粘在我们身上,就像一只假肢,一颗义齿,一个蜡鼻,或者充其量像是用别人的肉制成的一个鼻形;而通过自己的思考获得的真理则像是天然的肢体,只有它才真正属于我们。这就是思想家和单纯学者的区别。所以,自我思考者的精神收获看来就像一幅优美的图画,它因明暗准确,色调含蓄,色彩完美和谐而栩栩如生。相反,单纯学者的精神收获则有如一块大调色板,充满五颜六色,必要时也可能有条不紊,但是缺乏和谐、联系和意义。

5（§261）

阅读就是用别人的而不是自己的头脑去思考。但是,用自己的头脑去思考,总是力求发展一个相互关联的整体,一个即使并非严密的体系,对于这种思考来说,没有什么比由于不断阅读而流入太多别人的思想更有害了;因为这些思想,每一个都出自另一个心灵,属于另一个体系,带有另一种色彩,它们决不会自动汇合成一个包括思考、知识、判断力和信念的整体,毋宁会在头脑中造成一点点巴比伦式的七嘴八舌①,而今更会使充满这些思想的心灵丧失一切明晰的判断力,并且几乎使之趋于瓦解。这种状况可以在许多学者身上看到,并使他们在健全的悟性、正确的判断和实践的机智等方面落后于许多不学无术者,后者总是把他们从外部通过经验、谈话和少量阅读获得的微薄的知识纳入自己的思考并使二者合而为一。连精通学理的思想家也是

---

① 巴比伦,公元前四千年的国际大都市,居民五方杂处,用各种语言讲话。

这样做的,不过是在一个较大的范围。虽然他需要许多知识,因此必须阅读许多,但是他的心灵是强大的,足以掌握这一切,同化它们,将它们并入自己的思想体系,从而使之从属于他的不断生长的宏伟的判断力之有机的整体;在这个过程中,他自己的思考有如管风琴的主调低音,永远支配着一切,决不为其他音调所掩盖,而在仅可称之为博学的头脑中,情况恰好相反,其中仿佛掺混着各种风格的音乐碎片,主调却简直听不见了。

6（§262）

在阅读中度过一生,从书本中汲取智慧的人,好像从许多游记中获得关于一个国家的详细知识的人。这些人能够传达许多消息,但是关于这个国家的实际情况,他们根本没有连贯的、明了的、基本的知识。相反,一生从事思考的人们,却像亲自在这个国家居住过的人,只有他们才真正知道自己在说些什么,熟悉那里的实际状况,确实称得上内行。

7（§263）

一个自我思考者之于普通的书本哲学家,犹如一个目击者之于历史研究家:前者是根据自己对于事物的直接理解说话的。因此,所有自我思考者归根到底会相互一致起来,他们的区别只由于立场不同而已;但是,在这一点不影响什么的情况下,他们都说着同样的话。因为他们只是说出了他们客观理解的东西。我的著作中有许多话,由于它们似非而是,我在将它们公之于众之前曾经踌躇再三,后来我却带着令人愉快的惊异发现,它们在伟人们的古老著作中都已被说过了。反之,书本哲学家却报道这个人说过什么,那个人想过什么,以及另一个人又反对过什么,等等。他比较、斟酌、批评不同的意见,试图探寻事物的真相;在这一点上,他同批评历史学家完全相似。例如,他将着手研究,莱布尼茨是否在某个时期一度曾是斯宾诺莎的信徒,等等。关于这里所说的一切,赫巴特①的《道德与自然权利之分析性阐释》及其《论自由的书信》可以为好奇的仰慕者提供明白无误的例证。——人们可能很诧异,这个人竟为此花了这么大的气力;因为看起来,只要他愿意对事情本身略加观察,他便会通过一点自我思考,很快达到目的的。不过,这里还有一点小麻烦;因为这样做,并不取决于我们的意志:人们可以随时坐下来读书,但不能随时坐下来——思考。这就是说,对于思想,像对于人一样,不能随叫随到;相反,得等它们自己到来。对一个问题的思考,必须自动出现,通过外在机缘和内在的情绪与注意力之幸福而和谐的巧合;那些人等不到的正是这一点。这点真实甚至可以拿涉及我们个人利害的思想来说明。如果我们在某种情况下必须做出一个决定,我们大概不能随便什么时刻为它坐下来,斟酌是非得失,然后下定决心:因为我们对它的熟思并不能正在那个时刻稳定下来,而是常常游移到其他事情上面去;这间或要怪我们对那件事情本身有所不快。在这种情况下,我们不应勉强从事,而应等待适当的情绪自动出现:它常常意外地并一再地出现;每个在不同时间出现的不同情绪会对问题投上另一种光。正是这个缓慢的过程,我们称之为"判断的成熟"。因为这项作业必须分开来做,许多过去被忽略的东西才会为我们所想起,而事情看得更清楚些,往往显得更可忍受些,嫌恶也就因此而消失了。——在理论工作中,同样应当等待恰当的时间,连最伟大的头脑也并非随时能够进行自我思考。因此,他不妨利用余暇从事阅读,这种阅读如前所说是自我思考的一种代用品,它只为心灵提供素材,这时是另一个人在为我们思考,虽然常常用一种非我们所有的方式。由于这个缘故,我们不应当读得太多,以免心灵习惯于代用品,荒疏了事情本身,以免习惯于一条踩烂了的小道,以免由于走别人的思想途径而对自己的途径感到陌生。我们最不应当

---

① 赫巴特(约翰,1797—1841),德国哲学家兼教育家,著述涉及心理学、教育学、数学等方面。

由于阅读而对现实世界闭目不视;因为促成自我思考的机缘和心情,来自对现实世界的观察比来自书本要经常得多。因为直观的、现实的事物就其原生性与力量而言,正是自我思考的天然对象,最容易深刻激励思维的心灵。

由此看来,无怪乎自我思考者和书本哲学家容易从其发言方式加以识别;识别前者,应视其诚挚性、直接性及原生性等特征,视其全部思想与措辞的亲身阅历程度;识别后者,只须看到他所有的一切都是二手货,流传下来的观念,收集拢来的破烂,平淡无奇,一个复印之复印而已;他由传统的、陈腐的词句和流行的套话组成的风格,好比一个小国家,它的通货由外国的各种真币构成,因为它自己不会铸造。

8(§264)

像阅读一样,单纯的经验也不能代替思考。纯经验之于思考,恰如吃喝之于消化与吸收。如果前者夸耀,唯有它通过其发现促进了人类的知识,这就像嘴巴夸耀,保持身体健康乃是它独有的功劳。

9(§264 续)

一切真正有才能的头脑的作品,正是以坚定性与精确性,以及由此产生的清晰与明朗,区别于其他作品,因为这样的头脑永远清楚明白地知道它们要表达什么,——不论在散文中,在诗歌中或者在音乐中都是一样。这种坚定性和明朗性是其他作品所缺乏的,它们正在这一点上立即被识别出来。

10(§265)

第一流心灵的特征是他的全部判断的直接性。他们所陈述的一切都是他们自我思考的结果,而且处处通过陈述显示其本色。因此,他们在心灵的帝国,与诸侯相似,有一种帝国直辖地位;其余的心灵都是附庸,这一点可以从其毫无个性可言的风格见出。

就此而论,每个真正的自我思考者或者还像一个君主:他不经委任,不承认任何人在自己之上。他的判断犹如一个君主的决断,从他自己的绝对权力产生,直接出自他本人。因为他不接受权威,正如君主不接受命令,除了他自己批准的,他不承认任何事物。——反之,庸碌的头脑囿于各种各样流行的见解、威信和偏见,有如默默服从法律与命令的臣民。

11（§266）

热切而匆忙地通过引证权威来解决争议问题的人们,真高兴把别人的理解和判断力投入论战,来代替他们自己的,他们正缺乏这些。这种人成千上万。因为正如塞尼加①所说,"人人宁愿要信仰,而不愿练习判断力。"因此,在他们的争论中,权威乃是共同选用的武器,他们用以相互攻击,谁要是不自觉陷进去了,最好不要拿理由和论断来抵御,因为对于这些武器,他们都是些皮肤角质化的西格弗里②,在无能思考与判断的洪水里浸泡过的:他们会举起他们的权威作为一种使人自愧弗如的论据来迎击他,然后呼喊"胜利"。

12（§267）

我们活动在现实的领域里,不论其结局多么美丽、幸运和愉快,总要受制于需要不断加以克服的重力;反之,在思想领域里,我们则是无形体的精神,没有重力也没有困苦。所以,世上没有一种幸运比得上

---

① 塞尼加,即小塞尼加(卢修斯,公元前4?—公元65),罗马政治家兼哲学家,其名望大于其父,即修辞学家老塞尼加(公元前55—公元39)。
② 西格弗里,德国中古神话中的英雄,曾屠一龙,浴龙血中,遂使其身角质化而不致受伤。参阅《尼伯龙根之歌》。

一个优美而丰饶的精神在吉利的时刻在自己身上发现的幸运。

13（§268）

一个思想的出现有如一个情人的出现。我们满以为，我们永远不会忘记这个思想，这个情人永远不会对我们冷淡。然而，离久情疏！最优美的思想，如果不把它写下来，也有被忘却到再也记不起来的危险；而情人，如果不同她结婚，她很可能从我们身边溜掉。

14（§269）

有许多思想对于思考它们的人有价值；但是，其中只有少数有力量经过弹回或反射而发生作用，就是说，在把它们写下来之后，有力量赢得读者的同感。

15（§270）

但是，只有一个人首先仅为自身思考过的东西，才有真正的价值。这就是说，可以把思想家划分成一类首先为自身思考，另一类只为别人思考。前者是地道的思想家，是双重意义上的自我思考者：他们是真正的哲学家。因为只有他们才认真对待问题。他们的生存之愉悦与幸福正在于思考。另一些人则是诡辩家：他们只想冒充，并在他们希望借以从别人获得的东西中寻求幸福：他们的真意就在这里。一个人究竟属于两类中的哪一类，从他的整个风格和方式一看便知。利希滕贝格是前一类的典范，赫尔德属于第二类。[①]

[①] 利希滕贝格（格奥尔格，1742—1799），德国作家，文学警句大师，启蒙运动代表；赫尔德（约翰，1744—1803），德国作家兼哲学家，著作涉及神学、文学、哲学，曾对歌德产生影响。

16（§271）

　　如果人们考虑到生存问题（这个暧昧的、被折磨的、倏忽即逝的、梦幻似的生存）是多么重大，多么迫切；——那么重大，那么迫切，以致人们一旦发觉它，它便使所有其他问题和目的黯然失色了；——如果人们眼见到，所有的人（只有极少数例外）并不清楚地意识到这个问题，甚至似乎根本不知道还有这个问题，不是为它而是宁愿为其他一切烦恼活下去，只关心今天及其个人未来几乎并不很长的一段时间，或者断然拒绝那个问题，或者甘心使之与任何流行的形而上学体系相和解；——如果，我说，人们好好考虑一下这一点；那么，他们将会认为，人只能在非常模糊的意义上被称为一个会思考的生物，此后就不特别诧异于人身上无思无虑或头脑简单的特征，反而懂得就智力范围而论，普通人虽然超越动物（动物并不知道未来与过去，它的全部生存仿佛只是眼前），但也并不如人们惯于设想，他们的智力范围广阔无垠。

　　与以上所说相符的是，我们发现大多数人在谈话中，他们的思想被切得如此之短，恰像剁碎的青饲料，所以从中纺不出任何一点长纤维来。

　　如果这个世界住满了真正会思考的人，那就不可能让任何噪音那么无限制地响下去，就像对于那种最可怕而又无目的的噪音①一样。——但是，如果自然曾经规定人来思想，它就不会给他长耳朵，或者充其量只给他长我所羡慕的装有不透气活塞的蝙蝠耳朵。但是，事实上，每个人都是一个可怜的动物，它的力量生来只是用以维系它的生存，因此它需要永远张开的耳朵，好日日夜夜自动报告追踪者的来临。

---

① 作者此处指鞭子的挥舞声，见《论噪音》一文。

论写作与风格

1（§272）

首先,有两类作家:一类为事而写,一类为写而写。前者有思想,有认为值得传达的经验;后者需要金钱,所以他们是为金钱而写作。他们都为了写作而思考。人们所以认识他们,在于他们尽可能长地发挥他们的思想,还陈述一些半真半假、歪门邪道、牵强附会、摇摆不定的思想,通常还喜欢阴阳怪气,说话绕弯子,以便装出他们所不是的样子,他们的写作因此缺乏确切性与明晰性。所以人们很快看出,他们是为填满纸张而写。这种情况间或出现在我们最优秀的作家身上:例如,在莱辛的《剧评》的一些章节中,甚至在让·波尔的许多小说中。一当人们看出这一点,就会把书本抛开:因为时间是宝贵的。但是,作者一旦是为填满纸张而写,他实际上是在欺骗读者:因为他是借口有什么事情要说才写作的。——稿酬和禁止翻印,说到底是文学的败坏。只有完全为事而写的人,才写得出值得一写的东西。如果在文学的所有部门,只有很少但却优秀的书籍存在,那该是何等的无价之宝啊!但是,只要有稿费可赚,就永远做不到这一点。因为金钱仿佛经受过诅咒:每个作家一旦为任何利益而写作,他就变坏了。伟大人物最优秀的作品都产生于他们不得不无偿而写,或为很少报酬而写的时候。这里用得着西班牙的一句谚语:"荣誉与金钱不进一个口袋。"——德国境内外的当今文学的整个倒霉处,其根源就在于为赚钱而写书。每个需要钱的人,都坐下来写一本书,而读者居然蠢到要去买它。它的次要结果就是语言的败坏。①

大多数坏作家单靠读者的愚蠢过活,他们什么也不想读,除了新印出来的东西:——报刊撰稿人。叫得真中肯!用德语来叫,就是"打零工的"。

2(§273)

还可以说,有三类作家:第一类想也不想就写。他们写作,出自记忆,出自回忆,甚或直接出自别人的书籍。这类作家多不胜数。——第二类边想边写。他们为写作而思考。这类作家不乏其人。——第三类在开始写作之前就已经思考过。他们只因已经思考过才写。这类作家罕见如凤毛麟角。

第二类拖到提笔时才去思考的作家,可以比作出去碰碰运气的猎人:他很难带多少东西回家。相反,第三类罕见作家的写作,可以比作围猎,猎物事先已被捉住了,给圈起来了,后来才从围栏里成群地涌出来,涌进另一个同样围起来的空间,到那儿可逃不脱猎人之手;于是,他现在只需从事瞄准和射击(即描写)。这才是有利可图的狩猎。

但是,即使在少数真正认真事先思考的作家中间,思考事物本身的人也是非常稀少的:其余的人只是思考书籍,思考别人说过些什么。就是说,他们为了思考,需要通过别人的既有思想,获得直接而有力的刺激。这些既有思想现在就变成他们眼前的主题;所以他们经常处于它们的影响之下,结果毫无独创性可言。相反,前一类作家是受事物本身刺激而思考的,所以他们的思想直接针对事物本身。只有在他们

---

① 伟大作家(在较高类型中)和艺术家的共同特征是,他们都认真对待自己的事业;其他人则除了自己的收益和利润,对什么也不认真。一个人因一本从内在使命或冲动而写的书获得荣誉,随即变成粗制滥造者:他这是为可鄙的金钱出卖他的荣誉。一旦为钱而写,人就变糟了。在本世纪才有职业作家,以前只有使命作家。——原注

中间,才找得到长存不朽的作家。——不言自明,这里说的是高级专家,不是指评介烧酒蒸馏法的作家。

只有在写作中直接取材于自己头脑的人,才值得人们去读他。但是,书本制造者、教材简编者、普通历史撰述者等人,都是直接从书本取材;材料从书本到手指而已,在头脑里哪怕接受检查和缴纳过境税都没有,更无论加工制作了。(许多人要是知道自己书里所写的一切,该是何等饱学啊!)因此,他们的话语常常那么含义模糊,人们伤透脑筋也猜不透他们究竟想些什么。他们根本就没有想。作为他们蓝本的书,有时也是这样写出来的;可见这种写作恰如从模型翻造石膏模型,结果安提诺乌斯①只剩下一个几乎认不得的脸孔轮廓。所以,应当尽可能少读汇编家;完全避免读到他们是很难的;因为连那些教学大纲,它们以狭小篇幅囊括许多世纪积累起来的知识,也属于汇编之类。

最大的错误莫过于相信,最后说的话常常是更正确的话,每本后写的书是前写的书的改善,每次修改都是一种进步。会思考的头脑,具有正确判断的人,和严肃对待问题的人,都只是例外;世界各地照例都是害虫:它们常常敏于而又忙于按照自己的方式,把那些经过深思熟虑讲出来的话语加以改善,结果越改越糟。所以,愿意学会一门课业的人务必当心,可别一味去抢有关这门课业的最新的书,预想科学总是在进步,预想这些新书的撰写曾经使用过旧书。旧书倒是使用过了,但使用得怎样呢?新作者常常并不透彻理解旧书,不想直接采用它们的话语,因此篡改并删削它们原已说得很好很清楚的一切,须知它们是旧作者根据自己生动的实际知识写出来的。新作者常常省略了它们已经提出的最好部分,它们对问题最中肯的阐释,它们最恰当的评注;因为他认识不到它们的价值,感觉不到它们的精辟之处。这样的作者只能同平庸与浅薄为伍。——司空见惯的却是,一本优秀的旧书竟为一些恶劣的、为金钱而写的、但自命不凡并为同伙所吹捧的

---

① 安提诺乌斯(约公元110—130),罗马皇帝海德里安的宠臣,以美著称,溺于尼罗河,常为艺术品的主题。此处指他的石膏模型被翻制得面目全非。

新书所驱逐。在学术界,每个人为了获得声望,总想拿点新货色到市场上来:其手法常在于推翻迄今有效的正确结论,而代之以他的胡说八道;有时可能得逞于一时,久而久之人们还会回到旧有的正确理论上去。那些创新者除了可贵的自身,不关心世界上的任何事物:他们一心想让自己出风头。要迅速达到目的,似应提出奇谈怪论来;他们头脑的贫瘠却给他们推荐了否定的方法:于是久已被承认的真理被否定了,例如生命力、交感神经系统、"暧昧生殖"、比沙①关于情与智二者作用之区分,于是又回到粗陋的原子论,等等,等等。所以,科学的进程常常是一种退行。——那些同时改正和修订原作者的翻译者也属于这一类;这种行为我总觉得鲁莽无礼。你自己去写一本值得翻译的书吧,不要随便动别人的作品。——足见,应当尽可能去读原作者,事物的创建者和发明者,或者至少去读各门学科被承认的大家,宁可去买旧书,也别读它们被移到新书中的内容。不过,"发明的东西容易有所增添",所以对一门学科有了一定的基础之后,还需熟悉那些新增加的知识。总的说来,这里也像各处一样,适用这个规律:新的很少是好的,因为好的只在短期内是新的。

3(§273 续)

题目之于一本书,恰如姓名地址之于一封信,其目的首先在于把一部分可能对其内容感兴趣的读者引到本书面前来。所以,题目应当意味深长,而且因为它原本很短,应当简明、扼要而又含蓄,可能的话,应当用一两个字为内容画龙点睛。由此看来,冗长烦琐的,言之无物的,侧目而视的,模棱两可的,以至虚假和误导的题目都是坏的,最后一种可能使它的书遭到误投信件的命运。但是,最坏的是偷来的题目,即另一本书用过的题目:因为它首先是一种剽窃行为,其次是完全

---

① 比沙(弗朗索瓦,1771—1802),法国生理学家,解剖学家。

缺乏独创性的确证:因为谁要是没有足够的独创性,为自己的书想出一个题目,就更不能够赋予它新的内容了。与此相关的是模仿的,即半偷的题目,例如在我写了《论自然界中的意志》之后很久,厄尔斯特德①写了一本《论自然界中的精神》。

4 (§274)

一本书无非是作者的思想痕迹。这种思想的价值或在于素材,也就是他想过些什么;或在于形式,即对素材的加工,也就是他为素材想过些什么。

素材是多种多样的,它给予书本的优点也是多种多样的。所有经验的素材,也就是所有历史的,或者物理的事实,就其本身而言,并在最广泛的意义上,属于这一类。这一类的特点在于对象;所以,不论作者是谁,书可能是重要的。

至于形式,其特点在于主体。所写的素材可能为一切人所理解并且熟知;但是,处理素材的方式,为素材所想到的一切,都给书本以价值,这种价值来自主体即作者。所以,一本书从这方面来看是卓越无匹的,那么其作者也会是这样。由此可见,一个值得阅读的作者的成绩越大,归功于素材之处则越小,甚至可以说,这个素材越是为人所熟知和滥用。例如,希腊三位伟大的悲剧家都写过同一个题材。

因此,一本书出了名,应当认真区别,是由于素材,还是由于形式。

非常普通而又平庸的人由于素材的缘故,可能提供很重要的书,因为这种素材只有他们才掌握到:例如,描述遥远的国土,罕见的自然现象,进行过的试验,历史事件,他们或者是以上素材的见证人,或者花费精力和时间发现过并专门研究过它们的原始资料。

另方面,素材如为人人可得,甚或众所周知,则一切取决于形式。

---

① 厄尔斯特德(汉斯·克里斯蒂安,1777—1851),丹麦物理学家。

只有为素材想过些什么,才能给成果以价值;因为只有卓越的头脑才能提供值得一读的东西。其余的头脑永远只能思考人人都能思考的东西。他们提供了他们心灵的复本,殊不知每人自己已拥有它的原件。

然而,读书界关注素材远甚于关注形式,正因如此,便谈不上什么较高的文化修养。最可笑的是,他们对待诗人的作品也暴露了这个偏向,因为他们细心搜寻真实情况,或者诗人的个人境遇,这些曾经充当作品的动机:是的,这些材料对于他们终于比作品本身更有趣,他们宁愿读有关歌德的书,而不去读歌德的作品;孜孜不倦地研究浮士德传说,而不去读《浮士德》。比格尔曾经说过,"人们会提出博学的研究论文,来说明莱诺雷究竟是谁,"①我们发现这句话一字不差地应验在歌德身上,因为我们已经有了许多博学的论文研究浮士德和浮士德传说。这些论文都是而且永远是专谈素材的。这种重素材而不重形式的偏好,好比一个人拿到一只美丽的伊特鲁里亚古瓶②,不去欣赏它的形状和绘画,只对它的色调和颜料进行化学分析一样。

沉湎于这种恶劣偏向,试图通过素材产生效果,在任何成就断然在于形式、即诗意形式的各门专业中,是绝对应当摒弃的。然而,我们经常见到,坏的剧作家努力利用素材来填充舞台:例如,他们把任何一个名人搬上舞台,尽管他的生平缺乏任何戏剧情节,有时他们甚至等不到与此人一同出世的人们死去。

这里说到的素材与形式的区别,甚至也适用于谈话方面。就是说,一个人谈话要谈得好,首先得靠智力、判断、机智与活泼,这些给谈话以形式。然后,谈话的素材很快引起了注意,这就是可以与人谈一谈的内容,即他的知识。如果知识非常少,那么上述形式上的素质要有非常高的水平,才能使他的谈话有价值,因为这时谈话的素材只限于众所周知的人事和自然情况。如果一个人缺乏这些形式上的素质,

---

① 比格尔(戈特弗里德,1747—1794),德国诗人。《莱诺雷》是他的名篇。
② 伊特鲁里亚,意大利中部的古国,以雕像、陶器、墓饰等出土美术品闻名于近代。

却有任何一门知识给他的谈话以价值,那么情况就相反了。这时,其价值全然有赖于它的素材,正如西班牙的谚语所说:"傻子在自己家里要比聪明人在别人家里更熟悉情况。"

5(§275)

一个思想的真实生命,等它到达词的极限点,就完结了:这时它石化了,此后就是死的,但却牢不可破,有如史前世界的动植物化石,甚至可以把它短暂的真实生命比作结晶于一瞬间的水晶的生命。

这就是说,我们的思想一旦找到了词,它就不再是亲切的,在最深处不再是诚挚的。它一开始为别人而存在,便不再活在我们身上;正如孩子离开了母怀,便进入了自己的生存。连诗人[①]也说:

你们可别用矛盾来迷惑我!
人一讲话,就开始犯错误。

6(§276)

笔之于思想,有如手杖之于行走:但是,最轻松的行走不需要手杖,最完美的思想没有笔也可以进行。一当人开始变老,他就欢喜用手杖,欢喜用笔。

7(§277)

一个假说在它已经占有一席之地或者从中诞生的头脑里是拥有生命的,这个生命可以比作一个有机体的生命,只要这个假设从外界

[①] 指歌德。这两句是他的格言诗。

仅仅接受对它有益的同质的东西，而不让与之异质的有害的东西接近自身，或者当后者不可避免地被输入时，便把它原封不动地重新排除掉。

8（§278）

讽刺好比代数学：只使用抽象的不确定的值，不使用具体的值，或名数；对于活人，要少用它，像少用解剖学一样；惩罚他的皮肤，他的生命也会保不住了。

9（§279）

为了不朽，一部作品必须有很多优点，多到找不着一个人领悟并珍视它们全部；永远只是这个优点被这个人、那个优点被那个人所认识所尊敬；因此，作品的信誉可以维持几百年之久，产生不断变化的兴味，因为作品时而在这个意义上，时而在那个意义上受到尊敬，永远不会枯竭。——这部作品的作者，也就是有权向后世要求永存和生命的作者，只能是这样一个人，他不但在同时代中间，在广阔的尘世，找不到与自己相同的人，并由于一个非常显著的差别，一目了然地使其他每个人相形见绌；而且在他甚至像一个永远流浪的犹太人，漫游了若干世代，发现自己仍然处于同一境遇；简言之，他是一个真正适合阿里奥斯陀①这句话的人，即"自然造就他，模式却毁掉他"。否则就无从了解，为什么他的思想不像其他一切思想那样消亡。

10（§280）

几乎在任何时代，未来也一样，即使在文学界，任何一个错误的基

---

① 阿里奥斯陀（路多维柯，1474—1533），意大利诗人。

本观点,或样式,或手法,都会流行开来,受到赞赏。平庸的头脑努力掌握它,运用它。明智者看透它,蔑视它:他不赶时髦。但是,几年之后,众人也搞清楚了,它是怎么回事,对它的爱好是胡闹,现在也嘲笑它,而所有那些做作的作品被赞赏过的化妆脂粉脱落下来了,像一个坏石膏饰品从那堵用它装潢过的墙壁上脱落下来一样;而且此后就像这脱落的石膏给扔在那儿。因此,如果某一个曾经长久悄悄起作用的错误的基本观点一旦断然、响亮而清楚地被宣布出来,人们不应生气,而应高兴:因为从现在起,它的错误也会很快被感觉到,被认识到,最后同样会被宣布出来,这就像一个脓肿会开裂一样。

11(§281)

对于我们时代那些丧尽天良的涂鸦之作,对于因此不断泛滥如洪水的无益有害的书籍,文学报刊应当是堤防,它应当廉洁、公正而严格地评判一个不速之客的每件粗劣制品,空虚头脑借以援助空虚口袋的每件胡编乱造,因此无情地鞭打几乎十分之九的书籍,以便聊尽本分地抵制写作欲望和欺骗行为,而不是以其可耻的宽容同作者与出版者联盟,来剥夺读者的时间和金钱,从而提倡它们。作家通常是教授和文人,他们薪水低下,稿酬菲薄,为缺钱而写作:这时他们的目的是一致的,他们有共同利害,于是同心协力,轮番相互支持,彼此奉承:由此产生对于坏书的一切表扬报道,这些构成了文学报刊的内容,其格言就是"自己活,也让别人活!"(而公众竟是那样单纯,宁愿读新的,不愿读好的。)这些文学报刊中间可有一份,或者曾经有一份,敢于自诩,从没有表扬过不值一文的胡编乱写,从没有非难并贬斥优秀之作,或者为了转移视线,狡狯地对后者等闲视之?可有一份,始终按照书籍的重要性,而不是按照亲朋好友的推荐,同行的照顾,甚或出版者的贿赂,认真挑选新书广告?稍有点经验的人,一旦发现某本书被大褒或大贬,难道不会几乎机械地回顾到出版社吗?与此相反,如果存在一种如上文所期望的文学报刊,那么每个坏作家,每个无聊的汇编者,每个外国书籍抄袭者,每个空洞、无能、渴求名位的浅薄哲学家,每个吹起来的虚荣的小诗人,他们都有希望让他们的粗劣制品迅速而准确地站在耻辱柱上,发痒的写作手指都将麻痹下来,从而真正造福于文学,因为在文学中劣品不仅无益,而且肯定有害。但是,如果绝大多数书籍是坏的,本来就不应写出来,那么表扬就会稀少得像现在的谴责一样,而现在的谴责之所以稀少,则是由于个人照顾和如下格言的影响:"拉帮结派吧,吹捧吧,以便别人再来吹捧你。"社会上到处挤满了麻木不仁、没有头脑的人,人们对他们必须要有宽容,但是把这种宽容转移到文学上来,则是完全错误的。因为在这里他们是无耻的入侵者,在这里贬黜劣品是对佳作应尽的义务:因为谁觉得无所谓坏,也就无所谓好了。总而言之,在文学中,从社会产生的客气是一种古怪的、常常十分有害的成分;因为它要求人们把坏叫作好,从而恰巧违背了学术以及艺术的目的。当然,如果一个文学报刊如我所希望的,只是由这样一些人来撰稿,在他们身上廉洁的正派作风同罕见的知识与更其罕见的判断力结合在一起,那么全德国充其量只能产生、甚或找不到一份这样的文学报刊,但它这时是作为一个公正的最高法院而存在,它的每个成员必须完全从另一些人中挑选,而不是像现在这样,大学公会或者文学小集团的文学报刊也许由书商,为了书业的利益悄悄地经营着,而且在一般情况下,还包括几个为了不让佳作出现而结成的恶劣头脑的联盟。没有什么地方比文学界有着更多的诡诈:歌德已经说过这一点,我在《论自然界中的意志》第22页(二版17页)中也曾详述过。

因此,首先必须废止文学上一切无耻行径的那块盾牌,即匿名。在文学报刊上为了采用匿名手法,有过这样的托词,即它可能保护正直评论、告诫性的读者来信免受作者及其靠山的恼怒。然而,这不过是百例挑一而已,大多数情况只是为了使匿名者不负任何责任,甚或掩盖那些家伙的耻辱,他们是如此贪利而卑劣,为了从出版者那里领一点赏钱,竟然向公众吹捧一本坏书。这种手法还常常用来掩盖评论者的微贱、无能和渺不足道。难以想象,这些家伙是怎样地肆无忌惮,文学上什么样的招摇撞骗他们干不出来,只要他们在匿名的阴影下面觉得安全的话。——正如有一种药品叫万应锭,下面是一种万应的反批评,可以对付一切匿名的评论,不管它是赞扬劣品还是贬斥佳作:"流氓,报上名来!把脸蒙起来,乔装打扮,偷袭露脸行走的人,正派人决不干;恶棍、无赖才干得出来。——那么,流氓,报上名来!"这一招真可说屡试不爽。

卢梭在《新爱洛伊斯》序言中说过:"每个诚实的人都应在他写的文章下面签名",而普遍肯定的原理按照换质换位法,是可以反过来说的。这一点多么适用于论战文字啊,大多数书评也正是这样!所以,里默尔[1]有理由在他的《关于歌德的资料》序言第29页这样说:"公开的、让人看得见的对手是一个诚实的温和的对手,是一个可以相互谅解、共处并言归于好的人;反之,一个隐藏起来的对手,则是一个卑劣的、懦怯的无赖,他没有勇气公开承认他所评断的一切,甚至不敢承认接近他的意见的一切,他只是觉得自己发脾气,没有被识破,不会受惩罚而暗中高兴。"这也曾经是歌德的意见,因为它通常是由里默尔口中讲出来的。总之,卢梭的原则适用于即将付印的每一行。如果一个戴假面的人向众人夸夸其谈,或者在一个集会上演说,试问人们受得了吗?甚至如果他公开抨击另一个人,铺天盖地地斥骂他呢?如果他出门的脚步并未由于别人踢他一脚而加快呢?

在德国终于被获得、从而以最无耻的方式被滥用过的出版自由,至少应当用一道对于一切匿名和假名的禁令加以制约,以便每个人对于他通过出版物的深远喉舌公开发表的一切,至少可以用他的名誉(如果他有的话)来负责;如果他没有名誉可言,那就让他的名字来抵消他的言论。一个匿名评论者是这样一个家伙,他不想维护他对别人

---

[1] 里默尔(弗·威·,1777—1845),歌德为儿子聘请的家庭教师,曾与艾克曼合编歌德著作。

的大量作品所评述、或者不如说所隐瞒的一切，所以便不公开他的姓名。所有匿名的书评都以欺骗为目的。所以，正如警察不允许人戴着假面在街上转悠一样，他们也不应容忍有人匿名写作。匿名的文学报刊正是这样一个地方，那里无知可以不受惩罚地审判博学，愚蠢可以不受惩罚地审判理智，那里可以不受惩罚地对公众说谎，甚至通过表扬劣品从公众骗走金钱和时间。试问是可忍孰不可忍？匿名手法岂不是文学上、特别是报刊评论方面所有流氓行为的坚强堡垒吗？由此可见，这种手法必须彻底予以撕毁，也就是说，让每篇报刊稿件到处署上作者的名字，其签名的正确性由编者严肃负责。这样一来，因为连最渺不足道的人在他的住处也有人认识，三分之二的报刊谎言便会被揭穿，许多毒舌的放肆言论便会得到制止。在法国，甚至现在还这样办。

但是，在文学界，只要那个禁令一天不实行，所有正直的作家便应当联合起来，公开地不倦地天天表示极端的蔑视，通过这种烙印来放逐匿名行为，并用一切办法来传播这种认识，即匿名的评论是一种不值一文的、寡廉鲜耻的货色。匿名地攻击写作不匿名的人们，显然是无耻的。谁要是匿名写作并参加笔战，正是在这一点上会使人对他有这样的推断，即此人想欺骗读者，或者想没有危险地侵犯别人的名誉。所以，对于一个匿名的评论者，可能出现任何提法，即使只是用这类诨号完全顺便地、此外也不带谴责口吻地提一下，如"某某地方胆怯的匿名瘪三"，或者"那个杂志上化了装的匿名骗子"等等。要提到这些伙计，这才是体面的、合适的腔调，好使他们的手艺兴味索然。因为显然人人有权要求任何一种人身尊重，只要他让人看见他是谁，以便人们知道自己面对着谁；但是，这样的人是没有这个权利的，如果他把脸蒙着，乔装打扮，溜来溜去，形同废物：或者不如说，是一个事实上不受法律保护者。他是"无名氏"，人人可以随便说，"无名氏"就是无赖。所以，特别是在反批评中，应当把每个匿名评论者立即按照流氓无赖加以处置，而不应像某些被无赖玷污的作者由于胆怯所做的那样，以什么"尊敬的评论员先生"称之。"一个不肯自报姓名的无赖",必须是所有正派作家的口号。如果随后有人立下了这样的功劳,为一个应受夹道鞭笞的家伙揭下了隐身帽,把他耳朵揪着拖了出来,那么夜猫子在白昼也会欢欣鼓舞。——人们每逢听见口头的诽谤,初发的愤怒照例表现为"是谁说的?"这句问话——可是匿名行为相应不答。

这类匿名评论者的一个特别可笑的不知羞耻处,是他们像国王一样用"我们"的口吻讲话;其实,他们讲话不仅应当用单数,而且应当用小词,甚至用谦词,例如"小得可怜的鄙人,我胆怯的狡狯,我伪装的僭越,我渺小的无赖行为"等等。所以,对于伪装的流氓,这些从某个"文学小报"的阴暗洞穴响出咝咝声来的无聊蜥蜴,最好是告诉他们,他们的恶劣伎俩最终必须停歇下来。文学中的匿名行为,恰如市民团体中的物质欺骗,口号必须是:"自报姓名,瘟三,否则闭嘴!"到这时,还可以给不署名的批评立刻找补一句:"小偷!"——这个行当可以带来金钱,但不会带来名誉。因为打起笔战来,无名氏毫无疑问就是无赖;完全可以肯定,谁不自报姓名,谁就打算欺骗读者。不过,对于匿名的书籍,人们却有权利匿名进行评论。总之,百分之九十九的文学流氓行径将随着匿名手法一起被废除掉。直到这个行当被放逐为止,人们应当相机求助于那个开小店的人(匿名评论研究所的主任和老板),让他为他的雇工犯下的罪过直接负责,并且是以他的职业使我们有权采用的口吻。没有什么谎言会无耻到一个匿名评论者不可以讲的:他根本用不着负责任。——就我这方面来说,我倒乐于主管一家赌场或者一家妓院,这跟主管一个匿名评论洞窟[1]相差无几。

12(§281续)

对于一个匿名评论者的罪过,应当让编辑出版那个东西的人直接

---

[1] 〔变文:〕欺骗诽谤讲习所。

负责,就仿佛是他亲自撰写的;正如让一个手艺师傅为一个学徒的劣活负责一样。这时应当开门见山地按其手艺之所应得来对待那个家伙。——

匿名行为是文学上的招摇撞骗,应当立即冲它喊道:"骗子,你要是不肯承认你反对别人所说的一切,就闭上你的臭嘴!"——

一篇匿名的评论不比一封匿名信更有威信,所以应当像对待后者一样,以怀疑的态度对之。否则,难道认为那个致力于领导这样一个真正的"股份有限公司"的人,能够用他的名字为他的伙计的诚实担保吗?

作家中诚实性格何其少,还可以从他们援引他人文字时放肆改窜的恶劣态度来看。我发现我的文章通常成段被引用时经过了改窜,只有我的最公开自命的追随者们才是一个例外。改窜常常由于疏忽而发生,因为它们平庸、陈腐的用语和措辞就在笔下,由于习惯就把它们写了下来;有时还由于想对我加以改进的冒失心理;但是,最经常发生的,却是由于存心不良,——这样的改窜便是一种可耻的下流勾当,一种流氓行为,像铸造的伪币一样,它永远剥夺了改窜者作为一个诚实人的品格。

13(§282)

风格是心灵的面貌,它比肉体的面貌更可靠。模仿别人的风格,就是戴上了假面。即使这个假面是美的,它由于无生命,很快会变得乏味而不堪忍受;所以,即使最丑的活生生的面孔也更好些。因此,用拉丁文写作的作家,如果模仿古人的风格,便真有点与假面相似:这就是说,我们听得到他们说什么,却看不见他们的面貌,即风格。但是,自我思考者的拉丁文著作中,我们还是看得见风格的,因为他们不屑于从事那种模仿,例如,斯科图斯·埃里根纳、彼特拉克、培根、笛卡儿、斯宾诺莎等人①。

风格上的矫揉造作好比扮怪相。——人们用以写作的语言是民族的面貌:它们确有很大的差别,——从希腊人的语言到加勒比海岛民的语言。

应当在别人的文章中发现风格上的瑕疵,以便在自己的文章中避免它们。

14(§283)

为了临时判断一个作家精神产品的价值,倒不必知道他曾经思考过些什么,那样说不定需要通读他的全部作品;——知道一下他是怎样思考的,暂时也就够了。他思考的这个怎样,它的基本状态和普遍质量,在他的风格中留下了确切的痕迹。也就是说,这个痕迹表示了一个人的全部思想形式上的状态,这个状态必定是始终不变的,不管他可能想什么。于是他仿佛有了一块生面团,从中揉出它所有的形式来,尽管它们也可能是各不相同的。所以,正如奥伊伦施皮格尔②遇见一个问路人,后者问他到下一个地方还得走好久,他做了一个似乎不合理的回答:"走吧!"其意图是想根据他的步伐来测量,他在一个既定时间内将会走好远;所以,我从一个作者读上一两页,也会大体上知道他能把我带到好远。

每个庸人心里明白我所说的这个道理,总设法把属于他自己的、天然的风格隐藏起来。这样首先迫使他放弃所有的质朴;因此,质朴就一直是卓越的有自我感觉的、因而有信心露脸的心灵们的特权。那些平凡的头脑绝对下不了决心,按照他的所想去写作;因为他们担心

---

① 斯科图斯·埃里根纳(810—877),爱尔兰神学家;彼特拉克(弗朗西斯科,1304—1374),意大利诗人;培根(弗朗西斯,1561—1626),英国哲学家;笛卡儿(雷勒,1596—1650),法国哲学家;斯宾诺莎(1632—1677),荷兰哲学家。
② 奥伊伦施皮格尔(蒂尔),德国十四世纪农民出身的讽刺家。

这样写出来的东西会保持一个幼稚的外貌。但是,这也并非毫无价值。如果他们愿意诚实地进行工作,把那点平凡的内容,即他们真正思考过的东西,按照他们所思考的样子,简单地传达出来,那么他们还是可读的,甚至在与他们相适应的范围内还是有教育意义的。然而,他们偏不这样做,而是努力装样子,仿佛他们想得比实际情况更多更深。因此,他们把他们不得不说的东西,用拘谨、艰涩的措辞,新造的词语以及烦琐的、围着思想兜圈子并把它蒙蔽起来的圆周句表达出来。他们摇摆在既想传达这点东西又想隐瞒它这两种愿望之间。他们想把它装扮起来,使它保持一个博学的或者深奥的外貌,好让人觉得除了眼前所见,后面还包藏更多的内容。因此,他们时而把它一点一点地甩出来,变成简短的、多义而又古怪的词句,似乎暗示内容比说出来的还要多(谢林的自然哲学论文提供了这类辉煌的例证);他们时而又以不堪忍受的烦琐笔调,把他们的思想送到文字波涛下面来,仿佛正需要大惊小怪,滔滔不绝,才能使他们思想的深刻意义为人所知,——其实它不过是一个十分简单的念头,即使不是老生常谈的话(费希特在他的受欢迎的文章中,几百个可怜的不值一提的草包头脑在他们的哲学教科书中,提供了大量的例证);或者他们热心于任何一种随便采取、自认为高尚的写作方式,例如一种所谓深刻而科学的写作方式,其中冗长而又思想空虚的圆周句的麻醉作用把人折磨得要死(其例特别可由世人中间最厚颜无耻的那些人,即黑格尔信徒,在黑格尔的报纸、俗称"科学文学年鉴"上来提供);或者他们看中了一种才智横溢的写作方式,写着写着似乎就要发疯似的,等等,等等。他们借以推延"生出可笑的小老鼠"①的种种努力,常常使人难以从他们的货色了解他们究竟想说些什么。但是,他们仍然写下了一些文字,甚至整个文句,尽管自己也不知所云,却希望别人会弄清个中深意。所有这一切勤奋,其原因无非是坚持不懈地、不断以新方法加以尝试地致

---

① "大山分娩小老鼠"的典故,源出于古希腊谚语,后为罗马诗人贺拉斯在《诗艺》中借用,还见于罗马寓言家菲德拉斯的寓言。

力于把文字当作思想出售,并利用新的或在新意义上使用的辞令、成语和各种复合句,促成才智的假象,以弥补被痛感到的才智的缺陷。有趣的是瞧瞧那些作家怀着这个目的,怎样时而尝试这个手法,时而尝试那个手法,以便把它作为一副扮演才智的面具推出来。这副面具可能迷惑外行于一时,直到它被识破是个死面具,受到了嘲笑,于是又被换成另一副。那时我们看见作家们时而狂热歌颂,如同酒醉一般,时而就在下一页,变得趾高气扬,严肃认真,满腹经纶,直至玩弄最迟钝、最零碎的烦琐风格,就像已故克里斯蒂安·沃尔夫①,只是穿着现代的服装。但是,最经久耐用的是晦涩难懂的面具,不过只是在德国,它由费希特开其端,由谢林总其成,最后在黑格尔身上达到其顶点:始终取得最完美的效果。然而,没有什么比写得让人不懂更容易了;反过来说,也没有什么比表达重大思想而让人人能懂更难的了。如果真心有点头脑,以上所引的种种技巧都是可有可无的:因此这就允许人们按照本色来表现自己,并随时可以证明贺拉斯②的这句格言:

　　鉴别力是正确写作的基础与源泉。

　　但是,那些作家却像某些金工一样,他们试图以几百种不同的合成金属来接替唯一的永远不可被取代的金子的地位。但是,更确切地说,一个作者恰巧相反,最应当提防这种明显的企图,即想表现出比他所有更多的思想;因为这使读者怀疑他思想贫乏,因为人们总是想方设法装出拥有他们实际上没有具备的东西。正因如此,如果说一个作家质朴,那倒是一句称赞;因为它说明,他敢于表现自己的本色。总而言之,质朴吸引人,而做作则到处把人撵走。我们还看见每个真正的思想家把他的思想表达得尽可能纯净、清楚、确切而又简短。因此,单纯不但始终是真实的标志,而且还是天才的标志。风格从思想得到

---

① 克里斯蒂安·沃尔夫(1679—1754),德国哲学家,德国启蒙运动代言人。
② 贺拉斯(公元前65—前8),罗马诗人兼讽刺作家。

美,而在那些伪思想家的笔下则不然,似乎是思想通过风格而变得美。风格不过是思想的剪影。写得模糊或拙劣,意味着想得糊涂或混乱。

所以,好风格之首要的、几乎仅只够用的准则就是,必须有点什么可说。哦,这句话让人受用无穷!但是,忽视这条准则,却是德国哲学家(特别是自费希特以来)以及所有反思作家的一个基本特征。就是说,从所有这类作者身上可以看出,他们实在无话可说,却想装出要说点什么。这种由大学的伪哲学家所开创的写作方式,可以普遍地甚至在当代第一流的文学显要身上看到。它就是装腔作势的、含糊不清的、双义甚至多义的风格之母,也是冗长而笨重的所谓 stile empesé(古板风格)以及滔滔不绝的废话之母,最后还是以一种不知疲倦的、车轱辘似的、令人昏然欲睡的喋喋不休掩饰最痛心的思想贫乏那种诀窍之母,这些文字垃圾就是读上几小时,也读不出任何一点表达清楚而又确切的思想来。这种写作技巧可以由声名狼藉的《哈雷年鉴》、后称《德意志年鉴》提供几乎一律出类拔萃的模式来。——此外,德国人见怪不怪的性格习惯于一页接一页地阅读各种这类废话,并不太想了解作者究竟要说些什么;他们认为,事情理应如此,却没有发现他只是为写而写。反之,一个优秀的、思想丰富的作家会很快在读者那里获得信任,他说话时果真有点什么要说:这就给明理的读者以耐心,使他聚精会神地跟着作者读下去。这样一位作家正因为果真有点什么要说,总是以最简单和最明确的方式表达自己;因为他想要做的,只是在读者身上唤起他现在所有的思想而不是其他。因此,他可以同波瓦洛①一起宣称:

> 我的思想到哪儿都能公开表示,
> 我的诗好歹总说了一点什么事;

---

① 波瓦洛(尼可拉斯,1636—1711),法国批评家,诗人。

而前文所说的那些作家却适合这位诗人的另一句话：

  而那些讲得很多的人却什么也没有说出。

这些作家的另一个特征就是：尽可能避免一切明确的措辞，以便必要时最终摆脱险境；所以他们在一切情况下选用抽象的用语；与此相反，有才智的人们则选用具体的用语；因为具体用语使事物更接近直观，而直观正是一切显豁之源。那种对于抽象的偏好可以用很多例子来证明：特别可笑的一例是，在近十年来德国的文论中，凡是应当用 bewirken（导致）或 verursachen（造成）的地方，都可以发现 bedingen（制约、决定）这个词；因为这个词抽象而模糊，说得少一些（意思是"没有后者，前者就不会发生"，而不是"前者是由后者引起的"），所以永远为这些人开着一个小后门，他们由于心里明白自己无能，才经常害怕一切明确的措辞。但是，在另一些人身上，却是这样一种民族癖好在起作用，即文学中的每种笨拙，正如生活中的每种粗鲁，一出现立即被人模仿，这个事实由于二者迅速蔓延而得以证实；一个英国人无论对于自己的所写还是所为，一律求教于自己的判断：然而这个优点决不能安在德国人身上。作为上述事态的结果，bewirken 和 verursachen 这些词几乎完全从近十年的书面语言中消失了，处处代之以 bedingen。这件事由于特别可笑，颇值得一提。

  平庸的头脑永远只是以半意识说话，甚至根本不懂得自己所用词语的意义，因为这些词语对他们只是现成接受过来的东西；所以他们更多拼合整个短语（陈词滥调），而不止是单词——这一点也说明了他们的文章之所以枯燥乏味。由此产生他们显然缺乏明白表达的思想这一特征；因为这种思想的铸模，即自己的明白思考，正是他们所没有的：我们倒在那里发现一件模糊的朦胧的词语织品，流行的套话，磨损的成语和时新词令。其结果，他们雾蒙蒙的涂鸦之作，可以比作一份用破旧字模印出来的印刷品。——相反，有才智的人在他们的文章中,是真正对我们讲话,所以他们能够使我们兴奋,为我们解闷:只有他们才以完整的意识,经过精心挑选,把单词组合起来。所以,他们的陈述同上文所说的货色相比,恰如一幅真正画出来的图画同一幅按照样板临摹的草稿相比:前者的每一词句就像每一笔触都有其特定的意图,而后者的一切则是机械地翻印出来的。这个区别也可见之于音乐。因为作为天才作品的特征,才智始终在一切部分存在着;这种无所不在,如利希滕贝格所说,正同加里克①的灵魂存在于他的身体的全部肌肉中相仿佛。

关于前文提到的一些文章使人觉得枯燥乏味,一般应当注意到,有两种枯燥乏味:一种是客观的,一种是主观的。客观的枯燥乏味每次都是由于这里所说的缺点,即由于作者根本没有完全清晰的思想或认识需要传达。因为谁要有了清晰的思想,就会按照把它传达出来这一目的径直工作下去,所以处处提供表述清楚的观念,从而既不会写得冗长,也不会空洞,更不会混乱,因此也就不会使人觉得枯燥乏味了。即使他的基本思想是一个谬误;在这种情况下,它也是经过清晰思考的,经过深思熟虑的,至少形式上是正确的,因此文章总还有点价值。反之,如果不是这样,一篇客观上枯燥乏味的文章便由于同样原因而毫无价值可言。——另方面,主观上的枯燥乏味不过是相对的:其原因在于读者对题材没有兴趣;其所以没有兴趣,又在于他的任何一种局限性。所以,即使最卓越的作品也可能是主观上枯燥乏味的,也就是说,只是使这一个人或那一个人觉得枯燥乏味;反过来看,最坏的作品倒可能使这个人或那个人主观上觉得兴味盎然,因为题材或作者投合了他。——

人们应当尽可能像伟大天才那样思考,而应当跟普通人说同样的语言,这点道理要是德国作家明白,将会使他无往而不利。本来要用平常的话语来说不平常的事物,可他们偏偏反其道而行之。就是说,

---

① 加里克(大卫,1717—1779),英国演员,以扮演莎剧角色著称。

我们发现他们努力用高尚的词句包裹猥琐的观念,用非凡的措辞包裹平凡的思想,努力披上最做作、最矫饰而又最古怪的套话服装。他们的句子经常踩着高跷走来。这种对于豪言壮语,特别是对于骄矜的、臃肿的、华贵的、浮夸的以及杂技式的文风的偏好,以旗手毕斯托尔为其典型,他的朋友福斯塔夫曾经不耐烦地冲他喊道:"请用世人通用的语言把你要说的话说出来吧!"①——我且向例证癖好者推荐下列一则广告:"本出版社最近出版新书:以膨胀名义为人所知的气体现象之理论—实践上合乎科学的生理学、病理学和治疗学,均在本书中按照其有机的因果关系,根据其存在与本质,以其全部带制约性的外部和内部的遗传学契机,并以大量表现与控制为例,得到既为普通人的也为科学的意识所理解的有系统的阐述:法语著作,l'art de peter(放屁的艺术)之附有校正性评注与诠释性补论的德语意译本。"

在德语中找不到一个确切相应的词儿来翻译 stile empesé,但事实本身却屡见不鲜。如果和矫揉造作连在一起,那么它在书籍中就像假装正经、高雅和拘谨在社交中一样不堪忍受。精神贫乏正欢喜这样打扮自己,正如愚蠢在生活中喜欢打扮成庄重和客套一样。

谁写文章矫揉造作,就像一个人担心被误认为粗人而盛装打扮;这是 gentleman(绅士)即使穿得再坏,也不肯去冒的一种风险。所以,正如凭借某种鲜丽衣着和漂亮打扮来识别俗人一样,根据矫揉造作的文风也可以识别平庸的头脑。

虽然如此,想直接按照说话那样来写作,也是一种错误的努力。其实,每种文风都带有近乎文风之祖——碑铭体的某种痕迹。所以,那些人同相反的情况一样应受谴责,后者想像写文章那样来说话,结果既咬文嚼字,又令人不知所云。

用语的晦涩与模糊永远是而且处处是一个极其糟糕的标志。在百分之九十九的情况下,它起源于思想的模糊,而思想的模糊本身又

---

① 见莎士比亚《亨利四世》下篇第五幕第三场。

几乎永远起源于思想当初的不协调,不稳定,也就是不正确。如果头脑里产生了一个正确的思想,它就会努力追求明晰性,而且不久就会达到它:因为经过明晰思考的东西容易找到与之相当的用语。一个人能够思考的东西,永远可以用明白易懂的无歧义的字句来表达。那些拼缀艰涩、模糊、错综复杂、模棱两可的字句的人,肯定并不十分知道自己想说些什么,只是对它有一个空洞的、正努力变成一个思想的意识;但是他们常常又想对自己和别人隐瞒,他们本来并没有什么可说。例如费希特、谢林和黑格尔,他们想装作知道他们所不知道的,装作思考他们所没有思考的,装作说出他们所没有说的东西。如果一个人有点正确的思想要传达,试问他会努力讲得含混些还是明白些?——昆蒂里安①曾经说过(《修辞指南》第二卷第三章):"屡见不鲜的是,最有学问的人所说的,都是容易懂的,非常明白的……越是昏庸无知,便越是写得晦涩。"②

同样,不应写得令人莫名其妙,而应知道自己是要说一件事还是不要说它。表达的不确定性使德国作家简直不堪卒读。只有在必须说一句在某一方面说不出口的话时,才允许有例外。

正如每种过度的作用大都会产生反效果一样,字句诚然可以使思想变得可解,但也只是到一定的限度为止。如果堆砌超过了这个限度,它们又会使要传达的思想变得越来越模糊。掌握这个限度是风格的任务,是判断力的课题:因为每个多余的字都直接抵消它的目的。伏尔泰③在这个意义上说过:"形容词是名词的敌人。"(虽然如此,许多作家却设法利用辞费来掩饰他们思想的贫乏。)

因此,要避免一切烦琐,避免把渺不足道、不值一读的意见编在一起的种种做法,必须爱惜读者的时间、精力和耐性:这样才能使他相信,这里所写的一切是值得被认真阅读的,他花在上面的气力是会得

---

① 昆蒂里安(35—100),罗马修辞学家。
② 费解与愚昧有关,很可能是故弄玄虚,而不是真有什么深意。——原注
③ 伏尔泰(1694—1778),法国作家。

到报偿的。宁可删去些好字句,也不增加言之无物的字句,这里用得上赫希俄德①的一句格言:"部分大于整体"(《工作与日子》第40节)。总而言之,不要把一切说尽!"令人厌倦的秘密在于说尽一切。"因此,尽可能是纯粹的精华,纯粹的要项,决不说一句读者会想到的话。——用很多的话来说很少的思想,处处是平庸的确实无误的标志;反之,把很多思想包括在很少的话里,则是卓越头脑的标志。

真理赤裸着最美,它的表现越简单,它所造成的印象便越深刻;一方面,因为它这时不受阻挠地吸引着读者整个的、没有为次要思想分散的心神;另方面,因为他觉得,他在这里并未为修辞技巧所诱引或欺骗,他所感到的整个效果正来自事物本身。例如,有哪一个关于人生之虚无的高谈阔论,比约伯的这段话留下更深的印象呢?"人为妇人所生,日子短少,多有患难。出来如花,又被割下。飞去如影,不能存留。"②——正因如此,歌德的质朴的诗比席勒的雄辩的诗高得不可比拟。所以,许多民歌有强烈的效果。所以,正如在建筑艺术中必须防止过分装饰一样,在语言艺术中必须防止一切不必要的辞藻,一切无益的发挥,总之防止一切多余表现,也就是说必须为一种贞洁文体而努力。一切可有可无的字句都会坏事。简单朴素的规律适用于一切美术,因为它与最崇高境界相通。③

表现手法的真正简洁在于处处只说值得说的话,而避免对人人可想而知的东西作冗长的论述,正确区分什么是必要的,什么是多余的。但是,决不应当为了简洁而牺牲明晰,更不必说语法了。为了少安几个字,削弱一个思想的表达,甚至模糊或萎缩一个文句的意义,是可悲的愚昧。但这正是时下流行的那种虚假简洁热,其做法就是删去有实

---

① 赫希俄德(全盛期,公元前800年),希腊诗人。
② 《旧约·约伯记》第十四章。
③ 〔变文:〕浅薄无聊拥有一切形式,以便躲藏在下面:它用矫饰,用浮夸,用装腔作势、高人一等的口吻,用其他上百种形式把自己包裹起来,唯独质朴它配不上,因为它在这里立即变得一丝不挂,只可出售自己的本色。连优秀的头脑也不敢放质朴,那样它会显得干枯和贫瘠。所以,质朴一直是天才的衣服,正如赤裸是美的礼服。

效的,甚至在语法或逻辑上不可缺少的字句。在德国,今天有些坏作家正发疯似的迷恋那种虚假简洁,并以难以置信的愚昧运用它。不仅他们为了节省一个字而以一个动词或一个形容词向不同方向取代几个不同的文句,以致读者莫名其妙,不得不通读下去,仿佛在黑暗中摸索,直到最后遇见结尾词才有所悟;而且他们还通过其他各种完全不得体的省字法,试图写出他们认为是表现手法短小精悍的文字。这样,他们便由于俭约地删去一个可能会一下子阐明一个文句的字眼,而使这个句子变成一个谜语,需要反复阅读才能读懂。……①

现在再来谈谈原来谈过的论述的简洁、精当和含蓄吧。真正的简洁、精当和含蓄只可来源于思想的丰富和充实,所以需要尽量避免那种用作删削手段的寒碜的省字略词法,对此我在本文中已透彻地斥责过。因为分量充足,内容丰富,总之值得书写的思想一定会供应足够的素材和成分,来填充将它们表现出来的文句,而且各部分在语法上和词汇上都达到尽善尽美,以致在任何处所都不会被认为空泛、无聊或浅薄;而论述的思想如能找到易懂的合适的表现方式,并优雅地展示运行于其间,这种论述在任何处所都是简洁而含蓄的。这就是说,不应缩略词语和句型,而应扩充思想;正如一个康复期病人只有恢复他的富态,而不是剪窄他的衣服,才能像从前一样把它穿合身。

15(§284)

有一种文体上的错误,在当今每况愈下的文学状况中,在忽视古代语言方面屡见不鲜,但它只有在德国才土生土长,那就是文体的主观性。就是作者满足于自己知道是什么意思以及想说什么,根本不关

---

① 原文此处有大段关于德语写作中某些常见错误的评述。作者显然专门针对本国读者发表意见,这些意见对粗制滥造的德语文论的确击中要害,但对不懂德语的外国读者则近乎无的放矢,故略。

心读者,让读者自己去摸索其中的底蕴。这样写作就仿佛进行一场独白,其实却应当是一场对白,这场对白还必须把话说得更清楚些,因为对方的发问是听不见的。正因如此,文体不应当是主观的,而应当是客观的;为此必须把词句安排得促使读者确切思考作者所思考过的一切。但是,这种效果只有在下述情况下才可产生,即作者经常记住,思想是这样遵循重力定律的,它从头脑到纸面要比从纸面到头脑容易得多,所以必须用一切可供支配的手段来帮助后一过程。如果这样做了,文字就会纯客观地发生作用,恰如一幅完美的油画;而主观的文体发生作用,还不如墙上的斑痕更可靠,只有偶然由此引起想象的人才从这些斑痕看出图形,而别人却只见一片污渍而已。这里所说的区别涉及整个写作方式,但常常只能个别地指证出来:例如,我刚才在一本新书上读到这句话:"我没有为增加现有书籍的数量而写作。"这句话所说,恰巧与作者的意思相反,而且也是废话。

16(§285)

写作粗枝大叶的人首先由此招供:他本人并没有给他的思想赋予很大的价值。因为,只有坚信我们思想的真实性与重要性,才能从中产生那种必需的热情,以不倦的恒心来考虑思想最清晰、最优美、最有力的表现;——正如人们只把金银容器用于圣物或异常珍贵的艺术一样。古人以自己的文字表达自己的思想,使之永垂千古,因而获得"古典作家"的光荣称号,他们就是一丝不苟从事写作的;的确,据说柏拉图把他的《理想国》序言以不同方式改写了七遍。——然而,德国人在其他民族面前一向以文体粗疏、衣冠不整著称,这两种潦草作风来源于同一个近乎民族性的根源。但是,正如衣冠不整暴露了对于所遇同伴的轻视,草率、粗疏、低劣的文体则证实了对于读者的冒犯性的轻视,于是读者有理由报之以相应不读了。尤其可笑的是,一些书评家以最草率的雇用文人的风格批评别人的作品,看起来就像一个人穿着睡衣和拖鞋坐上了法庭。反之,《爱丁堡评论》和《学者报》①上的文章写得多么精细啊!但是,正如我看见一个穿着邋遢的人,一开始就不愿同他交谈一样,如果我看见一本书,文体粗枝大叶,马上就会把它抛在一边。

直到近百年前为止,学者们都用拉丁文写作,特别是在德国:在这种语文中,错误是一种耻辱;大多数学者甚至认真致力于把它写得优美,而且很多人做到了。现在,他们摆脱了枷锁,得到很大方便,可以用自己的母语写作,那么应当指望他们至少热心于以最高的准确性和尽可能的完美性来做到这一点。在法国、英国、意大利,情况正是这样。但是,在德国,情况恰巧相反!那时,他们像雇用的奴仆一样,把他们要说的话仓促涂抹出来,用语落进他们没有洗过的臭嘴,没有风格甚至没有语法和逻辑可言:因为他们到处拿过去时代替完成时,拿第六格代替第二格,老用一个 für 代替其他前置词,十之八九都用错了。简言之,他们干了我在上文略示一二的一切文风上的蠢事。

17(§285 续)

Frauen 这个字日益普遍地被误用来代替 Weiber,从而再次使语言贫困化,我将此也算作语言的败坏:因为 Frau 的意思是"妻子",而 Weib 是"妇女"(少女不是 Frau,而是想当 Frau 的人)。虽然在十三世纪一度存在过这种混淆,或者甚至后来据说名称也得分开。Weiber 不想再叫 Weiber,其原因与犹太人想称作以色列人②,裁缝想称作成衣匠,商人想把他们的账房叫办公处,每种玩笑或诙谐想叫幽默是一样的,因为字的含义不在于字本身,而在于它所指的事物。不是字贬低了事物,而是相反;——所以,两百年之后,有关人士说不定会再次建

---

① 当时英、法流行的两份高级报刊。
② 一百多年前,"以色列人"只是《圣经》中一个民族的名称。

议一些字可以互换。

但是,德语决不会为一种妇女狂想而少掉一个字。所以,不应让妇女及其无聊的茶桌文人参预事务:应当考虑一下,欧洲妇女的胡作非为最终会把我们引向摩门教的怀抱。[①]

18(§286)

很少人像建筑师造房子那样写作,后者事先画好蓝图,连细节都深思熟虑过;——大多数人毋宁像玩多米诺骨牌那样写作。就是说,玩的时候一半由于意图,一半由于偶然,把一块块石子连接起来,——他们的句子的次序和关系也是这样。他们大概只知道,文章的全貌会是什么样子,这一切会达到什么目的。很多人连这一点也不了解,而是像珊瑚虫造房子那样写作:一句接一句,天知道会接到哪儿为止。此外,"当今"的生活是一场大型轻快横步舞:在文学中,它表现为极端的马虎与潦草。

19(§287)

文体学的主导规律乃是,一个人眼前只能清楚思考一个思想;所以,不应当期望他同时思考两个甚至几个思想。——但是,如果他把这些思想作为插入句,塞进一个为此目的而被肢解的主句的空隙中,他又可望做到那一点;因此,他却不必要地、而且恶作剧式地把这句话搞得乱七八糟了。主要是德国作家爱这样做,他们的语言容易犯这个毛病,这一点诚然证实了这样做的可能性,但并不能说它值得称赞。没有一种散文像法文那样,读起来令人轻松愉快;因为法文一般没有这个毛病。法国人把他们的思想按照尽可能合乎逻辑的,一般说也是

---

① 参阅《论妇女》。

自然的次序排列起来，一个接一个地摆在读者面前，供他从容考虑，使他得以将其未经分散的注意力转向每一个思想。反之，德国人则把它们编在一起，编成了一个交叉了又交叉再交叉的长句，因为他想一口气说出六件事情，而不一件接一件地把它们摆出来。于是，尽管他打算吸引并抓住读者的注意力，却又另外要求读者违反上述的理解单一律，同时思考三四个不同的思想，或者这样做不可能，便以走马灯式地变换方式去思考它们。由此他为他的 stile empesé 奠定了基础，并通过以造作的夸张的词句传达最简单的事物，以及诸如此类的其他手法，使之臻于完善。

德国人真正的民族性是迟钝：他们出人头地，是由于他们的步态、他们的作为，他们的语言，他们的谈吐、叙述、理解和思维，但特别是由于他们的写作风格，由于他们热衷于冗长、笨重、纠缠的句子，单是把它们记住，也得耐心地把所添的课文读上五分钟之久，直到最后，在句子的末尾，才终于恍然大悟，揭开了谜底。——他们乐此不疲，而且如果由此带来矫揉造作和夸夸其谈，作者更会感到沉醉：但愿上天给读者以耐心。——但是，他们首先努力把词句尽可能弄得悬而不决，模糊不定，从而使一切如堕五里雾中：其目的似乎一部分是给每个句子开一个后门，一部分是装模作样，想说得比思考过的更多；有的原因还在于这种怪癖之真正的麻木不仁和萎靡不振，正是这一点使所有德语书写为外国人所厌恶，因为他们实在不欢喜在黑暗中摸索；然而，它却似乎正与我国同胞气味相投。

像塞满苹果的烤鹅一样，塞满连环套式插入句的冗长文句，首先向记忆力提出了苛求；尽管实际上应当唤起理解力和判断力，它们的活动反而正因此受到妨碍和削弱。因为这类文句给读者提供了纯粹半完成的片语，他的记忆力现在应当把它们仔细搜集并保存下来，如同一封被撕毁的书信的破片，直到它们为后来找到的其他各个部分所补充，才能获得一个意义。因此，他们必须什么也不去想地读一会儿，或者不如说，只是把全部字句暗记下来，希望到末尾豁然开朗，他可能得到一点什么可供思考。在得到一点什么可供理解之前,他却有那么多东西需要背诵下来。这显然是很恶劣的,是对读者耐性的滥用。但是,平庸头脑对于这种写作方法不可否认地偏爱,其原因在于他偏让读者花一点时间和气力,去理解他不花时间和气力就立刻懂得的东西;由此便产生了这个假象,仿佛作者比读者更有深度和理解力。这一点也属于上述种种窍门之列,庸才们正无意识地而又本能地努力用以掩饰他们的思想贫乏,来造成相反的假象。他们在这方面的发明才能甚至值得惊叹。

但是,把一个思想横放着,和另一个思想交叉起来,宛如一个木制十字架,显然是违反健全理性的;然而,其所以发生这种情况,是因为打断了已经开始来说的话,好插进去说完全不同的什么事,于是让读者保管一个已经开始、暂时尚无意义的文句,直到补文随后跟来。这就好像把手里一个空碟递给客人,倒希望它上面会出现一点什么东西。本来,插入逗号同页末注文和括弧在本文中同属一个家族;此三者说到底只是在程度上有所不同。如果狄摩西尼和西塞罗[①]有时也曾写过这类插入句,他们把它们删掉也许更好些。

插入句不是有机地嵌入,而是直接打碎文句挤进去,这种造句法是极端荒谬的。举例来说,如果打断别人是一种无礼,那么打断自己同样是一种无礼,正如在一种造句法中所发生的,近几年来所有拙劣的、粗俗的、匆忙的、眼前只见面包的胡写文人,在每页上都要把这种造句法运用六次,而且乐此不疲。这种造句法就是——但凡能够,就应当同时提出规则和例证,就是——打破一个短句,好把另一个粘在中间。他们这样做,不仅是由于懒惰,而且还由于愚蠢,因为他们把它当作值得珍视的、使论述生动的一种"轻快风格"。——在少数个别情况下,这或者未可厚非。

[①] 狄摩西尼(公元前389—前322),希腊最伟大的演说家。西塞罗(公元前106—前43),罗马演说家。

20（§288）

在逻辑学中不妨就分析判断说①附带说明一下，这类判断在优秀论述中原本是不会出现的，因为它们看起来很幼稚。它们最容易发生在由个体论断种性的情况下：例如，一头有角的牛，一个以治病为业的医生，以及诸如此类。所以，它们只能应用于需要一个解释或定义的地方。

21（§289）

譬喻很有价值，只要它们把一个未知的关系化为一个已知的关系。连较详细的譬喻（它们可以变成寓言或讽谕），也不过是把任何一种关系化为对它最简单、最直观而又最浅显的描述。——甚至所有概念的形成基本上亦以譬喻为依据，只要它是由于抓住事物中的相似成分，抛弃不相似成分而形成的。此外，每种真正的理解最终在于对诸关系的一种掌握；但是人们掌握每一种关系，将比在彼此相距很远的不同情况下，在完全异质事物之间去重新认识它们，要更清楚更纯粹。就是说，如果我知道一种关系只见于个别情况，我就对它只有一种个体的、也就是直观的认识；但一当我还在两种不同的情况下掌握这个关系，我就对它的整个种类有一个概念，也就是一个更深刻、更圆满的认识。

正因为譬喻对于认识是一个有力的杠杆，能做出惊人而又中肯的譬喻，证明有一种深刻的理解力。因此，亚里士多德②也说："最了不

---

① 分析判断，指从某一概念抽绎出其所包含的概念而成的判断，即独立于一切经验而具有普遍性和必然性的先天判断。叔本华这里是批评写作中拿种性为个体做定语的错误做法。
② 亚里士多德（公元前384—前322），希腊哲学家，柏拉图的学生，亚历山大大帝的教师。

起的,是用隐喻说话;因为只有这样,才不致借用别人的意见,同时证明自己有一种敏锐的理解力。就是说,一个好比喻必须重视直观。"(《诗学》第 22 章)同样,"就是在哲学中,能够在尽管如此不同的事物中见出相似点,也是一种锐眼的标志。"(《修辞学》第三卷第 11 章)

22(§289 续)

人类那些原始英才多么伟大而又值得钦佩啊! 他们不论在哪里,都发明出人间最值得惊叹的艺术品,即语言的语法,创造出词类,区别并确定名词、形容词和代名词的性和格,动词的时态和语气,其中还细致区别过去时、完成时和过去完成时(希腊语的动词还有不定过去时);——这一切出于一个高尚的意图,即要有一个适当而充分的工具,来圆满而相称地表达人的思维,这个工具要能接收并正确反映人的思维的每种细致差别和每种变更。与此相反,看看我们今天试图改革这件艺术品的人们,这些粗俗的、迟钝的、蠢笨的德国胡写同业公会的工匠们:他们为了节省空间,想把那些精细的分类作为废物去掉,因此想把全部过去时一起倾注在简单过去时中,想用纯简单过去时说话。在他们眼中,刚才被称颂的那些语法格式的发明者们一定是十足的傻瓜,他们不懂得一视同仁,不懂得简单过去时可以用作唯一的通用的过去时:可希腊人嫌三个过去时不够用,还添上两个不定过去时,这些人在那些工匠们看来,一定显得何其幼稚啊! 此外,他们还热心地把所有前缀作为无用的赘疣切去,看谁聪明到从剩下的东西中变出什么来! 重要的合乎逻辑的小词,如 nur, wenn, um, zwar, und 等等,原本可以阐明整个文句,他们为了节省空间,却把它们一律淘汰,让读者留在黑暗中。然而,这正为一些作者所欢迎,他们正存心想写得艰涩难懂,因为他们妄想借此引起读者的尊敬,那些骗子们。一句话,他们为了在音节上占便宜,放肆地从语法上和词汇上进行语言败坏。为了在有些地方去掉一个音节,愚蠢地幻想达到语言的简洁和紧凑,他们利用过的低劣花招数也数不尽。语句的简洁与紧凑,我的好傻瓜们,可不取决于音节把戏,它要求你们既不理解也不具备的素质。可他们并没有为此遭受谴责,反倒有一大群比他们更大的蠢驴在模仿他们。——上述语言改进所以得到大量的普遍的几乎无例外的仿效,可以由下列情况来解释,即把意义不明的音节加以切除,正需要最大的蠢才所拥有的许多理智。——

语言是一种艺术品,应当把它作为艺术品客观地对待,因此它所表达的一切应当合乎规则,与其意图相符合,而且它所说的内容必须在每个句子中真正得以证实,客观地存在于其中;可不应当纯主观地对待语言,凑凑乎乎地说话,希望别人会猜到自己的意思;就像根本不讲格,用简单过去时表示所有过去时,扔掉前缀等等的那些人一样。从前人们发明并区别动词的时态和语气,名词和形容词的格,而今那些可怜虫却想把这一切扔到窗外,以便把话说个差不离,为自己保留一种于他们合适的霍屯督族土语——二者之间有多大的差距啊。后者指的就是今天才智全部破产的文学时期的卑劣的笔耕者们。

从报刊撰稿人开始的语言败坏,在文学书报的学者们那里得到了忠顺的钦佩的仿效,他们至少没有以相反的例子,即对优美纯正的德语有所坚持,设法遏制那个恶劣现象:真没有人这样做。我看没有一个人顶得住,没有一个人来援救被卑劣的文学暴民所糟蹋的语言。没有,他们像绵羊一样追随着,追随着驴子。这是因为没有一个民族像德国人那样不愿意独自判断,然后加以判决,虽然生活和文学随时提供了这样的动机。他们像鸽子一样没有愤怒;但没有愤怒,就没有理智:只有理智才会产生某种"毒辣",才必然天天在生活中,在文学艺术中唤起对千百事物的内心谴责和嘲讽,正是这种谴责和嘲讽不让我们去模仿它们。——最后,我请读者参看我的主要著作第二卷第 12 章所说的一切。

论博学与学者

1（§244）

人们看到种类繁多的教学机构，看到杂沓拥挤的学生和教师，可能会相信人类非常关心见识与真理。但是，这不过是假象骗人而已。教师教书，为了赚钱，不是在追求智慧，而是在追求智慧的外表和声誉；学生读书，不是为了取得知识和见解，而是为了能够夸夸其谈，给自己挣面子。每三十年就有一代新人出世，他们原本一无所知，而今则把几千年积累下来的人类知识简单而迅速地吞进肚内去，然后想变得比整个过去更聪明。为了这个目的，他就进大学，埋头读书，而且是最新的书，一如他的同代人和同龄人。一切必须是简单而新颖！正如他本人也是新的。于是，他开始放手批判别人了。——这里，我一点也不考虑那些为混饭吃而读书的人们。

2（§245）

各个时代各种各样的学生和学者，其目的照例仅在于见闻，而不在于见识。他们以通晓一切石头、植物、战役或实验，以及一切典籍为荣。他们从未想到，见闻不过是求得见识的一种工具，其本身很少甚或没有价值可言，而一个哲学头脑的标志却是思想方法。至于那些饱学之士的堂皇学问，我有时竟会自言自语：唉，这人一定想得很少，他才能够读得那么多！甚至听说老普利尼①经常阅读,或者让别人给他阅读,在餐桌旁,在旅途中,在浴池里,我便不禁这样发问:这个人的思想是否有重大缺陷,以致必须不断地吸收别人的思想,正如一个痨瘵患者必须喝浓肉汤才能维持生命一样。他的缺乏判断力的轻信,他的讨厌得不可言说的、晦涩难懂的、节省纸张的语录式文体,都不足以使我对他的自我思考有较好的概念。

3（§246）

正如读得多、学得多会妨碍自己的思考,写得多、教得多也会使人丧失所知与所解的清晰性,从而丧失其透彻性,因为他没有时间来讲求这些。他必须在他的讲演中用话语来填充他的清楚认识的空缺。大多数书籍之所以变得无聊乏味,就是这个缘故,倒不是材料的枯燥所致。因为如谚语所云,一位好厨师甚至能把一只旧鞋底烹调得可口;一位好作家也能把最枯燥的材料写得趣味盎然。

4（§247）

对于绝大多数学者来说,他们的学问乃是手段,不是目的。因此,他们永远写不出什么伟大著作来;因为这要求研究学问的人把学问当作目的,而把其他一切,甚至他自己的存在,只当作手段。因为凡不为其本身而研究的一切,只算研究了一半;各种作品要达到真正的卓越性,只有该作品系为其本身而被创造,不是作为达到其他目的的手段才行。正是这样,只有那种以取得自己的知识为其学习之直接目的而不暇旁骛的人,才能达成独到而伟大的基本识别力。但是,学者们读书,一般只以能够教课和写作为目的。所以,他们的头脑像一副让食

---

① 老普利尼（32—79）,与其养子小普利尼（62—113）同为罗马文学家。

物未经消化就排泄出来的肠胃。正因如此,他们的教课和写作也很少有用。因为总不能用未经消化的排泄物,只能用从自己血液中分泌出来的奶汁去营养别人。

5(§248)

假发是这类纯学者的恰当的象征。他们因缺乏自己的头发,才用大量旁人的头发来打扮头部;正如博学在于以大量旁人的思想装潢自己。那些假发当然不能很好、很妥帖地称为头部,也不是在一切情况下顶用并适应一切目的,也不是扎根很稳固,也不是用坏了马上能从同一来源换来另外的头发,如同从自己的土壤长出来的一样。所以,连斯特恩①也在他的《特里斯特拉姆·项迪》中冒昧地宣称,"自己的一两智慧胜似别人的一吨"。

事实上,再怎么渊博的学问之于天才,恰如植物标本之于不断新生、永远新鲜、永远年轻、永远变化着的植物界一样。没有什么二者的对比会大似评注家的博学与古人的天真烂漫之间的对比了。

6(§249)

客串,客串!——出于爱好和喜悦而研究一门学问或艺术的人们,常这样被那些为了利益而从事学问或艺术的人们所贬称;因为后者只欢喜这样挣得的金钱。这种贬称源于这样一种卑劣的信念,即除非为贫困、饥饿或其他某种贪欲所驱使,没有人会严肃认真地从事一项科目。公众也具有同样的看法,由此产生他们对于"专家"的普遍尊敬和对于客串者的不信任。事实上,客串者才把科目当作目的,而专家却只把它当作手段;但是,只有直接对科目感兴趣的人,出于爱好而

---

① 斯特恩(劳伦斯,1713—1768),英国小说家,以怪诞风格著称。

从事这项科目的人,才会十分认真地对待它。最伟大的成就,永远是这样的人、而不是雇工们所能完成的。

7（§250）

须知歌德也是颜色理论中的一位客串。此处不妨多说几句!

为人愚蠢和为人低劣是被允许的。反之,道破愚蠢和低劣,竟是一桩罪行,是对淳风和全部礼貌的令人愤慨的破坏。——好一项明智的预防措施!然而,我必须置之于不顾,以便同德国人打开窗子说亮话。因为我不得不说,歌德的颜色论的命运尖锐地表明了德国学术界的不诚实,否则就是毫无判断力:也许这两种高贵品质在这里互相捧场吧。伟大的有教养的公众追求舒适生活和消遣,所以凡非小说、戏剧或诗歌的东西全都被弃置一旁。如果格外想读点什么以获得教益,他们首先等待那些熟知此处真正可获教益的人们的印鉴文书。而所谓熟知者,在他们眼中,是指的专家。这就是说,他们把靠某事为生者和为某事而生者混为一谈了。狄德罗①就在《拉摩的侄儿》中说过,教授一门学科的人并非精通并认真从事这门学科的人,后者没有时间来教授它。前者仅靠这门学科为生,它对他们乃是"一头给他们供应奶油的好母牛"。——如果一个民族最伟大的心灵把一项科目作为自己毕生的主攻对象,如歌德之于颜色论,而未为世人认可,那么负担科学院费用的政府,有责任委托科学院组织一个委员会来研究这项科目,如同法国处理许多次要事物一样。否则要那些大模大样、坐着许多傻瓜胡吹乱侃的科学院干什么呢?意义重大的新真理很少会从它们那里产生,所以它们至少应当能够判断重大的成就,而且不得不依据职权来讲话。但是,柏林科学院院士林克先生在他的《自然科学入门》第一卷(1836)中,暂时为我们提供了他的院士判断力的一个试验。他先

---

① 狄德罗（但尼斯,1713—1784）,法国百科全书派哲学家,《拉摩的侄儿》为其论辩证法的名篇。

验地确信,他的大学同事黑格尔是一位伟大的哲学家,而歌德的颜色论则是一篇拙作,因此在该书第47页把两人拉在一起这样说:"黑格尔在涉及牛顿时竭力进行最无节制的攻击,也许是出于对歌德的俯就吧——一件坏事应用一个坏字眼。"这位林克先生就这样厚着脸皮谈到一个可怜的江湖骗子对于全民族最伟大心灵的俯就。作为他的判断力和可笑的傲慢作风的样品,我从该书再援引说明上文的如下几段:"在深思熟虑方面,黑格尔超过了他的所有先驱:可以说,他们的哲学都在他的哲学面前黯然失色了。"(P32)他还在第44页用下列一段话结束他对可怜的黑格尔在大学讲台上插科打诨的描述:"这就是学术界空前未见的最高形而上学洞察力之稳固而巍峨的大建筑。像这样的名言:'对必然的思考就是自由;精神为自己创造了一个伦理世界,自由在那里重新变成必然性',使接近的精神充满了敬畏,而一旦被恰当地认识之后,这些话就为讲它们的人保证了不朽。"因为这位林克先生不仅是柏林科学院的院士,而且还属于德国学者共和国的名流甚至显贵,这些说法尤其因为它们在任何地方都未受到斥责,便更可以充作德国判断力和德国正义感的样品。由此更可以了解,我的著作三十多年来被认为不值一顾,是怎么一回事了。

8(§251)

德国学者太可怜,谈不上耿直与正派。因此,旋转、纠缠、迁就别人而否认自己的信念,教授并写作自己所不信的东西,匍匐,谄媚,拉帮结派,把大臣、大人物、同僚、大学生、书商、评论家,简言之,所有头面人物都当作真理和见所未见的功勋加以尊重——这就是他们的行为和方法。他们于是通常成为一种瞻前顾后的瘪三。其结果,一般来说在德国文学中,特别是在哲学中,歪风邪气占上风到如此程度,可以期待它再也骗不了任何人,终于不起作用了。

9（§252）

此外,在学者共和国也像在其他共和国一样,人们欢喜一个默默走自己的路而不想显得比旁人更聪明的普通人。对于乖僻的头脑,人们则联合起来,把它们当作洪水猛兽来抵挡,而且——唉!——这些人乃是多数啊!

学者共和国的情况总的来说,恰如墨西哥共和国一样,那里每个人只关注自己的利益,追求自己的体面和势力,全然不管整体,于是整体便日见衰微了。在学者共和国,也是各人这样争取发展个人势力,以便挣得体面:他们同心协力所从事的唯一目的,就是不让一个真正优秀的头颅抬起来,如果它想表现自己的话;因为它对于大伙儿都是危险的。学术的整体将如何得了,自不难概见。

10（§253）

在教授和独立学者之间,自古就存在着某种对立,这种对立在某种程度上,可用狗和狼之间的对立来说明。

教授由于其地位,有很大便利条件,能为当代人所知。反之,独立的学者由于其地位,有很大便利条件,能为后代人所知;因为,要为后代人所知,除了其他许多希罕才赋外,还需要某种闲暇和独立性。

因为人类需要很长时间才能发现,他们应当注意谁;所以,两者可以并行不悖地产生作用。

总的说来,教授的厩料最适合于反刍类。反之,从自然之手接受其战利品的人们,以在露天旷野之中为好。

11（§254）

一般说来,人类知识在各个部门中,绝大部分永久只存留在纸上,在书籍中,即在人类的书面记忆里。其中只有一小部分在每一特定时期真正活跃在某些人的头脑中。其所以如此,主要由于人生的短促与无常,此外还由于人们疏懒成性和贪图享受。每个如白驹过隙的世代只从人类知识取得它刚好用得着的一切,很快它就死去了。大多数学者都很肤浅。接着来了新的充满希望的一代,它一无所知,必须从头开始学习一切;它再次从中吸取它所能理解的、或在其短促生涯所能需用的一切,然后同样死去了。如果没有文字和印刷,人类知识的状况该是何其糟糕啊!所以,只有图书馆才是人类可靠而又长存的记忆,人类的个别成员都只有一种非常狭隘而又不完全的记忆。所以,大多数学者都不愿他们的知识受到检验,如同商人之于他们的账簿一样。

人类知识向四面八方伸延,都是远无止境的,而一般值得知道的知识,没有一个人能知道其千分之一。

由此观之,学问已扩展到那样一种宽度,谁想"有所成就",就只应攻研完全特殊的一门,而不应兼顾其他。于是,他虽然在其本行中超过凡夫俗子,但在其他部门却仍属凡俗之列。再加上今天常见的对于古代语言(一知半解无济于事)的疏忽(一般古文化修养即由此而衰落),于是我们将看到在自己本行之外鲁钝如牛的学者了。——一般说来,一个别无所知的专门学者好比这样一个工人:他一生别的什么都不做,只给一种规定的工具或机器做规定的螺钉或钩子或把手,在这方面当然达到了难以置信的熟练技巧。还可以把专门学者比作一个住在自己屋子里、从没出过门的人。在屋子里,他确切地知道一切,每层楼梯,每块角落,每个阳台,有点像维克多·雨果的《巴黎圣母院》中的夸西摩多一样;但是,一出屋子,他便觉得一切陌生而茫然了。——反之,真正的古文化修养绝对要求博识与总揽,因此高级意义上的学者当然需要某种通才。但是,谁想完全成为一位哲学家,就必须把人类知识最遥远的末梢都聚集到自己的头脑中来,试问它们还能聚集到另外什么地方去呢?——第一流的英才决不会成为专门学者。他们既是英才,正要把生存之整体作为自己的难题,他们每一个对于这个难题都以任何一种方式为人类提供了新的启示。因为,只有以事物之整体与伟大、本质与一般作为自己成果题目的人,而不是毕生孜孜于解答事物彼此间任何一种特殊关系的人,才配享有一个天才的称号。

12（§255）

废除拉丁语作为共同的学者语言,在民族文学中引进小市民气,对于欧洲的学术界来说,是一桩真正的不幸。首先,因为只有利用拉丁语,才有过一个共同的学术界,每种问世的书籍都是直接面对这个总体的。但是,真正进行思考并善于判断的头脑,在整个欧洲毕竟为数甚少,如果再用语言限制把他们的论坛瓜分并拆散,那将无限地削弱他们有益的影响。加之,由出版者任意选择、由文学匠人制作的译本,乃是共同学者语言的一种拙劣代用品。因此,康德的哲学在短暂的辉映之后,就一直陷在德国判断力的泥淖中,而费希特、谢林,最后是黑格尔的伪科学的磷火倒在这上面享受它们闪烁的生命。因此,歌德的颜色论得不到公道。因此,我一直未受到注意。因此,明智而富于判断力的英国民族迄今仍为最可耻的迷信和教士监护制所降格。因此,法国声誉赫赫的物理学和动物学缺乏一种充足的相称的形而上学的支持和检验。例子还可以举得更多。此外,这个大缺点还连带着第二个更大的缺点:不再学习古代语文了。现在,在法国甚至在德国,忽视古文已占上风。《罗马法典》已于一八三〇年译成德语,这就是愚昧也就是野蛮进入整个学术基础即拉丁语的不可否认的标志。现在已经到了这个地步,即希腊作者,甚至拉丁作者,都被附加德语注释出版,这真是一种秽行,一种无耻。其真实原因(不论大人先生们如何装模作样)乃是,编者们不再懂得如何用拉丁语写作,而可爱的青年们高兴牵着他们的手走腐朽、愚昧和野蛮的道路。我曾经期望看到,文学报章上的这种做法将论功而受到谴责;但是,我不得不惊讶地发现,这一切竟然有条不紊地逃脱了一切责难。原来,评论家正是这种无知的庇护人,或者还是编者或出版者的神父。这种面面俱到的卑鄙行径在各种德国文学中还十分流行。

我还不得不抨击当前整日无耻地匍匐而来的特殊鄙陋,那就是,在科学书籍中,在地道学术性的、甚至由科学院编印的刊物中,用德语译文成段地援引着希腊作家、甚至(哦,可耻!)拉丁作家的章句。呸!见鬼去吧!他们是为鞋匠和裁缝写作吗?——我要是相信这点,便会"删掉"很多东西。那么,请允许我老实说吧,他们在任何意义上都是些下流坏子。——身上多些荣誉,口袋里少些金钱,让不学无术之辈痛感自己的微贱吧,别向他们的钱柜卑躬屈节。——对于希腊作家和拉丁作家而言,德语翻译正是这样一种代用品,恰如菊苣根之于咖啡,此外决不要相信它们的准确无讹。——

事情糟到这个地步,那么再见吧,古代文化,高雅的趣味和高尚的鉴赏力!野蛮时代又回来了,尽管有铁路、电线和气球。我们终于因此丧失了我们祖先都享受过的一种长处,那就是,拉丁语不仅为我们开启了罗马古代,还能帮助我们直接认识欧洲所有国家的中世纪和向下数直到上世纪中叶的近代。因此,例如九世纪的斯科图斯·埃里根纳,十二世纪的约翰·封·沙利斯伯利,十三世纪的雷蒙·鲁利[①],连同其他百来人,都可以用这种语言直接同我对话,这种语言是他们一想到学术问题就自然精通的。因此,他们至今还能十分亲近地向我走来:我直接和他们发生接触,确确实实地结识了他们。如果他们每个人当时用他们那时的本国语言写作,情况又会怎样呢?连一半我也不会懂得,和他们发生真正的心灵接触更是不可能的:我看他们就像看远方天边的幻影,或者甚至得用译者的望远镜。为了预防这一点,培根如他自己所断言,后来曾经把他的"随笔"翻译成拉丁文,题目改成

[①] 约翰·封·沙利斯伯利(1115—1180),英国教长兼学者;雷蒙·鲁利(1235—1316),西班牙卡泰罗尼亚哲学家兼教士。

《诚实的训诫》;——不过,霍布斯在这方面帮助过他①(参阅《托马斯·霍布斯传》,卡诺洛波利 1681,第 22 页)。

这里不妨顺便提到,如果爱国主义想在学术领域逞威风,那它实在是个不可容忍的龌龊家伙。因为还有什么比这种行为更其傲慢无礼的呢?在纯粹而普遍的人性被鼓动起来的地方,在只有真理、光明和美应当起作用的地方,却要把对于自己所属民族的偏爱放在天平上,于是从这方面考虑,便时而强奸真理,时而对其他民族的伟大才智不公道,以便表彰本民族较渺小的才智。但是,这种鄙陋性的例子,可以每天在欧洲所有民族的作家那里碰到。所以,它在伊利雅塔②最可爱的《文学寓言》第 33 篇中也受到了嘲笑。

13(§256)

为了改善学者的质量,牺牲他们十分多余的数量,应当从法律上规定:不到二十岁,不能进大学;在上新生名册之前,先必须经过两门古代语文的严格考试。但是,上了名册之后,他还必须免除兵役,从而在那里获得他的第一份"博士生奖"。一个大学生有太多的东西要学,他不能无限制地为与其业务风马牛不相及的武器手艺荒废一年或更多时间;——且不说,他一旦变熟练了,就会损坏每个不学无术者(不论他是谁)对于学者自始至终应有的尊敬;是的,劳帕赫③在喜剧《一百年前》中就"古代德骚人"对于一个应试者的阴谋暴行所表现的,正是这样一种野蛮。学者阶层天然免除兵役,并不会使军队趋于瓦解;但是,庸医、坏律师和坏法官、不学无术的教师及各种各样的江湖骗子的数目,倒可以因此而大大减少;——更何况每一段士兵生涯都会对

---

① 培根,即弗朗西斯·培根(1561—1626),英国哲学家;霍布斯(托马斯,1588—1679),英国哲学家。
② 伊利雅塔(托马斯·德,1750—1791),西班牙诗人。
③ 劳帕赫(恩斯特·本·索罗门,1784—1852),德国戏剧家。

未来的学者产生泄气的作用。——应当从法律上规定,大学一年级学生必须专修哲学院的课程,在第二学年以前根本不让听三个高等学院①的课程,但是后来神学生必须学两年,法学生学三年,医学生学四年才行。反之,在中学,课程只可限于古代语文、历史、数学和德语,而且越是在初年级,课程越应富于基础性。然而,因为数学天资是一种完全特殊的奇异的天资,和一个头脑的其他才能根本不相应,甚至根本不相通②,所以对于数学课程应当把学生完全区别开来;所以谁在其他课程读选拔班,在这里只能读中级班,一点也不伤他的面子,反之亦然。只有这样,每个人才能按照其专门才具学到一点东西。

教授们当然不会支持上述建议,因为在他们看来,学生的数量重于质量;对于下述建议也会一样。授予学位应当毫无代价;与此同时,为教授们的利欲所玷污的博士学位,也才能恢复荣誉。为此,后来的国家考试,对于博士来说,也应当废止。

---

① 指德国旧式大学所包括的神学院、法学院、医学院,连同哲学院,共四大学院。
② 此处请参阅1836年1月份《爱丁堡评论》上 W. 汉米尔顿评惠威尔的一本书的优美论文,后来连同其他若干论文以他的名字出版,并有德译本,书题为《论数学的价值与无价值》。——原注

论阅读与书籍

1（§290）

无知只有当它被遇见和财富相伴,才会把人贬低。穷人为贫困所抑制;他的劳作取代了知识,占据着他的思想。反之,无知的富人只为欲望而生,与牲畜相似,一如我们日常所见。此外,还需责备他们,没有利用财富和闲暇,从事为他们提供最大价值的工作。

2（§291）

我们阅读的时候,别人在为我们思考;我们不过重复他的思维过程。这就像学生习字时用毛笔描摹教师用铅笔写出来的笔画。因此,我们阅读时,被免去了大部分思维劳动。所以,当我们从进行自我思考转到阅读,便有一种可感受到的轻松。但是,阅读时我们的头脑实在不过是别人思想的竞技场。所以,往往发生这样的情况:谁要是读得很多,几乎整天在读,只是间或从事无思想的消遣,渐渐就会丧失自己思考的能力,——正如一个老是骑马的人,最后忘记怎么走路一样。很多学者正是这样的情况:他们把自己读蠢了。因为持续不断的、一有闲暇就重新开始的阅读,比持续不断的手工更容易使人的精神瘫痪;因为后者还可以沉湎于自己的思想。正如一根弹簧由于一个异体的持续重压最终丧失它的弹性一样,精神也会由于异己的思想的不断侵入而丧失自己的弹性。又如吃得太多会坏胃并因此损害整个身体一样,精神食粮太多也会塞满并窒息精神。因为读得越多,所读的东西在精神上留下来的痕迹便越少;它就像一块黑板,上面层层写了许多东西。所以这就谈不上反刍:但是,只有通过反刍,才能把所读的东西化为己有。如果不断地阅读,后来不再对所读的东西加以思考,它就生不了根,大部分会丧失掉。总而言之,精神食粮无异于肉体食粮:吃进口的东西几乎吸收不到百分之五十,其余部分都经过蒸发、呼吸及其他方式消失了。

除了以上所说,留在纸上的思想一般并不比留在沙上的脚迹更多;一个人看得清楚他所走的道路;但是,要知道他在路上看见什么,则必须使用自己的眼睛。

3(§292)

任何一种作家素质,如说服力量,词藻华丽,比较才能,表现上的雄浑或泼辣,或简练,或优雅,或流畅,以及俏皮机智,惊人对比,言简意赅,朴质无华等等,我们都不能通过阅读具备这些素质的作家而获得。但是,我们却因此能够在我们身上唤起这些素质,使它们为我们所意识,如果我们已经作为禀赋而潜在地具有它们;我们能够看见凭借它们而完成的一切,能够更其乐于或勇于利用它们,能够根据例证判断运用它们的效果,从而学习它们的正确用途;由此看来,我们肯定首先是在行动中才具有它们。那么,这就是阅读教导写作的唯一法门,因为它教导我们如何利用自己的天赋:也就是说,永远只是在具有天赋的先决条件下。反之,没有天赋,我们通过阅读只能学到冰冷的僵死的写作手法,从而变成肤浅的模仿者。

4(§292续)

为了保护眼睛,卫生督察应当规定:印刷字体小到有一个不能跨越的最低限度。（一八一八年我在威尼斯，那时真正的威尼斯项链还在制造，一位金匠对我说，做这种项链的人，三十岁就会变瞎。）

5（§293）

正如地层一排排保存着过往时代的活物一样，图书馆书架上也一排排保存着过去的谬误及其阐述，它们像前者一样，当初曾经非常活跃，名噪一时，而今却僵硬、呆板地摆在那儿，只有文学上的古化石学家才屑于一顾。

6（§294）

据希罗多德①说，薛克斯②一看见他的一望无涯的军队，不禁大哭起来，因为他想到一百年之后，所有这些人没有一个还会活着：那么，看见书市上厚厚的图书目录，想到十年之后，所有这些书没有一本还会活着，谁又不想大哭一场呢？

7（§295）

在文学中跟在生活中没有两样：到处会遇见人类不可救药的群氓，他们成千上万地存在着，充塞一切，玷污一切，像夏天的苍蝇。所以，无数的坏书，这些丛生蔓延的文学莠草，它们从小麦吸取养料并把它窒息而死。就是说，它们攫取了读者的时间、金钱和注意力（这些理应属于好书及其高尚目的），而它们之所以被写出来，不过是为了赚钱或谋职。因此，它们不但无用，而且肯定有害。我们当今整个文学有

---

① 希罗多德（公元前484—前425），希腊史学家。
② 薛克斯（公元前519—前465），波斯国王。

十分之九没有别的目的,只是为了从读者口袋里骗取几个塔勒①而已:为此,作者、出版者和评论者紧密地勾结起来。

使那些文人,混饭吃的作者,粗制滥造的作者对时代的良好趣味和真正修养得以售其奸的,正是一种狡黠的、下流的但又未可小视的恶作剧,他们搞得整个上流社会被缰绳拴住,训练他们一致地阅读,就是说所有人始终读同一读物,即最新读物,以便在他们的圈子里有交谈的资料:为了这个目的,便用得上坏小说及出自昔日名笔的类似作品,如前些时施平德勒、布尔沃、欧仁苏等人②的作品。但是,文学读书界竟有义务始终阅读最平凡头脑(他们只为金钱而写作,因此永远成千上万)的最新作品,而对于各个时代各个国家罕见而卓越的心灵的著作,则仅闻其名而已——还有什么比这样一个文学读书界的命运更其悲惨的呢!文学报刊特别是一种精心炮制的狡计,用以剥夺文雅读者的时间,这些时间本来应当为了有益他们的修养,用来阅读这一类纯正作品的,结果反倒为那些平凡头脑的日常拙作所浪费。

所以,就我们的阅读而论,有所不读的艺术是十分重要的。那就是,那些任何时刻拥有更多读者的货色,最好因此不沾手,例如政治性或宗教性的小册子、小说、诗歌等等,尽管它们轰动一时,甚至在它们最初和最后几年一版再版:不如让我们记住,谁为傻瓜而写作,谁总找得到广大的读者,让我们把用来读书总嫌短缺的时间专门来读各个时代各个民族超越其他人类的伟大心灵的作品吧,这些作品的名声已经说明它们的价值。只有这些书才真正培养人,教育人。

坏书我们决不会少读,好书也不会多读:坏书是思想的毒药,它腐败着心灵。——

读好书要有一个条件,就是不读坏书:因为人生苦短,时间和精力

---

① 塔勒,十八世纪德国通用银币。
② 施平德勒(1796—1855),德国作家,模仿司各特写历史小说;布尔沃,即布尔沃-利顿(1803—1873),英国小说家,名著有《庞贝的末日》;欧仁苏(1804—1857),法国作家,名著有《巴黎的秘密》。

都很有限。

8（§295 续）

已经写过不少书，或论古代这一位大家，或论那一位大家，读者读这些书，并不是读大家本人；因为他们只想读新出版物，因为臭味相投，他们觉得当今一个平凡头脑之肤浅乏味的胡诌要比大家的思想更亲切、更合口味。但我感谢命运之神，她在我年轻时引我读到奥·威·施莱格尔[①]的一句优美的箴言，从此它便成为我的指路明灯：

勤读古人吧，真正的古人本身；
今人为他们所说一切并不值一文。

哦，一个平庸头脑和另一个何其相似！他们多像从一个模子铸出来的！他们每一个在同样的场合讲同样的话，毫无二致！此外，还有他们卑下的个人目的。一个愚蠢的读书界就读这些家伙毫无价值的胡诌，只要它是今天印出来的，而大家们则被搁置在书架上。

难以置信的是，读者竟如此愚蠢和荒谬，他们把各个时代各个国家各种最高尚、最罕见的大家放着不读，偏要读每天出版的平庸头脑的粗制滥造，它们像苍蝇一样每年数不尽地被孵化出来，——只因为它们是今天印出来的，油墨还没干。这些作品毋宁应当在它们出生之日就给扔在一旁，置之不理，正如它们在几年之后并从此永远无人问津一样，只能作为对于过去时代及其胡诌的一桩笑料而已。——因为人们不读各个时代的最佳作品，永远只读最新的东西，作家们便停留在流行观念的狭小圈子里，时代便越来越深地沉陷在它自己的粪土之中。

[①] 奥·威·施莱格尔（1767—1845），德国作家，浪漫派早期代表人物。

9（§296）

各个时代都有两种文学，彼此平行，互不相涉：一种是真的，一种则似真实假。前一种成长为永存的文学。它由那些为科学或诗而生的人们所推动，严肃而沉静地走自己的路，但却非常缓慢，每一百年在欧洲几乎创作不出一打作品，然而它们却永存着。后一种由那些靠科学或诗吃饭的人们所推动，在同伙者的鼓噪之下飞快地发展着，每年给市场提供好几千部作品。但是，几年后人们会问：它们哪儿去了？它们那么早、那么响当当的声誉哪儿去了？所以，可以把这一种称之为流逝的文学，把那一种称之为固定的文学。

10（§296 续）

如果把阅读它们的时间同时买来，那就算真正买到了好书，但是在大多数情况下，人们往往把买书和占有它的内容混为一谈。——

要求一个人把他所读过的一切保存下来，就像要求他把他所吃过的一切留存在自己体内。他肉体上靠后者而活，精神上靠前者而活，并因此变成他现在的样子。但是，正如体内只吸收与之同质的东西，每个人只保存对他有兴味的东西，即适合他的思想体系或适合他的目的的一切。当然，后一种情况人人会有；但是，与一个思想体系相同的东西，却很少人会有：所以，他们对什么都没有一种客观的兴趣，他们所读之物没有一点附着在他们身上：他们什么也没有保存下来。——

"重复乃学习之母。"任何一种重要的书应当立即读两遍，一半因为到第二次才能按照前后关系更好理解其内容，只有知道结尾才能懂得开端；一半因为到第二次才在每个地方体会出与第一次不同的情调与兴致，从而留下不同的印象，仿佛在不同的照明之下看一件物品一样。——

　　作品是一个心灵的精华:所以,即使这个心灵是最伟大的,他的作品总比与他本人交往要有意义得多,从根本上补偿了后者的不足,——不,远远超过了它,把它抛在后面。即使是一个中等头脑的文章,也可能很有教益,值得一读,而且饶有兴味,正因为它们就是他的精华,是他所有思考和研究的成果、果实;——然而,与他本人交往,却未必使我们满意。所以,我们可以读我们毫不满意与之交往的那些人的书,因此高级精神文明转过来,又渐渐促使我们几乎只是在书本上,而不再是在人身上找到乐趣。——

　　对于心灵来说,的确没有比阅读古典作家更大的愉快了:只要手中捧着他们任何一位,哪怕只捧半小时,人们立即就会觉得爽快、轻松、纯净、高尚、强壮起来,仿佛饮过新鲜的矿泉。这个效果是源于古代语言及其完美呢,还是源于其作品历千年而不衰的心灵的伟大? 也许二者兼而有之。但是,我还知道,如果古代语言的学习一旦停止(现在就有这种危险),就会出现一种新的文学,由如此粗鄙、平淡而恶劣的涂鸦之作构成,这是得未曾见的;尤其因为德语虽然仍保留古语的若干优点,却由当今"现代"无耻的胡写作家们勤奋地有步骤地损坏着荼毒着,以致逐渐贫困化畸形化,沦为一种可怜的俚语了。——

　　有两种历史:政治史和文学艺术史。前者是意志的历史,后者是智能的历史。所以,前者一律危言耸听,甚至非常可怕:大量的恐怖、忧虑、欺骗和凶杀。反之,后者处处令人心旷神怡,宛如绝缘的智能,即使是在描述错误见解的时候,它的主枝是哲学的历史。本来,哲学是历史的主调低音,这个低音甚至响成了另一种历史,还可以从基础上引导见解:当然是这种历史在主宰着世界。① 所以,历史经过适当理解,本来就是最强有力的物质力量,可是发生作用非常缓慢。

---

① "哲学的历史",指关于哲学发展的历史;"另一种历史",指以哲学眼光观察世界的历史。"这种历史",指后者。

11（§297）

在世界历史中，总有半个世纪是很可观的，因为它的物质不断向前流动，总有些事情在发生。反之，在文学历史中，同样的时间却根本不算什么；正因为什么也没有发生：因为粗陋的尝试与它无关。这样，人还待在五十年前那个地方。

为了说明这一点，不妨拿行星轨迹的形象来设想一下人类认识的进步。那么，且以托勒密的本轮①代表人类在每次重大进步之后不久往往陷入的歧途，本轮每转一周，人类仍然位于它进入歧途之前的地方。可是，伟大的头脑真正引导人类在那个行星轨道上前进，却并没有每次跟着那个本轮转。由此可知，为什么名垂后世是以丧失同代人的喝彩为代价而获得的，反之亦然。——例如，费希特和谢林的哲学，最后以黑格尔的哲学漫画到达顶峰，就是这样一个本轮。这个本轮是从康德最后画到那儿为止的一个圆圈开始的，后来我又在那儿接着把它继续画下去：但是在这段时间里，上述假哲学家及其他几位却在转他们的本轮，现在刚刚转完，跟着他们一起转的公众这才意识到，他们原来就在他们当初出发的地方。

与这个事态进程相关的是，我们看见大约每三十年科学、文学和艺术的时代精神要公开宣布一次破产。这就是说，在这段时期里，一再发生的错误会加重到在其荒谬行径的压力下崩溃下来，同时它们的对立面也随之增强了。于是情况发生转化：现在常常是一个相反的错误接踵而来。按其周期性的循环来表示这种事态进程，应当是文学史恰当的实用性的素材：但是，文学史却很少关心这一点。此外，由于这段时期相对短暂，其资料往往难于从遥远时代搜集：所以，人们可以极其方便地在自己的时代观察事情。如果想从实际科学中来举这方面

---

① 托勒密，公元二世纪著名天文学家，地心宇宙体系的创立者。"本轮"，在托勒密体系中指行星均匀运动的轨迹。

的例子，就可举维尔纳①的《海王星地质学》一书。不过，我仍坚持上面已经举过的、离我们最近的例子。在德国哲学中，紧接着康德的光辉时期，乃是另一个时期，人们不是说服而是致力于压服，不是做到彻底、明白而是致力于浮华、夸张，特别是晦涩难懂，甚至于不是寻求真理而是要阴谋诡计。这样，哲学便根本不可能进步。最后便是这一整个学派及其方法的破产。因为在黑格尔及其同伙身上，一方面既是信口雌黄的厚颜无耻，另方面又是胡吹乱捧的厚颜无耻，连同想整个做得冠冕堂皇的明显意图，达到如此巨大的规模，以致最后大家的眼睛不得不盯在整个坑蒙拐骗上，经过某种程度的揭露，上面的保护收回去了，捧场也就没有了。这是所有曾经有过的哲学垃圾中最卑劣的一种，以费希特和谢林为先例，他们也被它拖进了名誉扫地的深渊。由此显示出在德国紧接康德之后一百年的上半叶整个哲学界的不够格，可同时人们还对外国夸耀德国人的哲学才能，特别是自从一位英国作家带着恶意的嘲讽，把他们称为思想家的民族之后。

但是，谁想要从艺术史中证实这里提出的本轮说的普通模式，只需观察一下在上个世纪，特别是它在法国的继续发展中，仍然兴旺的柏尼尼②的雕塑流派，它所表现的不是古代的美，而是普通的自然，不是古代的单纯与优雅，而是法国舞场的礼仪。经过温克尔曼③的指摘，接着发生向古代流派的回归，它便宣告破产了。——本世纪头二十五年还从绘画中提供了一个证据，这段时间原来仅仅把艺术当作中世纪宗教虔诚的手段和工具，从而选择教会题材作为它的唯一主题；现在这些题材已为缺乏那种信仰的真正严肃性的画家们所采用，但是他们经过上述迷误之后，却以弗朗赛斯柯·弗朗西亚，彼特罗·裴鲁基诺，安基洛·达·菲索尔④等人为楷模，甚至比继他们之后的真正大师们

---

① 维尔纳（亚伯拉罕，1750—1817），德国地质学家，主张地壳的岩石经水作用而形成。
② 柏尼尼（1598—1680），意大利雕刻家，巴洛克艺术的代表之一。
③ 温克尔曼（约翰，1717—1768），德国考古学家，著名学者。
④ 弗朗赛斯柯·弗朗西亚（1450—1517），彼特罗·裴鲁基诺（1445—1523），安基洛·菲索尔（1400—1455），均为意大利画家。

更重视这些画家。关于这种迷误,并因为在诗歌中同时流行过类似的尝试,歌德写了《教士游戏》这篇寓言。连这个流派后来被认清是以奇思怪想为基础,也一样宣告破产了,接着发生了向自然的回归,显示在各种风俗画和生动场景中,尽管有时流于平凡。

与人类进步的上述过程相适应,文学史就其大部分而论,乃是一个怪胎陈列室的目录。这些怪胎赖以最长久地保存下来的酒精是猪皮。① 另方面,也不需要在那里寻找少数顺产:它们仍然活着,可以在世界上到处遇见它们,它们作为不朽之作带着永远新鲜的青春气息出现。只有它们才构成前一节(§296)所说的真正的文学,它的角色不多的历史我们从青年时期起,就从所有有文化的人们口中,而不是从教材简编中学到了。——近来流行阅读文学史的偏执狂,为了能够侈谈一切,而不真正了解任何什么,对此我推荐利希滕贝格最值一读的一段,见旧版第二卷第302页。

我倒真希望,有朝一日有人试写一本悲惨的文学史,写一写各个民族尽管把最高的自豪置于他们所拥有的大作家和大艺术家身上,而在后者生前究竟是怎样对待他们的;让我们看看各个时代各个国家的善与真是怎样不得不对每次猖獗一时的假与恶进行那场无休止的斗争;描述一下每个艺术部门中几乎所有真正的人类启蒙者、几乎所有大师们的殉道事迹;给我们讲讲他们除开少数例外,得不到赞赏,得不到同情,也没有门徒,一直在贫困和不幸中潦倒下去,而名誉、荣耀和财富却注定为其不称职的同行所占有,于是他们落得这样一个下场,仿佛以扫出门为父亲狩猎野物,而雅各乔装打扮在家中骗取父亲的祝福②;还应谈到,尽管发生这一切,他们对于事业的爱却使他们保持正道,直到最后这样一位人类的教育者的艰苦斗争大功告成,不朽的桂冠向他招手,这对他意味着:

---

① "怪胎"指拙劣的文学作品;"猪皮"指充作书籍封面的皮革。
② 本事见《旧约·创世记》。以扫和雅各是以撒和利百加的双生子,雅各以上述手段骗取了以扫的长子身份。

沉重的甲胄变成翼状服，
痛苦短暂，欢乐永续。①

---

① 席勒的名句。

关于美的形而上学与美学

1（§205）

我已经在我的主要著作中,足够详细地论述了(柏拉图式)理念的基本含义,论述了它的相关概念,即认识之纯粹主体,所以如果不是我觉得,这是一次在我之前从未在这个意义上进行过的考察,因此凡可作为它的解释而受到欢迎的一切,还是一点也不保留为好,我将认为,在这里重新回到这个话题来未免多余。当然,我同时也要假定,以前那些讨论乃是人所共知的。——

美的形而上学的真正问题,可以很简单地表述如下:一个对象要是与我们的意愿没有任何关系,那么对它感到满意和喜悦怎么会是可能的呢?

这就是说,人人都会感觉到,对于一件事物之所以感到喜悦和满意,确实只由于它和我们的意志发生了关系,或者用人们爱用的说法,和我们的目的发生了关系;所以,一种喜悦不涉及意志,看来像是一个矛盾。然而,十分显然,诸如此类的美引起我们的满意,我们的喜悦,它又确乎是与我们的个人目的,从而与我们的意志,不发生任何关系的。

我曾经这样解答过:我们在美中间,常常理解到生物与非生物之本质的、原始的形态,从而理解到它们的柏拉图式理念;而这种理解是以它的基本的相关概念,即认识之无意志的主体,也就是一种没有意向与目的的纯粹智力为其条件的。因此,一种审美理解开始之际,意志便完全从意识中消失了。唯独意志是我们一切忧患与苦恼的根源。意志消失才是与审美理解同时发生的那种满意和那种喜悦的开端。足见这种理解的基础在于排除苦恼的全部可能性。——也许有人会反驳,喜悦的可能性也将随着被排除掉;那么,应当记住,正如我经常指出的,幸福、满足具有否定性质,它们不过是一种烦恼的结束,反之痛苦却是肯定性的。因此,当一切意愿从意识中消失时,仍然存在着喜悦的状态,即一切痛苦都不在了,这里甚至可以说,一切痛苦的可能性都不在了,这时个体转化为一个纯粹进行认识而不再有所意愿的主体,却依然意识到它自身及其这样一种行为。我们都知道,作为意志的世界是第一义的,而作为表象的世界则是第二义的。前者是有所企求的,因而是痛苦的、千灾百难的世界。后者就其本身而言,根本上是没有痛苦的:此外,它还包含一个值得赏玩的奇观,处处意味深长,至少使人开心。审美的喜悦就在于欣赏这一奇观①。——成为认识之纯粹主体,就意味着摆脱自身②:但是,人们一般做不到这一点,他们也就不能对事物有纯客观的理解,这种理解通常构成艺术家的天赋。

2（§206）

然而,假如个人意志将其附有的表象能力③放任片刻,并暂时完全解除它曾为之产生和存在的义务,那么它目前便会摒弃对于意志或者个人自身的关心(唯独这个自身才是它的天然的课题,从而是它的经常的事务),但却并不因此而不再积极活动,不再充分紧张地、清楚明

---

① 彻底的满足,最终的安慰,真正可羡慕的状态,我们永远只能在形象中,在艺术品中,在诗中,在音乐中找到。不过,无疑可以由此确信,它们一定在什么地方存在着。——原注
② 人们忘却自身,全神贯注于被观照的对象时,认识之纯粹主体就出现了;结果,就只有那些对象留存在意识中。——原注
③ 指包括艺术想象在内的一般想象力。

了地理解直观事物；于是，表象能力随即变得完全客观了，就是说，它变成客体的忠实的镜子，或者更确切地说，变成呈现在历次客体中的意志之客观化的媒介，而客体的最内在部分现在便更其完整地从其中凸现出来，只要观照继续下去，直到把客体耗尽无余为止。只有这样，才会随着纯粹主体，产生纯粹客体，即出现在被观照客体中的意志之完满的显示，这种显示正是客体的（柏拉图式）理念。但是，这样一种理解却又要求：我在观察一个客体时，真正能够把握它在时间与空间中的地位，从而把它的个性置之度外。因为使那个客体和作为个体的我发生任何一种关系的，正是这个永远为因果律所决定的位置；所以，只有摆脱了那个位置，客体才能变为理念，从而我才能变为认识之纯粹主体。由于这个缘故，每一幅画便因为永远固定了飞逝的瞬间，并这样把它从时间中抽取出来，它才不是提供个别的东西，而是提供理念，即一切变易中持久的东西。但是，对于主体和客体的那种被假定的变化，条件不仅在于，认识能力要解脱它的原始的屈从地位，完全放任自由，而且还在于，它将仍然精力饱满地活动下去，尽管它的活动性的天然刺激，即意志的冲动，现在已没有了。这里存在着困难，而在困难中则见出事物的希罕；因为我们全部的思维和努力，全部的听和看，永远是发乎自然地、直接或间接地，服务于我们无数大大小小的个人目的，而刺激认识能力执行其职务的，则正是意志；没有这种刺激，认识能力马上就会衰颓下来。再者，按照这种刺激而活动的认识对于实际生活，甚至对于专门科学，都是十分敷衍的，因为这些科学所专心的永远只是事物的关系，而不是事物特有的内在的本质；所以，它们的一切认识都是以充足理由律、事物诸关系的这个基本关系为引线而前进的。所以，在任何地方，只要问题取决于对原因与效果、或其他理由与后果的认识，例如在自然科学和数学的一切部门，还有历史部门，或者在发明创造等方面，被寻求的认识必须是意志的一个目的，而且意志愈是热切地寻求它，它便愈快地被达到。正是这样，在国家事务中在战争中，在财政贸易业务中，在各种各样的勾心斗角中，意志必须首先通过热切的寻求，迫使智力紧张起全副力量，以便在当前的事务中，准确地探索一切前因和后果。意志的刺激在这里，能够驱使某个已知智力大大超过它的力量的常度，这实在是很令人惊异的。所以，对于这些事情中的一切卓越成就，不但需要一个聪明或细致的头脑，而且还需要一种强有力的意志，后者必须首先鞭策前者，使之转入艰苦、紧张而不停歇的活动，没有这种活动，那些成就都是无从实现的。

　　至于对事物之客观的自身固有的本质的理解（那种本质构成事物的柏拉图式理念，并且必然成为每种艺术造诣的基础），情况则大不然。就是说，意志在前一种情况下是如此有用，甚至不可或缺，而在这里，则必须完全处于局外：因为在这里，只有智力完全独自、完全以自己的手段来完成的，并且作为自愿的礼物来供奉的东西，才是有用的。在这里，一切必须自然而然地表现出来：认识必须是无目的地、从而无意志地活动着。因为只有在纯粹认识的状态中，人的意志及其目的连同他的个性完全离开了人，那种纯客观的观照才能够产生，而在这种观照中，事物的（柏拉图式）理念才会被理解到。但是，永远必须先有这样一种理解，接着才有构思，即最初的、永远带直觉性的认识，然后这个认识才构成一件真正艺术品的、一篇诗的、一个真正哲学命题的真实材料和核心，几乎也可称之为灵魂。历来在天才的作品中可察觉到的那种无心的、无用意的、甚至几分无意识的和本能的性质，正是如下事实的结果，即艺术家的原始认识，乃是一种与意志完全隔绝的、独立的认识，一种摆脱意志的、无意志的认识。而且正因为意志就是真实的人，人们就把那种认识归之于一个不同于这种人的人，即归之于一个天才。这一类认识，正如我经常阐述过的，并不以充足理由律为引线，因此恰好是前一类认识的反面。——凭着他的客观性，天才深思熟虑地觉察到别人看不见的一切。这就使得他作为诗人，或者作为画家，能够如此直观而又生动地描绘自然。

　　从另方面看，作品的制作过程以传达和展现已被认识之物为目的；那么，在这个过程中，正因为有了一个目的，意志于是能够甚至必须重新活跃起来;依此类推,充足理由律也就在这里重新起支配作用,而按照这个规律,艺术手段就得从属于艺术目的。这样,画家就得专心于构图的准确和色彩的调配,诗人就得专心于梗概的安排,以及词藻和韵律。

但是,因为智力起源于意志,所以它客观地表现为头脑,即身体的一部分,这部分就是意志的客观化;又因为智力原来被规定要为意志服务,所以它的自然而然的活动就是上文已经叙述过的那种性质的活动,这时它依然忠实于它的认识的那种表示充足理由律的自然形式,并被意志(人身上的原始因素)投入活动中,被保持在活动中。与此相反,第二类认识却是一种对于智力不自然、不正常的活动:据此,这类认识取决于这样一种情况,即智力及其客观形象即头脑断然反常地、从而十分希罕地压倒其余的机体,突破了意志的目的所要求的比例。正因为智力的这种优势是反常的,由此产生的现象有时便使人想到癫狂。

于是,认识在这里变得不忠实于它的本源即意志。智力生来仅仅是为意志服务的,而且在几乎所有人身上都一直这样服务着,人们的生命就消磨在智力的这种运用及其收益中,——在一切自由的艺术和学问①中,它却被运用得有些"滥":而人们却认为这种运用就是人类的进步和光荣。——在另一种情况下,智力甚至能够转而对抗意志;因为在献身宗教的异人身上,它取消了后者。

此外,那种对于世界和事物的纯客观的理解(作为原始认识,它正是每个艺术家、诗人和纯哲学家的构思之基础),既由于客观的缘故,也由于主观的缘故,仅只是一种转瞬即逝的理解,一半因为为此而需要的紧张不能持久,一半还因为世界进程不容许我们始终像毕达哥拉斯②所界说的哲学家那样,作为宁静的、漠不关心的旁观者留在人世间,反之每人都必须参与生活的大型傀儡戏,并且几乎永远会感觉到

---

① 指中世纪的文科教育,包括语法、修辞、逻辑学、算术、几何、天文和音乐。
② 毕达哥拉斯(公元前582—前507),希腊哲学家。

把他也牵连在一起、使他也活动起来的那根铁丝。

3（§207）

现在谈谈这种审美观照的客观方面,亦即(柏拉图式)理念;那么,可以把它表述如下:假如时间(我们认识的这个形式上的主观条件)被移开了,仿佛玻璃从万花筒里被移开那样,这时出现在我们眼前的东西就是它。举例来说,我们看见蓓蕾、花朵和果实的发育,会为那种永不倦于重新完成这一程序的推动力而感到惊愕。这种惊愕也可能不会发生,假如我们认识到,尽管存在着那种递嬗,出现在我们眼前的,仅只是植物的同一并且不变的理念;而植物作为蓓蕾、花朵和果实的统一体,我们是察看不到的,反例必须凭借时间的形式来认识它,于是理念对于我们的智力来说,就被分解成那些相继发生的状态。

4（§208）

假如我们考察一下,诗和造型艺术是怎样无一例外地拿一个个体作为主题,为了能以其个性的一切特点直到细枝末节,向我们精确无讹地表现它;然后再回头看一看科学,它则凭借概念进行工作,每个概念代表着无数个体,因为它一劳永逸地规定了并标志了整类个体的特性;——那么,我们会觉得,艺术活动未免琐细、渺小,甚至几乎孩子气了。可是,艺术的本质却必然使得它的事例可以做到以一当千,因为它通过对于个体的那种精雕细刻、刻划入微的描绘所企求的,正是个体的种类之理念的显现;因此,例如,人生中一个事件,一个场面,如果准确而又完满地加以叙述,也就是对其中所牵涉的个体加以精细的描绘,那么就会使人清楚而深刻地认识到从任何一方面来理解的人类本身的理念。因为正如植物学家从植物世界的无穷财富中摘出单独一朵花,然后把它加以分解,就可以从中向我们指示出一般植物的性质一样;诗人从处处以不停运动匆匆而过的人生之无穷纷扰中取出单独一个场面,往往甚至不过是一种情绪和感觉,就可以从中向我们指明,人的生活和本质是怎么一回事。由于这个缘故,我们便看到,最伟大的心灵如莎士比亚和歌德、拉斐尔和伦勃朗,殚精竭虑、一笔不苟地向我们描写和描绘一个并不出众的个体,包括它的整个特性直到细枝末节,却并不认为这样做有辱他们的身份。因为特殊的、个别的东西只能直观地被领悟;——为此,我曾经把诗界说为通过文字驰骋想象力的艺术。

如果人们想直接感觉并由此知道直观认识作为原始的、基本的认识胜过抽象认识所具备的优点,例如艺术较之一切科学,能够向我们显示出更多的东西;那么,请看一看,不论是在自然中,还是在艺术的媒介下,一张美丽的激动的富于表情的人脸吧。它岂不比一切文字连同它们所表示的抽象物,使人更其深刻地洞察到人的本质、甚至一般自然的本质吗?——这里不妨附带说一下,从云层透射出来的一瞥阳光之于一片美丽的景色,恰如微笑之于一张美丽的脸。所以,"笑吧,女孩儿们,笑吧!"

5(§209)

然而,一个形象比一件实物之所以更易于使我们理解一个(柏拉图式)理念;也就是,形象之所以比现实更接近于理念,一般说来,盖源于艺术作品乃是一个已为主体所参透的客体,因此它对于心灵,恰像动物性养料,即已被同化的植物性养料之于肉体一样。但是,进一步来观察,关键却在于:造型艺术作品并不像现实那样,向我们表示昙花一现的东西,即此一质料与此一形式之结合(这种结合正构成具体的、真正个别的东西);而是单把形式表示给我们看,这个形式如果表现得完美而全面,它就是理念本身。足见,形象立即把我们从个体引开,引向了单纯的形式。形式和质料的这种分离,使得形式更加接近于理念。每个形象都是这样一种分离；不论它是一幅画，还是一座雕像。因此，形式和质料的这种分离、这种隔断，属于美学艺术品的性格；正因为其目的在于使我们认识一个（柏拉图式）理念。也就是说，对于艺术品，根本在于只表达形式，而不表达质料，而且还要明显地、一目了然地做到这一点。这正说明了，为什么蜡像不能产生任何美的印象，从而不是（美学意义上的）艺术品；即便它们制作得很好，比最好的图画或雕像能产生百倍多的迷惑作用，而且如果乱真地模仿实物是艺术目的的话，它们一定可以进入第一流的品级。这就是说，它们看来并不单纯表达形式，而是连同形式，还表达质料；所以，它们产生了实物仿佛就在眼前的迷惑作用。真正的艺术品把我们从昙花一现的东西即个体引开，引向了在无限时间里永存的无限丰富的东西，即单纯的形式，或理念；蜡像却大不然，它似乎向我们表达个体本身，亦即昙花一现的东西，却没有使那样一个倏忽的存在具有价值，即没有生命。所以，蜡像引起恐怖，它像一具僵尸似的在起作用。

  人们可能认为，只有雕像才表达没有质料的形式，而图画却同时表达质料，只要它凭借颜色模仿实体及其状态的话。然而，这是指纯几何学意义上的形式，而不是这里所谓的形式：因为在哲学意义上，形式乃是质料的反面，从而包括了颜色、光泽、经纬，简言之，全部性质。当然，只有雕像才仅仅表达纯几何学的形式，以一种显然与之相异的质料即大理石来表现这种形式：它因此也就明显地把形式孤立起来。与之相反，图画则根本不表达任何质料，而只表达形式的纯粹外表，——不是在几何学意义上，而是在上述的哲学意义上。我是说，图画甚至从来不表达这种形式，只表达形式的纯粹外表，这就是说，只表达形式对于一种感官即视官的效果，而且还是仅仅从一个着眼点产生的效果。所以，图画也并不真正产生实物（即形式与质料）如在眼前的那种迷惑作用；而且，形象的逼真程度还永远处于这种表现方式的某种公认的约制之下：例如，形象由于不可避免地省略掉我们两眼的视差，它将永远只像独眼人所看到的那样表示物体。足见，图画也只是表达形式；因为它仅表现形式的效果，甚至是完全单方面的、即仅仅对于眼睛的效果。——艺术品为什么比现实更易于开导我们理解一个（柏拉图式）理念的其他原因，详见我的主要著作第二卷第 30 章第 370 页（三版第 420 页）。

上文谈到，形式同时在另方面也可以按照几何学意义来理解，下列情况正和这个观点相关。黑色铜版画和墨画，比起彩色铜版画和水彩画来，更适应一种较高尚的趣味；反之，后者则更投合较粗鄙的感官。这显然是由于：黑色的图画仿佛只是抽象地表达形式；对它的领略（如我们所知）乃是智力方面的、即静观悟性的事情。反之，颜色却仅是感官的事情，而且还要求感官有一种非常特殊的调整（视网膜活动在质上的可分性）。从这方面来看，彩色铜版画可比作押韵的诗，而黑色铜版画则是单纯按格律而作的诗；关于二者之间的关系，可参阅我的主要著作第二卷第 37 章第 427 页（三版第 488 页）。

6（§210）

我们在少年时期所得到的印象是如此意味深长，我们在生命的晨光中觉得一切是如此尽善尽美，如此光辉灿烂，这是因为：当时个别事物首先使我们认识到它的种类（这对于我们是全新的），每个个别事物这样就向我们代表着它的种类。因此，我们便从中把握到这个种类的（柏拉图式）理念，基本上也就是美。

7（§211）

schön（德语："美的"）无疑地与英文的 to show 有关，依此类推 showy 就是显眼的，what shows well 就是表现得好的，漂亮的，也就是引人注目的感性事物，因此也就是意味深长的（柏拉图式）理念之明显的表示。

malerisch（德语："如画的"）原本是美的同义语：因为它用来形容这样的东西，它在表现自己的同时，清楚地显示了它的种类的理念；所以这个词适用于画家的作品，他正是以表现、突出理念（它构成美中的客观实体）为目的。

8（§212）

人体的美丽与优雅协调起来，就是意志在其客观化的最高阶段上最明晰的显现，正因如此，也就是造型艺术的最高成就。同时，如我所说（《作为意志与表象的世界》卷一，§41），每种自然的东西必定都是美的：因此每种动物都是美的。如果就若干动物来说，我们并不觉得如此；那么，这是因为：我们还不能纯客观地观察它们，并借此领悟到它们的理念，而是叫这种或那种不可避免的联想给从理念引开了，多半由于一种强使我们接受的相似性，例如猴子跟人相似，所以我们便领悟不到这种动物的理念，而只看见一个人的漫画。癞蛤蟆跟粪便和黏泥的相似性，看来也是这样在起作用：虽然如此，这还不足以解释有些人看见这些动物时（像另一些人看见蜘蛛时那样）所感到的无限的憎恶、甚至是惊骇和恐怖：这种感觉毋宁是以一种深刻得多的、形而上的、神秘的关系为其基础的。下述事实证明这个见解，人们习惯于拿这些动物从事交感疗法（和兴妖作怪），也就是从事巫术目的，例如把一个蜘蛛封闭在一枚胡桃壳里，挂在病人的脖子上，直到它死掉，据说可以祛除高烧；或者，如遇更大的生命危险，就把一个癞蛤蟆浸在病人的尿液中，一起装进一个密封的瓦罐，到正午十二点钟，再把瓦罐放到住宅的地窖里去。然而，这些动物的缓慢的死刑，却向永恒的正义要求一种抵偿：这倒阐明了这样一个臆说，谁行使巫术，谁就会投身于魔鬼。

9（§213）

　　无机物，只要它不是由水构成的，当它不带任何有机物而出现时，就会给我们留下一种非常凄惨、抑郁的印象。童山濯濯的地区，特别是通向马赛的路上，土伦附近的没有任何草木的狭长岩谷，就是这样的例子；非洲沙漠在更大范围内，而且更其逼人地提供了这种例子。无机物给我们的这种印象之所以凄惨、抑郁，首先是由于：唯有无机物质才服从引力定律，所以这里一切都是朝引力的方向堆置起来的。——反之，草木的形态却直接在很大程度上使我们感到愉快；当然，草木愈多，就显得愈加丰富，愈加复杂，愈加蔓延不绝，同时也就愈加自由自在。最贴切的原因在于：引力定律在草木中间似乎被克服了，植物世界恰是按照与之相反的方向生长的：由此也就直接表明，生命现象是一个新的更高级的纲目。我们自己就属于这个纲目，它和我们息息相关，是我们生存的要素。我们于是为之心花怒放了。也就是说，植物世界的形态直接使我们欢悦，首先在于那种直立的姿势；所以，一座优美的树林，如有一两株棕树的尖梢从中冲霄而出，那是非常动人的。反之，一株截头树就对我们不起什么作用；而一株长得歪七竖八的树，更远不如一株亭亭玉立的树；垂柳向重量让步的枝条，则为她赢得了这个名称。——水，由于其巨大的流动性（这种流动性提供了一种生命的外观），由于其不断与光相戏，已大半消除了它的无机性质的凄惨效果：再者，它还是一切生命的本源。——此外，植物的形态之所以使我们欢悦，还在于它所具有的那种宁静、和平而又满足的表情；而动物在我们看来，则多半处于焦躁、苦恼甚至斗争的状态：所以，前者得以轻易地把我们引入纯认识的境界，使我们从我们自己解脱出来。

　　值得注意的是，植物界的任何东西，即便最平凡、最渺小，一旦脱离了人意的影响，立刻就会美丽如画地类聚起来，表现出来：而在每一小块荒废了的或者尚未垦殖过的地段,哪怕只长着蓟类、荆棘和最卑微的野花,情况也是一样。反之,在稻田里和菜园里,植物世界的审美性却下降到最低程度。

10（§214）

人们早已认识到,每种用于人的目的的作品,即每种器具和每种建筑物,为了显得美,必须和自然的作品有某种相似之处:但是,他们却错误地认为,这必须是一种直接的相似,而且直接地存在于形式之中;所以,例如,圆柱表示树木,或者甚至表示人的四肢,容器则必须形成贝壳,或蜗牛,或花萼的模样,即在一切情况下必须仿佛是植物或动物的形体。殊不知那种相似根本不应是直接的,只应是间接的,即不应存在于形式之中,只应存在于形式的性格之中,形式尽可迥异,性格却相一致。据此,建筑物和器具不应模仿自然,只应按照自然的精神来建造。这种精神反映在,每件东西和每个部分是如此直接地符合它的目的,以致立刻可以把这个目的表示出来;而只要以最短捷的途径和最简单的方法来达到这个目的,就可以做到这一点。这种显著的合目的性,正是自然造物的性格。虽然,在自然造物中,意志是由内向外在起作用,而且充分控制着质料;而在人工造物中,意志却是由外向内在起作用,它先以观照为媒介,甚至以一种对于事物之目的的观念为媒介,然后通过克服一种表现异己意志（即原本上是另一个意志）的质料,来达到它的意图,并表示它自己;虽然如此,自然造物的上述性格仍然得以保持下来,可举古代的建筑为证,它由于每个部分或环节与其直接目的严格相适应,不带任何无目的的东西,从而质朴无华地呈现了这个目的;哥特式建筑则与之相反,只因我们把一种我们所不知道的目的强加于它们,它们奥妙的神秘的外观便得归功于许多无目的的装饰和附件;或者说,任何完全蜕化的建筑风格无不与之相反,它装作富于独创性,实际上绕着各种不必要的弯子,带着轻浮的随意性,来玩弄艺术手段,而这些手段的目的何在,它却莫名其妙。同样,还可举古代的容器为证,它们的美来源于:它们以如此质朴的方式表达了它们被计划形成和完成的一切;这个道理也适用于古人的其他器具:人们这里会觉得,即便让自然来制造花瓶、双耳瓮、灯、桌、椅、盔、盾、甲胄等等,它们的模样也不过如此。我们再来看看当今镀得金光灿烂的瓷制便器以及妇女服装等等,它们以鄙陋的洛可可风格掉换古代久已倡导的风格,从而暴露它们卑劣的精神,永远在额头上被打上了耻辱的烙印。因为,这是非同小可的:这是这个时代的精神的标志。此外,当代的文学也为此提供了证据,一些不学无术的墨客们对德国语言的荼毒也是证据,他们肆无忌惮地摧残它,恰如汪达尔人摧残文物一样,竟然没有受到惩罚。

11(§215)

一件艺术品的基本思想的产生,人们非常贴切地称之为 Konception("构思",又作"怀孕"解):因为它像生殖之于人的产生一样,乃是最重要的事情。而且正如后者那样,它需要机缘和情绪,甚至需要时间。一般说来,客体仿佛作为男性,要对主体作为女性,施加一种持续不断的生殖行为。然而,这种行为只有在个别的幸运的一刹那,才可以在受惠的主体身上产生成效:然后才由此产生这个或那个崭新的、独创的因而永生的思想。而且还像肉体上的生殖那样,成效性与其说取决于男方,毋宁取决于女方:假如后者(主体)处于适合受胎的情绪中,那么几乎每个目前落入她的统觉①中的客体都将开始对她讲话,换言之,将在她身上生殖出一个活泼的、深刻的和独创的思想;所以,有时一个不足道的物件或事态的出现,会变成一部伟大的优美的作品的胚胎;例如雅可布·伯梅②乍见到一只锡桶,便恍然大悟到大自然最内

---

① 统觉,德国哲学用语,指自觉的知觉。
② 雅可布·伯梅(1575—1624),德国神秘主义哲学家。

在的底蕴。归根到底，在任何地方，一切要靠自身的力量；而且，正如食料或药物不能授予或取代生命力一样，书籍和学业也不能授予或取代自身的心灵。

12（§216）

但是，一位即席赋诗者却是这样一个人，他时刻诗兴盎然，因为他随身带着一个装满各种老生常谈的、应有尽有、分门别类的八宝箱，可以按照情况和机会，及时伺候各种要求，并且能够一口气提供两百首诗。

13（§217）

一个企图靠缪斯的恩宠（我的意思是，靠他的诗才）过日子的人，有几分像一个靠自己的姿色过日子的女郎。两者为了可怜的收益，不惜玷污他们内心的高尚天赋所拥有的一切。两者都患有虚脱症，两者大概都将蒙羞以终。那么，不要把你的缪斯贬作娼妓吧，而让

> 我唱歌像小鸟，
> 那枝头的小鸟。
> 从喉咙涌出的歌，
> 是丰盛的酬劳。

成为诗人的座右铭。因为诗才属于生活的假日，而不属于工作日。即便它由于诗人同时所从事的职业，可能觉得有些困窘和掣肘，它仍然能够欣欣向荣；因为诗人并不需要获得博大的知识与学问，像哲学家的情况那样；诚然，它会因此而变得稠厚，正如也会由于过多的闲暇和业务以外的经营而变得稀薄起来。反之，哲学家则由于上述理由，不

能同时很好地从事另一种职业;因为赚钱对于哲学家更有众所周知的大不利处,古人为此便把它当作诡辩派与哲学家相对照的标志;所罗门说得真好:"智慧和产业并好,而且见天日的人,得智慧更为有益。"(《旧约·传道书》7,12)

我们能有古代的名家,即其著述以不灭的青春光辉流传万世的英才们,大抵是由于,对于古人来说,著书并非一种生财之道:单凭这一点就可以推断,在那些名家的佳作旁边,不会存在任何劣作;因为他们不像哪怕近代最好的作家亦在所难免那样,在血气耗尽之后,还把痰液拿到市场上去换钱。

14(§218)

音乐是到处听得懂的真正的普遍语言:所以,它在一切国家和一切世纪,都被人怀着巨大的真诚和热忱不断地讲着,并使一个意味深长、涵义丰富的旋律很快传遍全球;而一个内容贫乏、言之无物的旋律则将立刻销声匿迹;这就说明了,旋律的内容是很容易了解的。但是,它并不诉说事物,而只诉说祸福与休戚,这些才是对于意志的唯一真实:所以,它有那么多话向心灵娓娓而谈,而对于头脑则无可直接奉告,假如人们向它苛求这一点,像在一切标题音乐中所发生的,那将是一种虐待,所以标题音乐是应当一劳永逸地被加以排斥的;虽然海顿和贝多芬曾经由此误入过歧途:莫扎特和罗西尼①据我所知却没有这样做过。因为,表现激情是一回事,描绘事物则是另一回事。

那种普遍语言的语法也是规定得非常严密的;虽然只是在拉摩②为它奠定了基础之后。但是,另方面,要阐释它的词汇,我是说,阅释它的内容(按照上述)毋庸置疑的重要意义,换言之,要把音乐在旋律与和声中所意味的一切,以及它正诉说的东西,变得(即使只是一般说

---

① 罗西尼(乔西诺·安东尼奥,1792—1868),意大利作曲家,美声歌剧大师。
② 拉摩(1683—1764),法国作曲家、著名音乐理论家。

来)为理性所领悟,这项工作在我动手之前,还没有人认真尝试过一次;——这一点如其他许多事实一样,证明了一般人是多么不乐意沉思和反省,而宁愿怎样失魂落魄地混日子啊。他们随时随地的目的,就是单纯地享受,尽可能少费心思。这是他们的天性所决定的。所以,假如他们认为,必须装扮哲学家,那真是滑稽可笑了,如在我们的哲学教授身上,在他们的鸿篇巨著和他们对于哲学与真理的坦诚追求中所看到的那样。

15(§219)

一般而又通俗地说,人们可以大胆判断:音乐总而言之是旋律,它以万有为歌词。但是,歌词的真正涵义,只有通过我对音乐的阐释才能了解。

音乐对于历次加在它身上的固定的外表(如歌词、动作、行进、舞蹈、宗教的或世俗的礼仪等等)的关系,类似作为纯美术(即具有纯粹审美目的的艺术)的建筑术对于实际建筑物的关系。建筑术必须建立起建筑物,它因此必须设法把后者的异己的实用目的和自己所特有的目的结合起来,同时也就在前一种目的所规定的条件下实现后一种目的,于是产生了一座庙宇、宫殿、军械库、戏院等等,这类建筑物不但本身美观,而且符合它的目的,甚至正是通过它的美学性格来表示这个目的的。音乐对于歌词或其他加诸其身的现实性,也有着类似的、虽非同样不可避免的从属关系。它首先必须依从歌词,虽然它并不需要它,甚至没有它,活动得更加逍遥自在:但是,它却不仅使每个音符适应歌词的长短和意义,而且还必须无一例外地对歌词具备某种同质性,甚至带有那种多余的、强加于它的专横目的的性格,从而使之成为教堂音乐、歌剧音乐、军乐、舞乐等等。但是,这一切对于音乐的本质是如此之不相及,正如人间的实用目的之于纯美学性的建筑术一样;足见两者都不得不迁就这种实用目的,不得不使自己特有的目的屈从于与己相异的目的。这一点对于建筑术几乎是永远不可避免的;对于音乐,却并不如此:它逍遥自在地活动在音乐会上,在奏鸣曲中,尤其在交响乐、它的最美妙的竞技场里,它正是在这里欢度它的农神节。

进而言之,我们的音乐面临的歧途,正如末代皇帝治下的罗马建筑所误入的歧途一样,后者以过多的装饰几乎掩盖了,甚至几乎篡改了必要的单纯的比例;而前者则提供了太多噪音、太多乐器、太多技巧,偏偏很少明晰的、深刻的和动人的基本思想。此外,在当代乏味的、空虚的、无旋律可言的作曲中,还可发现同一种时代趣味,即为晦涩、暧昧、扑朔迷离、不可捉摸的、甚至可说毫无意义的文体所受用的时代趣味,而那种文体的根源主要地应当在可悲的黑格尔派及其江湖骗术中去寻找。——在现代的作曲中,和声比旋律更受到重视;我则持相反的见解,而把旋律视作音乐的核心,和声与之相比,不啻酱汁之于烤肉。

16 (§220)

大型歌剧实在不是纯粹艺术鉴赏力的产物,而毋宁是一种相当粗陋的观念的产物,即认为凭借堆砌手段,使完全不同的印象同时存在,并通过增强有效的物质与力量扩大效果,才可以提高审美快感;殊不知音乐作为一切艺术中之最强有力者,仅仅为了自身,是能够完全充实对它敏感的心灵的;的确,它的最高级产品,为了恰如其分地被理解和被享受,要求完整而未分割的、未涣散的心灵为之倾倒,热衷于它们,以便完全理解它们诚恳到难以置信的语言。但是,在一次十分复杂的歌剧音乐的表演中,情况却不是这样,而是由于最华丽的排场、最怪诞的形象和最热烈的光、色印象,心灵立刻通过眼睛受到了干扰;此外,剧本的情节还使它闲不下来。由于这一切,它被搞得晕头转向,茫茫然,昏昏然,简直不能感受音调圣洁的、神秘的、诚挚的语言。这样便正巧与音乐的目的背道而驰了。此外,还要谈到芭蕾舞剧,一个经常意在挑逗春情而不在审美享受的剧种,它更由于其手段的狭窄范围及由此而来的单调,很快就变得非常沉闷,从而促使耐性疲竭下来,主要是因为,由于同一个次等舞曲令人厌倦的、经常持续一刻钟的重复,音乐感便变得困乏而又迟钝,以致对于随后到来的更诚挚、更高尚的音乐印象,再没有留下任何感受力了。

为音调的纯粹语言配词,甚或给它添置一个演得有声有色的情节(即使这种语言自满自足,并不需要什么外援),以便我们静观的、沉思的、并不欢喜完全无所事事的智力由此得到一桩轻松的类似的职务,——虽然一个纯音乐的心灵并不要求这样做,这也是未尝不可的。这样,注意力便更紧紧地联系着并追随着音乐,同时音调以其普遍的、无形象的心之语言所诉说的一切,也被赋予一种直观的形象,仿佛一种模式或者一个范本之于一个普遍观念那样:的确,这样做将会提高音乐的印象。但是,应当限制在最大的简易性的范围内,否则直接抵消了音乐的主要目的。

在歌剧中大量堆砌声乐和器乐,固然可以按照音乐的方式起作用:但是,效果的提高(从单纯的四重奏到那些由几百种声音组成的管弦乐)完全不与手段的增多成比例;因为正是和音不能有三个以上的(只有在一种情况下才是四个)音调,而且心灵也决不能同时理解它们;不论那三个或四个音调可能是由多少极不相同的八度和音一次组成的。——由这一切可以了解:一段优美的、只用四种声音演奏的音乐,有时比完整的严肃歌剧(其精华正由前者所提供)能够更深刻地感动我们;——恰如素描有时比油画更起作用一样。虽然如此,四重奏的效果之所以受到抑制,主要地仍然在于,它缺少和声的宽度,即在低音和三个高音中最低一个之间,缺少两个或更多个八度音程的距离,这个距离从低音大提琴的低度起,是供管弦乐队随意使用的;即使在那种情况下,效果本身仍然可以被提高到不可思议的地步,如果有一座音键沉降到能听度的最低阶段的大风琴持续地演奏着主调低音,像在德累斯顿的天主教堂里那样。因为,只有这样,和声才能发挥它的全部效果。——但是,一般说来,对于一切艺术,一切美的东西,一切精神上的表现,单纯性(它经常和真实性连在一起)乃是一个根本的法则:至少,离开了它,总是危险的。

严格地说来,歌剧可以称为一种有利于非音乐心灵的非音乐发明,音乐对于那种心灵,必须通过一种与之相异的媒介才能被偷运进去,例如作为一部又臭又长的爱情故事及其打油诗之类的伴奏:需知歌剧的歌词经受不了一篇简洁的才思横溢的诗;因为作曲满足不了这样的诗。但是,要使音乐完全成为坏诗的奴仆,却也是一条歧路,特别是格卢克①所走的歧路,他的歌剧音乐除了序曲之外,没有歌词简直就不堪入耳。的确可以说,歌剧已变成了音乐的灾星。因为,不仅它必须屈从和巴结,以便适应一个乏味故事的段落和乱七八糟的幕次;不仅由于布景与服装幼稚而粗鄙的华丽,由于舞蹈者的花招和女演员的短裙子,心灵已被引离了音乐,搞得精神涣散:不,甚至歌唱本身也经常在干扰和声,只要人的声音(从音乐观点来看,它也和其他乐器一样,是一种乐器)不与其余的声音相协调,相适应,而想绝对地主宰它们。诚然,如果是唱女高音或男高音,这样做的效果还是可以的;因为在这种情况下,人声基本上会自然产生旋律。但是,在低音和中音咏叹调中,主导的旋律一般地转移到高音乐器上;这时,歌唱则显得是一种过分喧嚣的、仅仅本身和谐的声音,它想压倒旋律。或者,伴奏就将完全违背音乐的性质,按照对位法移向上音区,以便赋予中音或低音唱声以旋律:然而,这时耳朵却一直追随着最高音,也就是伴奏。我确实认为,以管弦乐伴奏的独唱咏叹调只适应于男高音或女高音,男声因此只应当用于以管弦乐伴奏的二重唱,或用于多声歌曲中,除非它们唱时不要任何伴奏,或只要一种低音伴奏。旋律乃是最高音的天然特权,而且必须始终如一。所以,在歌剧中,在矫揉造作的上低音或低音独唱之后,跟着来一段女高音独唱,我们马上就会满意地感觉到,唯

---

① 格卢克(1714—1787),德国作曲家,为许多歌剧、芭蕾舞剧、傀儡剧作过曲。

独后者既顺应自然而又符合艺术规律。即便大师如莫扎特和罗西尼懂得如何冲淡以致克服前两者的缺陷,也不能因此抹煞后者的上述长处。

　　唱的弥撒反倒提供一种比歌剧纯粹得多的音乐享受,它的一般未被了悟的词句,或者重复不休的"哈利路亚""格洛里亚""艾莱松""阿门"①等等,变成了一个单纯的音阶,音乐在这里只保持着共同的教会性格,随心所欲地遨游着,而不像在歌剧的歌唱中那样,在自己的领域里受到各种灾祸的侵害;这样,它就在这里毫无阻碍地施展着它的一切力量,因为它没有新教的教堂音乐那种被压抑的清教徒式或卫理会教徒式的性格,不像新教道德那样永远卑躬屈节,匍匐而行,而是逍遥自在地鼓翼高翔,有如六翅天使。只有弥撒和交响乐才能赋予清澈的、圆满的音乐快感;而在歌剧中,音乐则反复为浅薄的剧本及其伪诗所折磨,力图尽可能好地经受住强加于它的异己重担。伟大的罗西尼有时用以对待歌词的轻蔑嘲笑,虽然未必可取,反倒真有一点音乐味道。——总而言之,大型歌剧由于它持续三小时之久,越发钝化了我们的音乐感受力,同时一个通常陈腐不堪的情节的蜗步又在考验着我们的耐性,所以就其本身而言,基本上具有沉闷的性质;这个缺陷只能由于个别演奏的出类拔萃而被克服:所以,在这个剧种中,只有杰作才是可供欣赏的,一切平庸货色均应受到谴责。而且,还应当设法使歌剧更集中一些,更紧凑一些,以便尽可能把它限制在一幕或一小时之内。深感到这一点,人们在罗马(我那时也在那里)的剧院里,想出了一个坏主意,即把一个歌剧和一个喜剧的幕次互相穿插起来。一个歌剧的最长时间应是两小时,而一个正剧的最长时间却应是三小时;因为要求于后者的注意力和精神紧张程度更能持久一些,它不像无休止的音乐那样使我们疲惫,那种音乐到头来变成了一种对神经的折磨;所以,一个歌剧的最后一幕,照例是听众的一桩苦刑,对于歌唱演员和

---

① 意即"感谢上帝""荣耀归于主""主怜悯吧""心愿如此"。

乐师，则是一桩更大的苦刑；由此观之，人们可以相信，这正是一个为了自我虐待的目的而聚集起来的人数众多的集会，他们耐心地追求着这个目的直到结局，每个人早就沉默地喟叹着期待这个结局，——中途退席者例外。

序曲应当为歌剧做好准备，它将宣示音乐的性格，宣示情节的过程；但这一点也不宜做得过于清楚明白，而只应像在梦中预见将来的事件一样。

17（§221）

一出杂耍（或轻松歌舞剧）可比作一个穿着从荒货摊上买来的衣服出洋相的人：每一件都是被另一个人穿过的，本来就是为那个人做的，就只对他合适；而且，还可注意到，它们配不成一套。——类乎此，乐曲集锦正是一件用从正派人的上衣剪下来的破片缝缀而成的小丑短裙，——一件应由警察当局加以取缔的真正的音乐丑闻。

18（§222）

值得注意的是，在音乐中，作曲的价值超过演奏的价值；而在戏剧中，情况恰巧相反。换言之，一个优秀的作曲，即使演奏得很平庸，只要清亮而准确，就比一个低劣的作曲之优秀的演奏，提供出多得多的享受。反之，一个低劣的剧本，由杰出的演员来演，比起一个优秀的剧本，由半吊子来演，也要提供出多得多的享受。

一个演员的任务就是按其各不相同的方面，将人性表现为千差万别的性格，而所有这些性格则以他的一旦显示出来就永不熄灭的个性为共同基础。由于这个缘故，他本人必须是一个合格的十分完善的人性范本，至少不是一个残缺不全的、或心灵枯萎的范本，以致就像哈姆莱特所说，不是由自然本身、而似乎是由他的几个下手制作出来的。

不过，一个演员自己的个性愈是接近剧中人物，他就愈能演好它，而且他最好是演与自己个性巧合的人物；所以，即使最低劣的演员，也会有一个他能演得很好的角色：因为他在这个角色中，就像一些假面中间的一个活面孔一样。

一个好演员应当：①是一个天生能够将其内在外化的人；②具有丰富的想象力，得以生动地设想虚构的环境与事件，使它们能够激动他的内心；③具有智力、经验和修养，直到能够理解人的性格及所属关系。

19（§223）

我们沉闷、空虚、苍白而又甜得腻人的现代美学家们，约五十年来众口一词地提出"人同命运的斗争"作为悲剧的共同主题，这个"斗争"是以意志的自由——所有无知无识者的这个狂念为其前提的，此外还要加上绝对律令，其道德目的或命令不顾命运阻拦，势必得以贯彻；上面所说的先生们至此将会得到启迪吧。然而，那个冒充的悲剧主题却是一个可笑的概念，因为这是在同一个看不见的对手、一个戴隐身帽的斗士作战，因此对他的每一击都会扑空，而人们企图闪避他的时候，则将落入他的魔掌，如同拉伊俄斯和俄狄浦斯的遭遇①一样。再者，命运是全能的，所以同它作斗争，乃是最可笑的狂妄行径，拜伦因此有充分理由这样说：

> 同吾人命运作斗争，
> 无异麦束之抗拒镰刀。

（《堂·璜》第五章十七节）

---

① 古希腊著名悲剧人物，俄狄浦斯无意间杀死了自己的父亲拉伊俄斯。

莎士比亚也懂得这个道理：

> 而今显示你的威力吧，哦命运，谁也不能为自己做主，该发生的一定会发生。
>
> 　　　　　　　　　　　　（《第十二夜》第一幕尾）

在古人笔下，命运的概念就是一个潜藏在事物整体中的必然性的概念，这种必然性既不照顾我们的愿望与祈祷，也不理会过失或功绩，而是径直主持着人间的事务，并用它神秘的绳索把哪怕表面上风马牛不相及的事物也拴在一起，以便把它们带到它要去的地方；所以它们看来偶然的巧合，在更高的意义上便是必然的。像现在一样，由于这种必然性，一切都是命里注定的；所以通过神谕、先知、梦等等，来预知这一切也就成为可能。

天意就是基督教的命运，换言之，命运转化为一个上帝谋求世界福利的意图。

20（§224）

悲剧中合唱队的审美目的，我认为，首先在于，除了为激情风暴所震撼的主角对于剧情的见解外，镇静的不关心的沉思（者）所有的见解也应获得表白的机会；其次，剧本情节具体地相继陈述的基本教训，也应同时作为对于教训的反省，抽象地从而简洁地发表出来。合唱队要是这样起作用，就好比音乐中的低音，它作为固定的伴奏，能使进行中的每个个别和音的基调都听得见。

21（§225）

正如地球的岩层用化石向我们表示了远古活物的形体，那些化石把一个短暂生存的痕迹保存了数万年之久；古人则在他们的喜剧中，把他们熙熙攘攘的欢快生活为我们留下了一个真实而永久的复本，如此清楚而确切，以致它保持一种假象，仿佛古人这样写，目的正在于使那种美好而高尚的生活（他们悲悼它的倏忽无常）至少能给后世留下一幅永存的图画。假如我们通过普劳图斯和泰伦斯[①]在舞台上的表演，重新用骨肉把这些遗传给我们的躯壳形体填充起来；那么，那种消逝已久的热烈生活又将新鲜而明丽地呈现在我们面前，——正如古代的嵌花地板一经濡湿，又将闪现固有色彩的光泽一样。

22（§226）

起源于国民之天性与精神并使之表现出来的唯一真实的德意志喜剧，除了无与伦比的《明娜·封·巴尔赫姆》，就是伊夫兰[②]的戏剧了。这些剧本的优点，正如它们所忠实描摹的国民优点一样，道德上的意味多于智力上的意味：法国和英国的喜剧可说恰好相反。德国人身上的独创性是如此罕见，人们不应一当他们偶有所得，就迎头用棍子一阵乱打，如像席勒和施莱格尔兄弟曾经做过的那样，他们对于伊夫兰是不公平的，甚至对于柯采布也未免过火。同样，人们今天对于劳帕赫也是不公平的，而对拙劣的江湖艺人的蠢态反倒报以掌声。

23（§227）

一般说来，戏剧作为人生最完善的反映，就其对人生的理解方式而论，从而就其意向与主张而论，可分为三个演进阶段。在第一阶段也就是最常见的阶段上，它仅止于有趣而已；人物在追逐与我们的目

[①] 普劳图斯（公元前254？—前184），泰伦斯（公元前190？—前159），均为罗马剧作家。
[②] 伊夫兰（1759—1814），德国演员，导演，剧作家。

的相似的他们自己的目的时,获得了我们的同情;情节凭借伏线、性格和偶发事件进行着;机智和诙谐乃是整体的香料。——在第二阶段上,戏剧是感伤的;对于主角,间接地对于我们自己,则被引起了哀怜;情节是凄恻的,到结尾它却回到宁静与抚慰。——在最高也是最难的阶段上,用意则在于悲剧性:沉重的苦恼,生存的忧患在我们面前上演着,而人的全部努力付之东流,在这里成为最后的结局。我们深深受到震撼,在我们身上引起了意志对于生活的厌弃心情,或者是直接地、或者是作为共鸣的和音。——

具有政治倾向的、向可爱群氓的心血来潮频送秋波的戏剧,我们当代文人们的这种时髦产品,当然不在我的话下:这类玩意很快、经常是在第二年,就像旧历书似的被扔掉。但是,作者毫不在乎:因为对他的缪斯的祷告只有一个恳求:"今天就把今天的口粮给我们吧。"——

24（§228）

据说,万事起头难。但在戏剧学中,却适用相反的原则:一切结尾都是艰难的。无数剧本可以证明这一点,它们头一半似乎还可能引人入胜,接着就开始浑浊、停滞、踌躇起来,尤其是在声名狼藉的第四幕,到最后则以一个时而勉强、时而欠圆满、时而早为每人所预见的结局不了了之,有时甚至像《艾米里娅·加洛蒂》那样,还以一个令人反感的结局把满肚子不高兴的观众送回家去。结尾之所以这样艰难,几分在于把事情弄乱要比把它理清容易些;但几分还在于我们一开幕给诗人留下了自由处理权,但到结尾却提出明确的要求:它或者应当是完全幸运的,或者应当是完全悲惨的;而世事人情又不容易取得这样一种断然的转机:于是它就应当了结得自然、正确而不勉强;此外,还要不为任何人一眼看到底。——同样的要求也适用于叙事诗和长篇小说:不过,在戏剧中,这个要求显然要求脚本更简练、更紧凑,同时也就增加了难度。

"无不生有"的原则①,也适用于美术。优秀画家为他们历史上著名的肖像画选用真人做模特儿,以真实的、鲜活的脸庞作为它们的头部,然后或以其美质,或以其性格将那些脸庞加以理想化。我相信,优秀的小说家也是这样做的:他们把他们所熟识的真人作为他的小说人物的模型,然后按照他们的意图,把这些真人加以理想化和完善化。

一部长篇小说表现内在生活愈多,表现外在生活愈少,它便愈加具有高尚的风格;这个比例作为独特的标志,可以划分小说的一切等级,从《特里斯特拉姆·项迪》起,直到最粗俗、最轰动的骑士小说或强盗小说。《特里斯特拉姆·项迪》的确简直没有情节可言;而《新爱洛绮丝》和《威廉·迈斯特》的情节也是何其少啊!甚至《堂吉诃德》也只有相当少的、大都极不重要的、以逗乐出之的情节:须知这四部小说,乃是这种体裁的翘楚。再看看让·波尔②的妙不可言的小说吧,看看他在外在生活最狭隘的基础上,是怎样使那许多内在生活活动起来的。即使瓦尔特·司各特③的小说,也使内在生活对于外在生活具有压倒性的优势,而且后者永远只是为了使前者得以活动才出现的;反之,在坏小说中,外在生活则是为了本身而存在。艺术正在于尽可能少地炫示外在生活,而使内在生活最强烈地活动起来:因为内在生活本来才是我们所关心的对象。——小说家的任务不在叙述大事件,而在使小事件饶有兴味。

25(§229)

我坦白承认,《神曲》的显赫声誉在我看来,是被夸张起来的。其中大部分原因无疑在于基本思想的极端荒谬,因此在《地狱篇》中,基督教神话最令人反感的一面赤裸裸地呈现在我们眼前;然后,风格和

---

① 意即一切艺术作品均有其原型。
② 让·波尔(1763—1825),德国小说家。
③ 瓦尔特·司各特(1771—1832),英国小说家。

典故的隐晦更烘托了这一面:

> 愚蠢的人更欣赏、更喜爱他们所见的
> 一切被他们加上一种不同的意义的事物。①

虽然如此,表现手法有时近乎拉哥尼亚风尚的简洁与刚毅,加以但丁的想象力的无比充沛,却是极可惊叹的。由于这一点,他描绘不可能的事物,便赋有一种一目了然的真实性,这种真实性与梦的真实性相类似;因为他对于这些事物不可能有任何经验;所以看来,仿佛他必定梦见过它们,才能够栩栩如生地、确切而明显地把它们描绘出来。——但是,另方面,在《地狱篇》第十一曲的末尾,当维吉尔叙述白昼破晓和群星沉没时,他却忘记他是在地狱之中,在尘世之下,而且正是在这个主要部分的结尾处,他"从那儿走出来,重新见到了群星"。——我们对此应当怎么说呢?同样不合情理处,还可以在第二十曲的末尾找到。难道我们应当认为,维吉尔身上带着一只怀表,因此知道天界目前发生的事情么? 在我看来,这个笔误比关于桑柯·潘查的驴子的著名笔误更为严重,后者已由塞万提斯本人认错了。

但丁作品的题目全然是独创的,恰切的,无疑它是反语讽刺。一部喜剧! 世界确乎如此,不过是一位创世主的一部喜剧,他在最后一幕中,带着无餍的报复心和故意的残酷性,欣赏他随意创造的芸芸众生之无穷尽而又无目的的痛苦,无非因为他们终于不合他的尊意,因而他们短暂一生的所作所为或所想都颇使他不以为然。再说,跟他闻所未闻的残酷比较起来,在地狱中遭受如此沉重惩罚的一切罪行,简直就不值一提了;的确,他自己比我们在《地狱篇》中遇见的一切魔鬼要坏得多;因为那些魔鬼不过是按照他的委托,凭借他的全能行事罢了。所以,魔鬼直截了当地被看作和他是一丘之貉,天父宙斯对于这

---

① 原文为拉丁文,并非《地狱篇》引句,出处不详。

份荣誉,大概不会敬谢不敏吧;奇怪的是,这个做法在几个地方(例如,第十四曲第70行——第三十一曲第92行)当真发生过,的确,在《炼狱篇》第六曲第118行中,甚至给弄到可笑的地步:"啊,在世上为了我们被钉死在十字架上的至高无上的尤比特呀。"①宙斯至此,夫复何言?——还有,维吉尔、但丁以及每个人对于他的命令无不俯首帖耳的那种俄罗斯奴隶性,到处用于遵循他的谕旨的那种战战兢兢的服从性,也是极端令人厌恶的。但是,这种奴隶意识(见第三十三曲第109—150行)竟被但丁本人,在他自己身上发展到这个地步,以致在某种情况下,虽然他津津乐道,引以自负,实际上暴露了他全然缺乏荣誉和良心。那就是说,一旦它们不管怎样干预了"主"的残酷判决,荣誉和良心对他便是一文不值了;所以,尽管为了勒索一个口供,他曾经坚决而庄严地许下诺言,在一种由他设想出来并予以残酷执行的拷讯所造成的痛处,可以注入一小滴镇痛剂,而当受刑者实践了他所规定的条件之后,那个诺言却由但丁以一无荣誉、二无良心的方式厚颜无耻地加以破坏了,而且还是凭着上帝的荣耀;因为他认为,哪怕稍微减轻一下为这一位所科罚的痛苦,即使像在这里,不过是揩掉一粒冰冻的眼泪,也是完全不能容许的(虽然他并没有明令禁止过),因而他就一笔抹煞了,尽管他在瞬息之前曾经堂而皇之地允诺过、颂扬过这样做。这类事情在天界可能是风俗,可能值得被称赞吧,我不知道;但是,在地球上,谁要是这样行事,谁就叫作恶棍。——顺便说一下,由此可见,每一种除掉神的意志、没有任何其他基础的道德,是何等地难于奉行啊!因为这样一来,就像电磁两极相互转化一般快,坏的会变成好,好的会变成坏。——但丁的整个《地狱篇》,确切地说,就是一部残酷的神圣化;而在本篇倒数第二曲中,还再一次按照上述方式,颂扬了荣誉和良心的缺乏:

---

① 田德望教授译文。但丁这里以古代异教最高的神尤比特来指耶稣,亦即上帝,叔本华不以为然。

> 在任何地方,凡是真实的东西,
> 我都讲得出来,毫无顾忌。

至于就众生而论,这部作品倒是一部《神的悲剧》,而且永无止境。即使它前面的序幕有时可能使人开心,但和悲剧部分没完没了的持续时间相比较,它实在是转瞬即逝的短暂。人们几乎不得不这样想,但丁本人对于这样糟糕的世界秩序,也会怀有一种隐秘的讽刺吧;否则,乐于描绘令人愤慨的荒谬事物和永无尽头的行刑场面,真要有一种十分独特的兴致才行。

在我看来,我所钟爱的彼特拉克应居于全体其他意大利诗人之前。就感情的深沉与诚挚及其沁人心脾的爽快措辞而论,世界上没有一个诗人超得过他。所以,他的十四行、凯旋曲和恋歌对我来说,远比阿里奥斯托的怪诞闹剧和但丁的可怕鬼脸更为可亲。他的自然而然、发自肺腑的语言之流使我感动,也大异于但丁不自然的、甚至矫揉造作的沉默寡言。他一直是并且将继续是我倾心的诗人。超优秀的"现代"妄图贬低彼特拉克,反倒加强了我的这个判断。为了多余地证明一下,不妨把彼特拉克优美的、富于思想与真理的书如《孤独的生活》《鄙视世界》《两种命运中的安慰》①等等,连同他的信札,和但丁贫瘠而沉闷的烦琐哲学摆在一起,我们就能使他们二人仿佛穿着家常便服、即在散文中两下比较了。最后,塔索在我看来,似乎还不配占据第四个席位,厕身于这三位伟大的意大利诗人之旁。让我们作为后代力求公平吧,如果我们作为同代人不能做到的话。

26(§230)

在荷马笔下,事物总得到那种概括性地、绝对地适合它们的谓语,

---

① 彼特拉克的拉丁文著作无此书名。疑系他的《两种命运的补救》一书的异名。

而不是一些和正在发生事件相关或相似的谓语,例如,阿希亚人①总是为阳光照耀,土地总是养育万物,天空是辽阔的,海洋暗黑如酒,这就是独特地流露在荷马笔下的客观性的一个特征。他让对象一如自然本身,不为人的事变和情绪所干扰。不论他的主角是在欢欣或是在悲伤,自然漠不关心地走自己的路。反之,对于主观的人,当他悲伤的时候,整个自然都显得暗淡无光了,等等。对于荷马,可不能这样说。

在我们当代的诗人中间,歌德是最客观的,而拜伦却是最主观的。拜伦永远只讲他自己,甚至在最客观的诗体中,即在戏剧和叙事诗中,他也是在主角身上描写自己。

歌德之于让·波尔,则有如阳极之于阴极。

27(§231)

歌德的埃格蒙特是这样一个人,他随随便便地对待生活,并为这个错误而不得不自食其果。但是,这种气质也为此使他能够随随便便地对待死亡。群众场面在《埃格蒙特》中就是合唱队。

28(§231 续)

阿普列乌斯②那个关于打猎时被谋害的男人出现在寡妇面前的故事,很像哈姆莱特的故事。——

这里请允许我对莎士比亚的杰作做一个订正,这个订正实在不揣冒昧,我想提请真正的学者来评断。在著名的独白"to be, or not to be"中,"when we have shuffled off this mortal coil"③这句话,一直被认为晦

---

① 荷马诗中对希腊人的泛称。
② 阿普列乌斯(124?—175?),罗马作家,著《金驴记》。
③ 朱生豪译文:"当我们摆脱了这一具朽腐的皮囊以后";卞之琳译文:"我们一旦摆脱了尘世的牵缠。"

涩难解,简直像谜似的,从来没有被彻底弄清楚过。会不会原来是 shuttled off 呢？这个动词本身不再通用了,可是 shuttle 是"梭子",coil 是"线球";那么,这句话的意思又可能是:"当我们松开、松完这个死亡的线球时。"笔误是容易发生的。

29（§232）

在威尼斯的艺术展览会上,画在亚麻布上的壁画中间,有一幅画十分精确地画着群神,他们君临云端,围着黄金桌,坐着黄金椅,而下面则是宾客们屈辱地拜倒在黑暗的深处。歌德在他的第一次意大利之行中写《伊夫根尼》时,一定看见过这幅画。

30（§233）

我欢喜把历史和它的对立物——诗放在一起来思考。历史之于时间,恰如地理之于空间。所以,前者和后者一样,都不是本来意义上的科学;因为它也不以普遍真理、而只以个别事物为其对象;——关于这一点,请参阅我的主要著作第二卷第三十八章。它永远是这一类人欢喜研究的东西,他们想学习点什么,却不肯承担真正的需要悟性的科学所要求的劳累。但是,它在我们这个时代比在任何时候更为人们所癖好;有每年出版的无数历史书可以作证。谁要是像我似的,不得不在一切历史中永远只看见同一物,正如在万花筒中,每转动一次,永远只看见在不同排列下出现的同一物一样,那么他就不可能有那种热烈的历史癖,但也不会怎么苛责它。只是有些人想把历史变成哲学的一部分,甚至变成哲学本身,妄图使它占据哲学的位置,那就未免荒唐可笑了。一切时代的大多数人之有历史癖,可以用世界各地所流行的社会交谈来说明:就是说,它照例是这样产生的,一个人谈了一点什么,接着另一个人又谈了另一点什么,在那种情况下,于是每个人肯定会受到其他人的注意。如像在这里，我们在历史上也看到心灵为诸如此类的个别事物所盘踞。如像在科学中，心灵在每次较高尚的谈话中，也可能上升到普遍事物。不过，这并不剥夺历史的价值。人的生命如白驹过隙，而且被分散在无数个人身上，他们正成群结队奔向那个等候着他们的怪物、即"湮没无闻"的永远大张着的口颚中；因此，从世界的总的沉船灾难中抢救出一点什么，例如最重要和最有趣的事物的忆念，大事件和大人物等等，确是一件十分值得感谢的努力。

另方面，也可以把历史看作动物学的续篇；就全体动物来说，考察物种就够了，但是对于人，由于他具有个性，还必须研究个体，连同作为限制条件的个人事故。由此立即可见历史根本上的不完善；因为个人和事故都是无数的、无穷无尽的。在这些方面的研究中，我们已经学到的一切，绝未减少尚需学习的总数。而就一切真正的科学来说，知识的完备至少还是可以指望的。——假如中国和印度的历史摆在我们面前，资料浩如烟海，实将使人迷失其间，并迫使好学的人们领悟到，必须在单一中认识众多，在偶然事件中认识规则，在人类的知识中认识各民族的作为，而不能枚举事实至于无限。

历史从一端到另一端，无非是谈战争，这个主题乃是一切最古和最新的雕塑品的对象。但是，一切战争的起源都是偷窃欲；所以，伏尔泰说得有理："在所有战争中人们无非急着去偷。"就是说，每当一个民族感觉力量过剩时，它就会袭击邻人，以便不再自食其力，而去侵占他们的劳动成果，不论它是现存的，还是经过奴役后将会产生的。这就为世界历史及其英雄勋业提供了材料。特别是在法语辞典中，gloire（声誉）一词下面，先应述及文学艺术方面的声誉，然后在 gloire militaire（军事声誉）下面，只需标出 voyez butin（参见"战利品"一词）即可。

此外，似乎有两个虔敬的民族，即印度和埃及，他们感到精力过剩时，一般并不用以从事掠夺或英雄勋业，而是把精力运用在建筑上，那些建筑往往历千年而不朽，永远值得后人纪念。

除了上述历史之根本缺陷外,还需指出,历史女神克利娥彻头彻尾地沾染了谎话,正如一个妓女沾染了梅毒一样。新的批判性的历史研究诚然力图治好这种痼疾,但也不过是头痛医头,脚痛医脚,只能克服个别的、这里或那里爆发出来的征候;何况还会有不少庸医滥竽充数,就使病情更加恶化了。一切历史多少都是这样,——圣徒传志例外,那是不言而喻的。我相信,历史上的事件和人物之近似实际存在过的事件和人物,正仿佛书本封面上的作者铜雕肖像之近似其本人:就是说,不过是在轮廓上近似而已,因此只有一种微弱的、常因一个错误线条而致面目全非的相似,有时甚至根本不相似。

报纸是历史的秒针。但是,这种秒针一般不但是用比其他两种指针更其寻常的金属制成的,而且还很少走得准确。——其中所谓"社论"乃是当时事态戏剧的合唱队。——各种各样的夸张手法对于新闻写作,恰如对于戏剧艺术一样,是非常重要的:因为关键就在于从每一件事变中弄出尽可能多的东西来。所以,一切新闻写作者,为了显显手艺,都是大惊小怪的人:这正是他们使自己变得有趣的法门。但他们也就因此和小狗相像了,一有小小动静,就要汪汪大叫一番。所以,听到他们的报警喇叭,自己必须有所权衡,以免被他们败坏了胃口;同时,一般还需明白,报纸是一种放大镜,而且最好也不过如此:因为它甚至经常只是墙上的影戏而已。

在欧洲,世界历史还附带着一个十分奇特的编年性的时代指标,它以事件的直观表现使人一眼即可辨识每一个十年:这种指标是由裁缝来主管的。(例如,1856年在法兰克福展出的一幅所谓莫扎特青年时代画像,我一眼就看出是赝品;因为服装属于更早二十年的一个时期。)只是在当前这十年,这种指标才陷于混乱;因为这些年从没有足够的独创性,像其他年代那样来发明一种自己所特有的服装样式,而只会举办一种假面舞会,人们穿着各色各样早被弃置一旁的旧时代服装到处跑,真是一个活生生的时代错误。哪怕是前一个时期,也还有那许多独特的精神,足以使它发明燕尾服呢。

仔细考察一下，事情原来是这样的。正如每人有一个相貌，可以暂且据此对他进行判断一样；每个时代也有一个特征并不较少的相貌。因为每一种时代精神都好比一阵吹透万物的强劲的东风。所以，可以发现它的踪迹在一切行动、思想、写作中，在音乐和绘画中，在这种或那种艺术的繁荣景象中：它在一切事物和每一事物身上都打上了它的印记：所以，举例来说，措辞没有意义的时代，必定也是音乐没有旋律、形式没有目的与意图的时代。充其量，一座修道院的厚墙才挡得住那阵东风的袭入；如果它没有接着把那道墙吹倒的话。足见，一个时代的精神也赋予这个时代以外在的相貌。每个时代的建筑风格永远为这个时代相貌构成主调低音：首先是一切装饰、容器、家具、各种器械，最后至于服装，连同修剪头发、胡须的样式①，都将根据这个低音而变化。目前这个时代如上所述，由于在一切事物上缺乏独创性，就带有意志薄弱的印记：但最可悲的还是，它主要挑选粗鄙的、昏庸的、不学无术的中世纪作为楷模，间或由此涉猎到法国弗朗兹一世以至路易十四的时代。

它保存在图像和建筑物中的外貌，将来会使后代多么感动啊！它的卑劣的民众奴仆们用响当当的名字"现代"来称呼它，仿佛它就是为一切过去时代所准备好而终于到达的现代。后代将以怎样的敬畏心情来观看我们以路易十四时代最贫乏的洛可可风格建造的宫殿和村舍啊！——但是，他们却难于知道，在肖像画和银版摄影片上，应当如何理解蓄有苏格拉底式胡须的擦皮鞋人的相貌，如何理解穿着我少时见过的小买卖犹太人服装的纨绔子弟了。——

在竖立伟人像的纪念碑上，伟人都穿着现代服装，这也是这个时

---

① 胡须作为半假面，理应由警察当局加以禁止。此外，作为脸部中央的性标志，它还是秽亵的，所以它讨女人的欢喜。在希腊人和罗马人那里，它一直曾是精神文化的气压表：在罗马人中间，席皮俄·阿弗里坎诺斯第一个把它剃掉（普利尼《自然史》第七卷第59章），而在安东尼治下，胡须重又翘然而出。查理大帝不欢喜它；但在中世纪，直到包括亨利四世在内，它却风行一时，达于极点。——路易十四才又禁止了它。——原注

代的彻底索然寡趣的表现之一。因为纪念碑之所以竖立,是为了理想的人物,而不是为了真实的人物;是为了这样的英雄,具有这种或那种特质的人,这样的作品或事业的创始者,而不是为了一度在世界上到处乱闯、沾染一切附着在我们天性上的弱点和错误的人;正如那些弱点和错误一样,他们平日所穿的衣裤也不应当一起加以表彰。反之,作为理想的人,就让他以人的形体站在那里吧,穿着仅需按照古人的方式,也就是半裸着。只有这样,才适合于雕刻,因为雕刻仅赖于单纯的形体,因而要求完整的未经萎缩的人体。

谈到纪念碑,我还想指出,把雕像放在一丈到两丈高的基座上,也是一种彰明较著的低级趣味,甚至是一种真正的荒谬,因为放得那么高,没有人能够把它看清楚,尤其因为它照例是用青铜做的,所以稍带黑色:结果,从远处看,它固然模糊不清,而一走近,它又竖立得那么高,以致明朗的天空成为背景,更使人感到目眩了。在意大利的城市中,特别是在佛罗伦萨和罗马,雕像大都竖立在广场和街道上,但却是在很矮的基座上,使人看得一清二楚;甚至蒙特卡巴洛的巨型雕像也是竖在矮座上的。这样,在这里也显示出意大利人的优雅来。反之,德国人却欢喜一种很高的咖啡店顶饰,用浮雕来映衬被表现的英雄。

31(§234)

在这篇美学文章的末尾,我还想占用一席之地,谈谈波瓦塞雷①所搜集的、现今保藏在慕尼黑的古老莱茵河下游画派的画集②。

一件真正的艺术品,为了可供欣赏,本来并不一定需要一篇关于艺术历史的导言。但是,没有一种绘画,像这里所谈的绘画一样,更有这种需要了。假如我们知道,在约翰·梵·艾克之前,曾经是怎样绘画的,即按照来源于拜占庭的趣味,用水胶颜料在金色底子上画些没

---

① 波瓦塞雷(1783—1854),德国中古艺术研究家和收藏家。
② 指欧洲中世纪法兰德斯画派,下述梵·艾克(1599—1641)即其代表。

有生命和动作的人形,僵硬、呆板,外加粗大的光轮,上面还保存着圣者的名字,——至少我们将能正确地判断这里所谈的绘画的价值。梵·艾克作为一个真正的天才,则开始回返到自然,给绘画以背景,给人体以生动的姿态、手势与分类,给相貌以表情和真实性,给皱褶以准确性;此外,他还倡导透视画法,在技术规范上一般达到了至善至美的境界。他的后继者中,一部分人继续走这条路,如肖雷尔和赫姆林(或墨姆林);一部分人则又恢复了古老的荒谬手法。甚至他本人也还不得不保存许多这类荒谬手法,按照教会意见,这乃是他的职责所在:例如,他仍必须画光轮和粗大的光线。但是,也可以看出,他曾经尽可能把它们减少。足见他一直是在和他的时代精神进行抗争:肖雷尔和赫姆林也正是这样。因此,对他们加以评断,应当顾及他们的时代。他们的题材大都是空洞的,经常是乏味的,永远是陈腐的、教会性的,例如"三国王""弥留的玛利亚""圣克利斯多夫""画玛利亚的圣路加"等等,这个事实正应归咎于他们的时代。他们的人体几乎从没有那种自由的、纯粹人性的姿态和气色,而是普遍具有教会的表情,即一种强制的、祈求的、恭顺的、奴颜婢膝的乞丐模样,这同样是他们的时代的过错。——加之,那些画家都还不知道古代:所以他们的人体很少有美丽的面孔,一般都是丑陋的,更没有优美的肢体。——没有浓淡透视法:直线透视法大体上还不错。他们从他们所熟知的自然汲取一切:因此脸部表情都是真实而可靠的,但却毫无意义可言;他们的圣像没有一个丝毫具有那种崇高的、超尘世的、容貌上富于真正神圣意味的表情,这种表情只有意大利画家,首先是拉斐尔和早期的科列基奥,才画得出来。

于是,我们可以客观地评断目前所谈的绘画了:它们大部分在表现实物方面,包括头部和衣服、质料,已经达到最高的技术上的完善;几乎就像很久以后,在十七世纪,真正的荷兰画派所达到的那样。然而,最高尚的表情,最崇高的美丽和真正的优雅,对于它们仍然是陌生的。但是,因为这些正是技术完善作为手段所应有的目的:所以它们并不是第一流的艺术品;诚然,它们不是无条件地可供欣赏的:因为上述那些缺点,连同空洞无物的题材和普遍的教会姿势,永远须先予以除减,并挂在时代的账上。

这派画家的主要功绩(虽然只是在梵·艾克和他的最好的学生身上)在于:极度乱真地模仿真实,这是通过明察自然和在精心描摹上孜孜不倦而获得的;然后还在于色彩的活泼鲜明,——一个唯独他们才有的功绩。不论在他们之前或之后,从没有人用这样一些颜色画过:它们是燃烧的,显示了颜色的最高能量。所以,这些画在几乎四百年以后来看,仍然仿佛是昨天才画的。要是拉斐尔和科列基奥知道这些颜色该多好啊!但是,它们始终是这个画派的一个秘密,因此永远失传了。我们应当用化学方法来加以探讨。

论判断、批评、赞许与荣誉

1（§235）

康德在《判断力批判》中提出了他的美学；我据此将在本章中给我的上述美学观点①，也添加一段小小的"判断力批判"（不过这里所谓的判断力是从经验上来说的），主要是为了说明，在大多数情况下根本就没有判断力这个东西，因为它几乎就像凤凰一样，是一个"稀世之鸟"，五百年才可望见它一次。

2（§236）

人们用"趣味"这个用得不怎么有味的词儿，来表示对于审美上正确的东西的发现，或者仅仅是对它的承认，这种发现或承认并不需要一种规则的引导，因为或者没有任何规则伸引到这个地步，或者这种规则尚未为运用者（或者不过是判断者）所知道。不用"趣味"这个词，也可以改用"美感"②；如果不嫌它有点同义反复的话。

从事理解、判断的趣味犹如女性之于具有生殖能力或天赋的男性。它不能创造任何东西，但却有接受的能力，即能认识正确的、美

---

① 指前一篇《关于美的形而上学与美学》。
② 美感（äthetisches Gefühl）的 äthetisches，原义为"感觉上的"，后通作"审美的"，故云"有点同义反复"。

的、适当的东西，——以及这些东西的反面，——因此能够分辨好与坏，能够赏识前者，屏弃后者。

3（§237）

作家可分为流星、行星和恒星三类。——第一类可能轰动一时，人们抬头一喊："瞧啊！"接着它就永远消失了。——第二类即彗星与行星，却有较多的稳定性。它们发光往往比恒星更亮（虽然只因它们可能距离我们更近），而且会被外行误认作后者。同时，它们还会很快让出它们的位置，它们只有借来的光，只有一个局限于其同路人（同时代人）的活动范围。它们漫游着，变化着：要做的无非是几年来一次的循环。——只有第三类才是始终不变的，坚定地立于天幕中，有自己的光，对这个时代跟对那个时代一样起作用，因为它不因我们立场的变化而变化它们的外观，因为它们没有视差。它们不像其他星体那样只是属于一个体系（民族）；而是属于世界。但是，正因为它们的位置太高，它们的光大都需要许多年才为地上的居民所见到。

4（§238）

评价一个天才，不应当以其创作的错误或其作品的弱点作为尺度，然后据以把他按下去；而只应当看他的最优秀之处。因为即使在知识分子中间，弱点和谬误也是如此坚固地附着于人性，连最辉煌的才子也不可能永远摆脱它们。所以，哪怕在最伟大的人物的作品中，也可能找得到大错误，贺拉斯说得好，"荷马再怎么能干也得睡觉。"另方面，标志天才从而成为他的尺度的，乃是它在时间与心情有利的情况下所能达到的高度，那是一般庸才永远也达不到的。同时，把同行的伟人相互比较，例如把大诗人、大音乐家、大哲学家、大艺术家互相比较，是很危险的；因为这样比较，几乎不可避免地，至少在眼前，是不公平的。因为这样，容易先看到一个人的独特优点，立即又发现另一个人没有这种优点；后者从而被降低了。但是，反过来比较，又会先发现另一个人有其独特的、完全不同的优点；于是在第一个人身上又找不到这种优点；于是这个人现在同样将遭受不应有的贬谪。

5（§238 续）

有些批评家认为，优劣应由他来定；因为他把他的儿童喇叭当作传播声誉的长号。——

正如一种药物如果用得过量，就达不到目的一样；谴责与批评超过了公平的标准，其结果亦然。

6（§239）

对于精神功绩而言，厄运在于它们必须等待那些本身只会制造次品的人们来称赞其优点；甚至一般还是，它们必须借助人们的判断力来接受冠冕，而判断力却是这样一种禀赋，大多数人之具有它，犹如太监之具有生殖力一样；可以说，这是一个蹩脚的徒劳的类比；也就是说，判断力本身已被列入稀罕的天赋。拉勃吕耶①不幸说得又对又巧："世上最稀罕的东西，除了辨别力，便数宝石和珍珠了。"原来缺乏的正是辨别力，也就是判断力。他们不能辨别真与假，燕麦与糠秕，金与铜，不能觉察平凡头脑和罕见头脑之间的距离。其结果就是一首旧式小诗所表达的那种弊端：

　　世间伟人多不幸，
　　待到死后方闻名。

---

① 拉勃吕耶（1713—1762），法国作家，伦理学家。

真正的、优秀的东西一出现，首先就有低劣的东西给它挡路，后者已经占据了前者的位置，并且正被人们看作前者。等到经过长时间的艰苦斗争，它才得以索还它的位置，从而为自己挣得荣誉；但是过不了很久，人们又会捧出一个矫揉造作、无精打采、笨手笨脚的模仿者，心安理得地把它和天才一起供在祭坛上：因为他们看不出区别来；反之当真认为，他们又发现了一个天才。所以，伊利雅塔在他的第二十八首《文学寓言》中才这样说：

不论是好还是坏，古今笨伯都会
在上面找得到同样多的趣味。

所以莎士比亚一死，他的戏剧就必然让位于本·琼生、马森杰、波门和弗莱彻等人的戏剧，达一百年之久。所以康德的严肃哲学才为费希特显而易见的大言不惭，谢林的大杂烩和雅可比甜腻而伪善的胡言乱语所排挤，直到最后出了一个十分可耻的江湖骗子黑格尔，居然被安排得跟康德平起平坐，甚至比他还要高一筹。哪怕在一个人人容易接近的领域，我们都会看到无与伦比的瓦尔特·司各特，很快为一些下作的模仿者挤出了广大公众的注意范围。因为广大公众到处对于优秀的东西，根本没有任何感受，从而根本不知道，能够在诗歌、艺术或哲学上真正有所建树的人是何等稀罕，毕竟唯独他们的作品才值得我们注意，所以应当向诗歌界以及其他一切高级专业中的粗制滥造者，毫不宽容地整日指出这一点，即

人、上帝和书商
都不把你们的平庸原谅。
——贺拉斯：《诗艺》第三百七十二节

既然这些家伙是些不让禾苗生长、以便自己铺天盖地的莠草，那么难

怪早逝的福伊希特斯勒本①如此独创而美妙地描写道：

  人们狂妄地大喊大叫
  没有作品,没有成材
  而伟大作品却静悄悄
  成熟起来。

  它出现了:人们仍大叫大喊
  没有看见它,也没有听到,
  它郁郁寡欢
  悄悄走掉。

  在科学界,一些虚伪的被驳倒的理论顽固地存在着,证明缺乏判断力那种可悲的状况同样并不少见。这些理论一旦被接纳,就会继续跟真理对抗达五十年以至一百年之久,正如石头垒成的防波堤之于海浪一样。哥白尼在一百年之后还没有逐退托勒密。培根、笛卡儿和洛克都贯彻得极其缓慢。(只需读读达朗贝著名的百科全书序言就可知道。)牛顿也不例外;只需看看莱布尼茨在同克拉克论战时攻击牛顿的万有引力说的怒气和嘲讽,特别在第35,113,118,120,122,128等节中。虽然牛顿在他的《原理》问世后还活了将近四十年,但到他去世时,他的学说在英国还只是部分地少许地得到承认;而根据伏尔泰解说牛顿学说专文的前言,在他的祖国之外,他还数不上二十来个追随者。多亏这篇专文,牛顿的体系在他去世几近二十年之后,才在法国为人所知。到那时为止,那里的人们一直富于爱国心,坚定地依附着笛卡儿旋风;而在四十年以前,同一个笛卡儿的哲学在法国各种学派中间却是被禁止的。现在,达格苏宰相②又拒绝批准伏尔泰印行他阐

---

① 福伊希特斯勒本(恩斯特·封,1806—1849),奥地利医生,哲学家,诗人。
② 达格苏(亨利·弗朗索瓦·德,1668—1751),法国首席检察官。

述牛顿学说的文章。另一方面,在我们这个时代,当歌德的颜色学发表四十年之后,牛顿荒谬的颜色学依然全盘占领着学术阵地。休谟虽然很早就崭露头角,并且采用完全通俗的文体写作,但直到五十岁才开始为人所注意。康德虽然写作并执教一辈子,直到六十岁才开始出名。——艺术家和诗人诚然比思想家有更大的活动余地,因为他们的读者至少要多十倍。但是,莫扎特和贝多芬生前的境遇又如何?但丁又如何?甚至莎士比亚又如何?假如莎士比亚的同时代人多少赏识到他的价值,那么在那个绘画艺术业已繁荣的时代,我们至少总可以得到他的一幅优秀的、确然可信的肖像吧,但是现在只留存着一些十分可疑的图画,一幅非常拙劣的铜雕和一个更其拙劣的墓碑半身像①。同样,如果他生前受到尊重的话,他留存下来的手迹至少应当以百计,而不应当像现在这样,只限于法律文件上的一两个签名。葡萄牙人都以他们唯一的诗人卡蒙斯②自豪,可是他生前却依靠一个从印度带回来的黑奴每晚在街上为他乞讨布施而过活。当然,随着时光推移,完全的公道自会光临每个人身上,只是来得太迟太慢了,就像从前来自帝国最高法院一样,而且不言而喻的是,接受者已经长辞人世。因为耶稣·西拉赫③的训谕(第11段第28节)"不要在一个人死前赞美他",正被忠实地遵循着。那么,谁要是创造了不朽的作品,谁就一定可以在它们上面应用如下的印度神话以自娱,即不朽者生命中的一分钟在人间就是一年,同样人间的一年也不过是不朽者的一分钟。

这里所悲叹的判断力之缺乏,还表现在如下的情况中:每一百年间,早期的优秀作品诚然会受到推崇,但本世纪的优秀作品却受到误解,它所应得的注意力转向了拙劣的作品,它们每十年这样传播一次,以便成为后世的笑柄。还有,人们是如此难于认识真正的功绩,即使

---

① 参阅 A. 威伏尔《莎士比亚画像的历史、真实性与特征之研究,附21幅雕版》,伦敦,1836。
② 路易斯·德·卡蒙斯(1524—1580),葡萄牙著名诗人。
③ 耶稣·西拉赫,犹太哲学家,约生于公元前二世纪,撰有《经书》。

它们正当其时地出现了,这一点也证明:他们既不理解,也不欣赏,更不真正重视天才们早被承认的作品,他们不过是按照权威的意见推崇它们罢了。这个证明的严酷考验就是,拙劣作品如费希特的哲学,即使一旦获得声誉,也只能维持一两代之久。只因为它的读者太多了,它的衰亡跟着也来得更快。

7(§240)

但是,正如太阳需要对一只眼睛发光,音乐需要对一只耳朵扬声;艺术与科学中一切杰作的价值,也以相近的、与之匹敌的、能够对它发言的心灵为条件。只有他才具有这样的咒语,使得被禁锢在那些杰作中的精灵们活跃起来,表现出来。平凡的头脑站在它们面前,犹如站在一口被锁住的魔箱面前,或者站在一件他并不懂得如何弹奏的乐器面前,不管他怎样喜欢欺骗自己,从中只能发出一些噪音而已。又如一幅画,在一个阴暗的角落去看它,或者当阳光照在它上面时去看它,——同样,一篇杰作由不同的头脑来理解它,其效果是何等悬殊啊!因此,一件美术品需要一个善于感受的心灵,一件思考出来的作品需要一个善于思考的心灵,才能真正地存在和生存。但是,司空见惯的是,向世界提供这样作品的人,后来偏偏觉得自己像一个焰火技师,终于把自己长久而又费劲制作出来的产品兴高采烈地燃放出来,接着却发现把它带到了一个错误的地点,原来全部观众都是盲人院的学生。不过,这样的遭遇还算好的,千万别让他的观众竟是一批真正的焰火技师,因为在那种情况下,如果他的成就优异的话,他就很可能掉脑袋。

8(§241)

一切愉悦的源泉在于同质性。就美感而论,毫无疑问,以同种、其中又以同族为最美。即使在交际场合中,每个人肯定宁愿接近与之相仿的人;所以,一个傻瓜和另一个傻瓜呆在一起,要比所有的伟大心灵加起来与之交往,更令他高兴。由此观之,每个人一定首先最欢喜他自己的作品;因为只有它才是他自己心灵的镜子和他的思想的回声。然后,他才欢喜气质相同的人的作品;这样,平庸、浅薄、乖戾、啰嗦的人便只对平庸、浅薄、乖戾和啰嗦发出他诚恳的真心实意的掌声;反之,伟大心灵的作品,他只是按照权威,或者说为羞耻所迫而接受,从内心来说,他实际上并不喜欢它们。"它们并不令他感动",是的,它们完全不合他的口味:但是这一点,他对自己都不敢承认。只有优越的头脑才能欣赏天才的作品;但是,当这些作品尚未取得权威时,首先来承认它们,是需要相当大的心灵优势的。因此,人们把这一切好好想一想,就不会奇怪天才作品那么迟缓地获得赞扬和荣誉,毋宁会奇怪它们居然只获得了这一些。这一些也只是通过一个缓慢而复杂的过程才发生的,因为每个笨拙的头脑都是逐步地、被迫地而且仿佛被驯服似的承认刚巧高他一等的头脑的优越性,由此类推,于是选票的重量逐渐超过了选票的数目;这正是一切真正的、即应得的荣誉的条件。但是,到了这一步,最伟大的天才即使通过了他的考验,也只能像一个国王似的站在他的广大臣民中间,那些臣民却不认识他,因而不会听候他的吩咐,如果他的最高级大臣不在他左右的话。因为没有一个下级僚属能够直接接受他的命令。就是说,这个人只认识他的上司的签字,正如他的上司也只认识他的上司的签字一样,由此类推到上面,内阁秘书才承认大臣的签字,而大臣才承认国王的签字。天才要取得广泛的声誉,看来也得通过类似的阶段。所以,这种声誉的进程最容易一开始就停顿下来;因为最高当局只有少数人见得到,平常是找不到它的;反之,越往下走,听从上司命令的人便越多,所以那个进程也就不再陷于停顿了。

  关于这个事态,我们聊以自慰的是,大多数人不是用自己的方法,而是依仗别人的权威进行判断,想来这倒是一桩幸事。因为,如果每个人按照他真正在这些天才身上所获得和享受到的一切进行判断,而不是由权威强制他来说些得体的话,尽管他内心并没有多少感动,那么他对于柏拉图和康德,对于荷马、莎士比亚和歌德,又会发出什么样的判断呢?如果情况不是这样,任何高级类型的功绩,都根本不可能获得什么声誉。同时,第二桩幸事则是,每个人为了认识其顶头上司的优越性并服从其权威,还有其必要的判断力;因此,多数人最后拜倒在少数人的权威之下,并由此产生了判断的等级制,而稳定的、最后也就是广泛的声誉的可能性正以此为基础。至于最下层的庸众,他们跟伟大天才的功绩完全绝缘,最后只有纪念碑才能在他身上通过一种感官印象,引起一种模糊的伟大感。

9（§242）

但是,还有嫉妒不亚于无判断力,也是同高级类型的功绩作对的;即使对于最低级的作品,嫉妒一开始也反对给它以声誉,而且直到最后还揪住它不放;足见嫉妒在世界的恶行中起着多大的作用,而阿里奥斯托有理由把它说成

> 吾人必死的生命之黑暗面占着优势
> 它充满着这种罪恶。

各处所有的庸才欣欣向荣地、悄然无声地、不约而同地联合起来,反对任何类型的杰出人才,这种联合的灵魂就是嫉妒。这就是说,没有人愿意在自己的活动范围内看见一个人出类拔萃,容忍这样一个人闯进来;反之,"假如我们中间有谁出人头地,就让他到别处去出人头地吧!"这就是天下庸才一致的口号。看来,除了卓越才能之希罕,及其被理解被赏识之艰难,还要加上无数人的嫉妒所起的作用,它们一心

要压抑那种才能,不,在可能的情况下,还要把它完全掐死①。

所以,任何部门一旦有一种卓越才能显示出来,这个部门所有的庸才便会一致努力来掩盖它,夺走它的机遇,用一切办法不让它为人所知,不让它露面,不让它见天日;这正是他们由于无能、平庸和粗劣所犯下的滔天大罪。十之八九,他们的压制体制长时间以来都是奏效的;因为天才天真地相信,他把他的作品呈献给他们,他们会因此而感到喜悦,他丝毫也对付不了甘居下流的卑劣灵魂们的阴谋诡计,的确,一次也没有觉察到更没有懂得这些阴谋诡计,所以一旦为那种冷遇而仓皇失措,便开始怀疑自己的作品,从而还来不及张开眼睛看看那些恶棍及其劣行,便已自己陷于错误,放弃了自己的努力。我们来看看——先不从近处,且从远处试取一例——一个世代以来,德国音乐家们的嫉妒怎样拒绝承认伟大的罗西尼的功绩吧;我自己曾经是个见证:在一个大型的正式建立的合唱团,人们为了取笑,竟按照他的不朽的"颤舞"的曲调来唱菜单。多么乏味的嫉妒!那曲调征服并吞噬了平庸的文字。尽管有再多的嫉妒,罗西尼的美妙的曲调毕竟传遍了全球,鼓舞每个人的心,不论是当时还是今天,抑或在百年之后。再来看看,德国的医生们,尤其是评论家们,是怎样的怒发冲冠啊,如果有个叫马歇尔·霍尔②的人一次让人知道,他取得了什么样的成就。——嫉妒正是缺乏的可靠标志,如果涉及功绩的话,那么也可以说是缺乏功绩的标志。我的卓越的巴尔塔扎·格拉西安③在一篇详细的寓言中极其优美地表现过嫉妒对于杰出事物的态度,那篇寓言载于他的《谨慎篇》一书中,标题为《讲排场的人》。说的是全体鸟类被孔雀开屏激怒了,大家一致诅咒它。喜鹊说,"如果我们设法使他不再可恶地炫耀

---

① 谁也不会被人按其特色来对待,而是别人把他当作什么就是什么。庸才们压抑杰出人才的手段就是:尽可能久地不让那种人才出头。对待功绩有两种态度:或者据为己有,或者不让任何人有。后一种由于十分方便,故为大多数人所取。——原注
② 马歇尔·霍尔(1790—1857),英国医生,发展了以脊髓为媒介的反射弧理论,但不为同行们所承认。
③ 巴尔塔扎·格拉西安(1601—1658),西班牙作家,西班牙文学中概念主义代表。

他的长尾巴,他的美丽很快就会完全失色了;因为没有人看见的东西,无异于根本不存在"等等。——由此观之,谦逊的美德也不过是被发明出来,作为预防嫉妒的武器罢了。永远只有无赖才强求别人谦逊,才由衷高兴于一个有贡献的人的谦逊,这一点我在我的主要著作(第二卷第 37 章第 426 页,第三版第 487 页)中已经阐明了。在利希滕贝格的《杂说》中,我找到这样一句话:"谦逊只应当是别无所有的人们的美德。"歌德使许多人愤慨的名言,"只有无赖才是谦逊的",在塞万提斯那里找得到它的原型,他曾经在他的《帕纳塞斯游记》中附录了若干条诗人行为规章,其中一条是:"每个诗人,如果他的诗使他认为自己是个诗人的话,那么他借助'谁自认为是恶棍就是一个恶棍'的谚语,很可以抬高自己,珍视自己了。"——莎士比亚在他的许多只有在那里他才能谈到自己的十四行中,既自信而又大方地宣布过,他所写的一切都是不朽的。他的一位近代的校勘编者柯里耶①在他的《十四行导论》第 473 页谈到过这一点:"在许多首十四行中间,有着值得注意的标志,说明对于其诗作之不朽的自信与确信,在这方面,我们作者的意见始终是坚定不移的。他从来毫不犹豫地表示这一点,也许古往今来没有一位作家,对于这一些浩瀚的遗著,如此经常而又如此决断地表示过坚定的信念,即他利用这种诗歌方式所写的一切,世界是不会甘心让它泯灭的。"

一种经常为嫉妒所利用的贬低佳作的方法,基本上不过是贬低的反面,就是对劣作无耻的、丧尽天良的吹捧:因为劣作一旦得势,佳作自行消亡。但是,这种方法,特别是如果大规模地采用的话,虽然奏效于一时,终归会有清算之日到来,劣作所获致的短暂的信誉将由其卑鄙的吹捧者之长存的失信所偿付:所以,他们宁愿隐姓埋名。

直接贬低和挑剔佳作,即使距离较远,也会遭受同样危险的威胁,因此多数人都聪明到不采用这个办法。所以,当一部优秀作品出现

---

① 柯里耶(约翰·培恩,1789—1883),英国批评家,古籍校勘家,著有《莎士比亚评注与校订》(1852),正文所引出自本书。

时,其直接后果常常只是,全体为之懊恼(恰如鸟类为孔雀尾巴所懊恼那样)的竞争者一致陷入了深沉的缄默,仿佛经过商定似的:他们的舌头都麻痹了,这正是塞尼加所谓的"恶意的沉默"。如果发生这种恶意的沉默(其术语曰"置之不理"),事情于是长此了结,这时正如在高等学术界一样,该项成果的直接观众系由纯粹的竞争者(即专家)所组成,而广大观众则只能间接通过前者来行使他们的投票权,而不能亲自检验一下事实。但是,如果那种恶意的沉默一旦为称赞所打断,那么这种称赞很少不是出于在此操纵公道者的附带意向:

> 你既不会从众人得到称赞,
> 也不会从个人得到认可,
> 除非人们自己想显耀的东西①
> 终于得以广为传播。
>
> 歌德:《西东诗集》

这就是说,任何人授予另一个与自己同行或近乎同行者的荣誉,归根到底与其本人无涉:他只能牺牲自己的声价来称颂别人。由此观之,人们根本不倾向于表扬与称颂,倒是倾向于指摘与诽谤,因为他们由此可以间接地表扬自己。如果人们宁愿表扬与称颂的话,那一定是别有用心。这里并非指拉帮结派、互相标榜的无耻行径;倒是这样一种有效的动机,即认为正确评价和承认别人的功绩,仅次于自己创造功绩的行为;这是符合希西阿和马基雅弗利所阐述的三种头脑分类法的②。(参阅《论充足理由律的四重根》第 2 版第 50 页。)谁如放弃贯

---

① 意即批评家自己的判断力。
② 希西阿(约公元前 800 年),希腊诗人;马基雅弗利(1469—1527),意大利政治哲学家。所谓"三种头脑分类法"见于前者的史诗《工作与日子》,后者的《君王论》第 22 章。后者曾经说过:"人类的才能分三类:一种人能够自己理解一件事;另一种人靠别人对他解释才能理解;第三种人既不能自己理解,经别人说得一清二楚,也不能理解。"

彻对于第一类的要求,便乐于抓住时机占据第二类的位置。几乎只是由于这种情况才能产生这样的信心,即每件功绩终归会得到承认。由此还会发生这样的事,一件作品的高贵品质一旦被承认,而不再被掩盖、被否认之后,大家便争先恐后地称赞它、推崇它,因为他深懂色诺芬①的名言,"谁知道什么是聪明的,谁就是聪明人",从而为自己捞取荣誉。所以,他们看到既然原始作品的身价是自己所不可企及的,便退而求其次,努力来正确评价这部作品了。这时的情况正如一支被迫退却的部队,原先在战斗中都争先恐后,现在逃跑同样争先恐后。就是说,现在每人都努力向被承认的值得赞美者贡献自己的掌声,这同样由于他本人不自觉地承认了前文第 241 节②所阐述过的同质规律,因此似乎他思考和观察事物的方法和被尊敬人物的方法是一样的,而且至少可以挽救一下他的欣赏趣味的荣誉,因为再也没有给他剩下别的什么了。

由此不难看出,荣誉诚然难以得到,但一旦得到,却不难保持下去;同样,一种很快得到的荣誉,亦将很快泯灭掉,这里也可以说,"速成者速朽";因为,理所当然,其价值容易为一般人所承认、又为竞争者们愿意认可的成就,也往往不会高于二者本身的创造能力。须知一个人愿意称赞一件作品,只有在他希望自己能够模仿它的时候。此外,由于经常提到的同质规律,一个迅速来临的荣誉还是一个可疑的征兆:它不过是群众的当面捧场。这究竟意味着什么,福希安③很清楚,他一次在他的演说所引起的群众掌声中,向他身旁站着的朋友问道:"我是不是不当心讲了什么蠢话?"(见普卢塔克④:《比较列传》)由于相反的理由,能够长久保持的荣誉,往往成熟得很晚,而它之持续存在若干世纪,大都是以牺牲同代人的掌声而换得的。因为,能够持久生

---

① 色诺芬(公元前 560—前 478),希腊哲学家。
② 即本卷本章第 8 节。
③ 福希安(公元前 402—前 318),雅典政治家、将军,柏拉图的学生。
④ 普卢塔克(46—119),希腊传记家。

效的一切，一定有某种难以达到的优点，而赏识这种优点所需要的头脑，又并非每个时代所具有，至少在数目上决不会大到足以使自己为人所闻，何况时刻窥伺着的嫉妒正在极力扼塞他们的声音。与此相反，平庸的成就虽然很快被承认，却有其作者可能活得比它更久的危险，因此年轻时的荣誉到了老年便会变得默默无闻；而伟大的成就虽然长久默默无闻，却因此到老年获得辉煌的荣誉。但是，如果这种荣誉是在作者死后才出现的话，那么他便算是让·波尔所说的那种人，他的临终涂油礼就是他的洗礼了，而且他还可以和圣徒一起得到慰藉，后者也正是在死后才被列入圣徒录的。——看来，马尔曼在《赫罗德》①中说的俏皮话算是应验了：

> 我想世上真正伟大的作品
> 决不会马上使人高兴。
> 谁被群氓捧为神偶，
> 他在祭坛上也呆不长久。

值得注意的是，这个规律在绘画方面得到完全直接的证实，因为正如行家所知，最伟大的杰作并不是马上会引人注目的，也不是初次就会使人产生深刻印象的，只有一再观赏它，它才越来越使人叹为观止。

此外，适时而又准确地评价某一成就，其可能性首先取决于该项成就的性质和种类，就是说，要看它是高层次的还是低层次的，是难于还是易于理解和判断，还要看它的观众、听众或读者是多还是少。后一个条件诚然在大多数情况下取决于前一个条件，但是部分地也取决于该作品是否便于复制，例如书籍与乐谱。由于这两个条件的交互作用，那些并非由于实用而取悦人的作品（这里只谈这一类作品），将视其价值有无可能性迅速获得承认与赏识，而形成如下序列（其中有希

---

① 奥古斯特·马尔曼(1771—1826)，德国小说家，著有《伯利恒的赫罗德》。

望最快获得正确评价者名列前茅）：走钢丝者，马戏演员，芭蕾舞演员，变戏法者，演员，歌唱家，演奏能手，作曲家，诗人（二者有赖于其作品的复制），建筑家，画家，雕塑家，哲学家：哲学家们无与伦比地占据着最后的位置：因为他们的作品并不允诺愉悦，而只允诺教益，这里以知识为前提，并要求读者自己的努力；所以，他们的观众是极其少的，他们的荣誉毋宁在于持续时间的长久，而不在于传播面的宽广。一般说来，荣誉在其持久的可能性方面，大约与其迅速出现的可能性成反比，所以就荣誉的持久性而论，以上序列就得反过来看；只有诗人和作曲家由于所有书面作品能够永久保存，其位置仅次于哲学家；不过，第一位仍应属于哲学家，因为在这个领域里成就非常稀罕，也非常重大，而且可能在一切语言中得到几乎完美无缺的翻译。有时哲学家们的荣誉活得甚至比他们的作品还要长久，如在泰勒斯、安庇多克勒斯、赫拉克莱特、德谟克利特、巴尔门尼德、伊壁鸠鲁[①]等人身上所遇见的。

另方面，就那些具有实用价值的、或者直接有助于感官享受的作品而论，得到正确评价是并不困难的，一位手艺出色的糕饼师傅在任何城市都不会长久默默无闻，却谈不上什么传之后世了。——

也可列为迅速出现的荣誉当中的，还有某部作品的那种虚假的荣誉，即通过不公正的褒奖、亲朋好友、被收买的批评家、自上而下的示意和自下而上的串通（由于可以正确假定的群众之无判断力）而被扶起来的人工制造的荣誉。它恰像可以帮助一具肥重身躯游泳的公牛膀胱。它载负那具身躯的时间是长还是短，就看它吹得大不大，绑得紧不紧了；但是空气总会慢慢漏掉，于是身躯沉没了。这就是其荣誉之源不在自身的作品之不可避免的命运：虚假的褒奖消失了，串通匿迹了，识者发现这种荣誉未经证实，于是它破灭了，并被代之以一种日

[①] 泰勒斯（公元前625—前547），安庇多克勒斯（公元前490—前430），赫拉克莱特（公元前540—前480），德谟克利特（公元前460—前370），巴尔门尼德（约生于公元前515年），伊壁鸠鲁（公元前341—前270），都是希腊哲学家，其著作均已泯灭无存或残缺不全。

益强大的轻蔑。反之,其荣誉之源在于自身、因此每个时代都能重新引起惊叹的真正的作品,则恰像比重很小的身躯,它能凭借自己的方法永远浮在水面,并随时间之流传诵下去。

古往今来的全部文学史还没有提出过任何一种虚假荣誉的例子,可以同黑格尔哲学的虚假荣誉相媲美。任何时代、任何地方所有恶劣事物,显而易见的虚假事物,妄诞事物,众所周知的悖谬事物,以及如此厚颜无耻而极端令人厌恶的事物,都从没有像那种毫无价值的伪哲学那样,被吹捧为世界上所仅见的最高智慧和最壮丽的杰作。我用不着说,太阳还从上面照着啊!值得注意的是,它在德国公众中间取得了极其圆满的成功:其中却存在着丑行。那种无耻捏造出来的荣誉竟合法地通行了二十五年之久,德国学术界这头趾高气扬的凶物竟猖獗、放肆到如此程度,甚至这种愚行的少数反对者谈到其可悲的首创者,也不敢不把他当作一个罕见的天才和伟大的心灵,从而带着最深的敬意。但是,其结果吾人仍然可以推断出来:这段时期在文学史上将作为民族与时代的永久污点和世纪的笑柄留存下去:千真万确!诚然,时代也和个人一样,可以自由地吹捧劣作,贬低佳作:但是报应将不分彼此,耻辱钟终将敲响。当佣工们的合唱有计划地传布那个坏人心术的蹩脚哲学家及其恶劣胡说的荣誉时,如果德国人还有几分精细的话,他们一定会从那种吹捧的整个方式立即觉察到,那种吹捧只是出自意图,完全不是出自见识。因为它异常丰富、漫无节制地向四面八方倾泻着,到处张开大嘴喷涌着,毫无保留、约制、折扣、分寸可言,直到无话可说为止。而且,那些成群结队的雇佣喝彩者们,还不满足于自己七嘴八舌的颂歌,一直忐忑不安地探察着每一点点外来的、未经贿赂的赞美,以便把它搜集拢来,高高举起。每当某个名人被勒索出、被奉承出、被骗取出只言片语的赞美,或者它是偶然失言讲出来的,或者甚至是一个对手怯懦地或者怜悯地以这样一种纤细的谴责让人尝到甜头,——他们便一拥而上,把它搜集起来,得意扬扬地晃来晃去。只有意图才这样起作用,希望得到报酬的佣兵、被收买的喝彩者、搞阴谋

诡计的文学败类才这样捧场。反之,出自见识的真诚的赞美,却具有一种完全不同的品格。在它出现之前,福伊希特斯勒本说得好:

> 人们辗转反侧地防御着——
> 以免只推崇了好的一面!

这就是说,它来得很慢很迟,个别而又吝啬,一点一滴似的,永远受到限制。因为这是迟钝、冷淡、固执加之嫉妒成性的庸才由于真正功绩之再也无法掩盖的伟大而终于违心地被迫做出的一种赞赏:这正如克洛普施托克所歌唱的,乃是高贵者的血汗所浇灌的月桂;又如歌德所说的,乃是

> 那种迟早会克服
> 迟钝世界之反抗的勇气

的成果。因此,对于存心不良者的那种无耻的吹捧,就像难于倾心的高贵而真诚的情人对于花钱叫来的街妓一样,她们脸上擦得厚厚的胭脂铅粉,人们在黑格尔的荣誉上一定马上看得到,只要德国人如上所说,稍为精细一点的话。不然,一旦成为民族的耻辱,就会以刺目的方式发生如席勒所歌唱过的:

> 我看见荣誉的神圣花环
> 被亵渎地戴在平庸的额头。

这里选来作为虚假荣誉例证的黑格尔式光荣,诚然是一件无可攀比的事实,——甚至在德国也是无可攀比的;所以我要求公共图书馆把所有这些文件,包括这个蹩脚哲学家的以及他的膜拜者们的全部努力,细心涂以香料保存起来,以便教育、告诫并娱乐后代,并且作为这

个时代和这个国家的纪念碑。

然而,如果放眼纵观一下一切时代的同时代人的赞赏,人们将会发现,这种赞赏永远真是一个娼妓,为千百个下流坏子所玩弄和玷污,并成为后者的一部分。谁还会渴望这样一个淫妇?谁还会骄傲于她的眷顾?谁还会不鄙视她呢?反之,后世的荣誉才是一个骄傲的、含蓄的美人,她只献身于高贵者,胜利者,罕见的英雄。——确实如此。此外,还可由此推断,这种两足的种属①一定会处于怎样狼狈的境地;因为需要过几个世代、甚至几个世纪,才可从千千万万个中间碰上寥寥几个能够区分好与坏、真与假、金与铜,人们据以称之为后世裁判席的头脑;不过,情况于他们是有利的,那时无能之辈不共戴天的嫉妒和宵小之徒居心不良的谄媚都将哑口无声,而见识则因此获得发言权。

在所有时代,伟大的天才,不论是在诗歌、哲学或艺术哪方面,都仿佛是孤单的英雄,独自面对群氓的挤压,昂然进行绝望的战斗,难道我们不觉得,这正符合刚才说过的人类的悲惨状况吗?因为大多数人的迟钝、粗鲁、乖谬、愚蠢和野蛮,在每种风格和艺术上,都是同天才的功效永远对立的,从而形成那种最终使他们不得不屈服的敌对的群氓。不论这种孤单的英雄可能有什么建树,它是很难被认识的,很晚而且只有依靠权威才被珍视,同时还很容易重新被排挤,至少暂时。因为总有虚假的、平淡的、乏味的货色一再被摆到市场上来同前者作对,而所有这些货色又更适合大多数人的口味,因此在一般的情况下主宰了战场。即使批评家站在他们面前大喊,像哈姆莱特举起两张画像冲着他下贱的母亲大喊那样,"你有眼睛吗?你有眼睛吗?"——唉,他们没长眼睛!每当我看见人们欣赏大师的作品,看到他们鼓掌的样子,我经常突然想起为所谓喜剧而训练出来的猴子,它们虽然惟妙惟肖地模仿人的表情,却时时透露出它们身上缺乏那种表情的真正内在的真谛,倒是让人看透了违背理性的野性。

---

① 指人类。

常言道，天才"位于其世纪之上"，根据以上所说，这句话的意思似可注释为，他一般位于人类之上；正因如此，他只为那些大大超越一般庸才水平的人所直接赏识，而这种人却十分稀罕，每个时代出不了几个。如果他在这方面不特别为命运所眷顾，他就会"为其世纪所误解"，即长久不为人所接受，直到时间慢慢把那些希罕的、能够评价一部高级作品的头脑的声音汇集起来。然后，后世才会说"此人位于其世纪之上"，而不说"位于人类之上"：因为人类乐于将其过错转嫁给某一个世纪。由此观之，如果某人已经位于其世纪之上，那么他亦将位于其他每个世纪之上；除非在某个世纪，由于一种希罕的命运，在他的成就范围内，有几位能干而公正的评判家，同时和他一齐降生；这就像美丽的印度神话所说，当维什努转世为英雄时，婆罗门作为他的功绩的歌颂者也同时降临人间；此后，瓦尔米基、维雅撒和卡利达撒又都是婆罗门的化身①。——人们可以在这个意义上说，每部不朽的作品都使它的时代受到考验，即看后者能不能够认识它的优点：一般说来，任何时代的人们并不比菲勒蒙和包喀斯夫妇②的邻人更经得起考验，后者正是对他们所不认识的神饷以闭门羹的。依此推之，一个时代的精神价值的正确尺度，并不是出现在这一时代的伟大心灵所提供的；因为他们的才能本是自然的作品，而造成这种才能的可能性却在于偶然的环境中；反之，提供那种尺度的，乃是他们的作品在他们的同时代人中所受到的接待方式：是对它报以一阵迅速而热烈的掌声呢，还是一阵迟缓而吝啬的掌声，还是把它全然推给后世。如果它是一部高级的作品，就特别会有最后一种遭遇。因为，一个伟大心灵所创作的作品越是少有人赏识，前面所说的那种幸运便越是肯定不可能出现。诗人就其荣誉而言，在这方面有其无可计量的方便条件，因为他们几乎为一切人所接近。如果说瓦尔特·司各特曾经只能有百来人阅读和

---

① 维什努、婆罗门等，印度宗教徒名称。
② 希腊神话中一对农民夫妇，他们热情招待微服降世的大神宙斯和交通神赫尔墨斯，后成为宙斯的祭司，老年变成两株连理树。

评论，那么当时也许任何一个拙劣的小文人都会比他更受欢迎。到后来真相大白，于是他又分享到"位于其世纪之上"的光荣。——但是，如果那百来个以时代的名义评判一部作品的头脑，除了无能之外，还加上嫉妒、卑鄙和个人目的追逐，那么那部作品就将遇到悲惨的命运，如同在一个其全部陪审官均被贿赂的法庭面前为自己辩护一样。

与此相应，文学史普遍表明：以见识与理解为目标的人们一般都被误解和忽视，而以见识与理解的外表自炫的人们却得到同时代人的赞叹，连同报酬在内。

一个作家生效与否，首先取决于他是否获得声誉，有没有人读他。但是，这种声誉，成百上千的低劣作家通过手段、机缘以及臭味相投，可以很快得到，而一位可敬的作家要得到它，总是很慢很迟[①]。就是说，前者有朋友，因为流氓总是大量存在，而且拉帮结伙；后者却只有敌人，因为精神上的优越性在任何地方，在一切情况下，都是世界上最可恨的东西，特别是在同行中想冒充一点什么的低能儿看来。——如果哲学教授们偶尔认为，这里是暗示他们的，暗示他们三十多年来为反对我的著作所遵循的策略的，那么他们算是说中了。

情况既然如此，那么为了创造伟大的成就，为了产生某种比其世代和世纪活得更久的作品，首要的条件就是，毫不理睬它的同时代人，连同他们的意见、见解以及由此而来的褒贬。不过，这个条件总会自然而然产生的，只要其他条件一同具备，即具有创造伟大作品的能力，而这却是一个幸运。因为一个人在创造这样一部作品时，如果考虑一般的意见或同行的判断，它们每一步都会把他引入歧途。所以，谁想名传后世，就必须摆脱他的时代的影响，但是为此又往往得放弃对于他的时代的影响，并准备拿同时代人的掌声去换取世纪的荣誉。

任何一个新的、因而似非而是的真理来到世间时，人们总要死硬地、尽可能长久地抵制它，甚至当他们已经动摇并几乎被证明错了，他

[①] 一部作品的读者的质与量，照例是成反比的；因此，一部诗作的版次再多，也说明不了它的价值。——原注

们还要否认它。这期间,它却悄悄地继续起着作用,像一种酸一样蔓延开去,直到把周围一切都冲蚀掉,然后哗啦倒塌声不绝于耳,古老的谬误倾覆了,突然间像一座新揭幕的纪念碑,升起了这座崭新的思想大厦,受到普遍的赏识和赞叹。当然,这一切常常来得极其迟缓。因为人们注意到应当听听谁的声音,照例是在他已不在世的时候,因此"听哪!听哪!"总是在演说人离开讲坛之后才袭响起来。

反之,平庸的作品却可盼到一个更好的命运。它们是在当代整体文化的进程和关联之中产生的,因此与时代精神即当时的统治见解密切相连,是按照眼前的需要筹划出来的。所以,如果它们有点什么长处,它就很快得到承认;而且由于对同时代人的教化阶段产生效验,他们还很快得到同情:它们受到公平、甚至超过公平的待遇;它们没有使人嫉妒的余地,因为如前所说,一个人愿意称赞一件作品,只有在他希望自己能够模仿它的时候。然而,那注定属于全人类并将活几个世纪的杰作,一出世就显得过分突出,正因如此,就使当代的教化阶段和时代精神感到陌生。它们并不属于后者,和后者两不相涉,因此使从事后者的人们毫无兴趣可言。它们属于另一个更高级的教化阶段,属于一个遥远的时代。它们的途径之于另一些作品的途径,有如天王星的轨道之于水星的轨道。所以,它们暂时受不到公平的待遇:人们不知道该怎么对待它们,便让它们呆在一旁,继续走自己的蜗步。蛆虫怎么望得见空中的飞鸟呢?

用一种文字写成的书籍的册数,对于那些构成真正永久文学之一部分的书籍的册数,大约是十万与一之比。后一类书籍在超越那十万册并获得其所应得的光荣位置之前,往往必得忍受怎样的命运啊!它们全部是非凡的、绝对优秀的头脑的作品,因此特别不同于其他作品;不过,这个真相迟早会大白于天下。

别以为这个事态任何时候会有所改善。人类可悲的本性永远也不会改变,虽然它在每个世代诚然会采取多少不同的面貌。杰出的心灵很少能在生前得志;因为归根到底,它们只能被与之相近的心灵完全面又适当地理解。

因为几百万人中间,难得有一个人走上通向不朽之路;他必然是非常孤独的,并将走完一段可怕的不毛之地,才能达到后世,这段路好比利比亚的沙漠,众所周知,没有亲眼见过的人对它没有任何印象。同时,我还要奉劝,走这段路,首先必须轻装,否则半路必须扔掉太多东西。所以,要经常牢记巴尔塔扎·格拉西安的名言:"好作品短一些,会双倍地好",这句话特别应当向德国人推荐。——

伟大的心灵们之于他们所生存的短暂时间,恰如大厦竖立在一块狭小的地段上。人们看不见它们的宏伟,是因为站得离它们太近;根据同样的原因,人们也觉察不到伟大的心灵;但是,一百年过去了,世人才会认识他们,并且希望他们回来。

时间的速朽的儿子创造出一部不朽的作品,他自己的生命历程同这部作品相比,是何等的不相称啊!就像必死的母亲塞墨勒或迈亚生出了一个不死的神,或者反过来,又像阿喀琉斯之于忒提斯①。因为速朽与不朽之间存在着巨大的矛盾。他的短暂的一生,他的贫困、窘迫、不稳的生涯,很难允许他哪怕看一看他的不朽儿子的灿烂历程的发端,甚或很难允许他当这个儿子的父亲。可以说,一个具有后世声誉的人,恰是一个具有今世声誉的贵人的反面。

对于名人来说,今世声誉和后世声誉的区别,终归不过在于:在前一种情况下,他和他的崇敬者为空间所隔,而在后一种情况下,则为时间所隔罢了。因为,即使享有今世声誉,他也照例看不见他的崇敬者。崇敬受不了亲近,反之,几乎永远滞留在远处;因为它一旦和被崇敬者面对面,便像太阳下面的奶油一样融化了。因此,一个人即使生前已经出名,和他亲近的人,十之八九是按照他的地位和财产来衡量他的;至于其余十之一二,充其量不过是由于来自远方的传闻,才对他的长处有点模糊的意识。彼特拉克有一篇优美的拉丁文书简,谈崇敬与亲

---

① 据希腊神话,忒拜国王卡德摩斯的女儿塞墨勒与大神宙斯生了酒神狄俄倪索斯;迈亚是交通神赫耳墨斯的母亲。阿喀琉斯是人间英雄,而其母忒提斯则是海中神女。

近、声誉与生活之间的不相调和,是他的《亲友书简》(我手头有其1492年威尼斯版)中的第二篇,给托马斯·麦桑伦西斯写的。他在其中谈到,与他同时代的所有学者有一条格言,即对一位作家只要见上一两次面,他的文章便不足观了。——由此看来,名人们要想得到承认和崇敬,就应当和人群保持距离,是时间上的还是空间上的距离倒无所谓。诚然,他们有时能从空间上、虽然决不能从时间上获悉自己的声誉;但是,真正伟大的功绩却肯定可以对后世的声誉有所指望。不仅如此,谁创造出一个真正伟大的思想,他在构思酝酿的瞬间,将会意识到他和未来时代的联系;这时,他还会感觉到他的存在伸延到几百年以远,于是恰像他为未来者而活一样,他还和他们活在一起了。另方面,如果我们攻读一部伟大心灵的著作,不禁对他由衷惊叹,渴望他能回到我们的时代,我们好看见他,跟他交谈,把他留在我们中间;那么,这种渴望不会没有报偿:因为他也渴望有一个后世的知己,将对他表示敬仰、感谢和爱戴,这些却是一个嫉妒的当代拒绝给他的。

10(§243)

如果说最高级的精神创作一般只是在后世的审判席前才能得到承认,那么一种相反的命运却为某些辉煌的谬误准备好了;那些谬误来自一些富有才能的人们,表面上显得很有理由,而且有很多聪明人和有知识的人为它们辩护,以致它们在同时代人中间获得了声誉和威望,至少在作者生前一直保持着这种声誉和威望。这就是许多错误的理论,错误的批评,以及具有为时代偏见所引导的错误的趣味或风格的诗篇和艺术品。所有这些货色之所以获得威望和身价,就在于还没有懂得反驳它们或者指出它们的谬误所在的人。然而,一般说来,下一代就会带来这样的人,那些货色的荣华也就到了尽头。只是在个别情况下例外,如牛顿的颜色理论迄今还在走红,还有托勒密的宇宙体系,斯塔尔的化学,弗·奥·沃尔夫关于荷马并无其人的论断,也许还有尼布尔关于罗马帝王史的酷评,等等①。看来,后世的审判席不论对当事人有利还是不利,都是撤销当代判决的公正的最高法院。因此,要使当代和后世得到同样的满足,是很困难的,也是很稀罕的。

  一般说来,应当看到时间在矫正认识与判断上的确切无误的作用,以便面临下列情况而能稍安毋躁,即不论在艺术界和学术界,或者在实际生活中,常会有严重的谬误出现并传播开去,或者会有一种错误的甚或荒谬绝伦的行动计划流行开来并受到人们的赞赏。就是说,吾人不应愤愤不平,更不应灰心丧气,而应想到,世界已经不再陷于错误,只是需要时间和经验,以便自动地认识锐眼乍见就见到的东西。——当真理用事实说话的时候,不需要马上用语言去给它帮忙,时间会用一千条舌头去帮助它。——时间的长短当然要依事物的难度与错误的伪装程度而定;不过,报应的时辰总会到来,在许多情况下,抢先着急也是枉然。在最糟糕的情况下,理论上和实践上的谬误终于闹到这个地步,即欺瞒和诈骗竟为成功所鼓舞,以致越走越远,直到几乎不可避免地要被拆穿了。就是说,在理论上,由于笨伯们的盲目信赖,荒谬变得越来越大,最后连低能的眼睛也能把它辨认出来。所以,应当对这些家伙们说:你们吹得越离奇越好!回想一下所有曾经出尽风头而后灰飞烟灭的胡言乱语和胡思乱想,人们多少也会感到安慰。在文体中,在语法和缀字法中,就有过这类货色,它们的寿命不过三四年之久。从更大的范围来看,人们当然不得不悲叹人生之须臾,但无论如何,总以落后于自己的时代为好,那时正可看到它在走回头路。因为只有两个办法可以不与自己的时代成水平:位于其下,或者位于其上。

---

① 牛顿(艾萨克爵士,1642—1727),英国物理学家,发现白光的合成性质,认为颜色按其不同的折射性可用棱镜加以区分,这个观点后由歌德提出质疑。托勒密(克劳迪乌斯,公元前二世纪),希腊天文学家,创立"地球中心说",后由哥白尼推翻。斯塔尔(格奥尔格,1660—1734),德国化学家,以所谓"燃素"解释燃烧。弗·奥·沃尔夫(1759—1824),德国语文学家,认为《伊利亚特》和《奥德修纪》是几位作者的作品。尼布尔(巴特霍尔德,1776—1831),德国历史学家,著有《罗马史》。

论天才(选)*

1（§50 续）

············

地位、等级、出身的区别，没有一样大似把人这样分别开来的鸿沟，一类是千百万庸众，他们把头脑仅只看作并用作肚腹的侍者，即达成意志之目的的工具，——另一类则是极其罕见的少数人，他们有勇气说：不，头脑不能这样用，它只应为自己的目的而活动，也就是为了理解这个世界奇妙而多彩的景观，然后以这种或那种方式，作为形象或者作为注释，按照具有头脑的个人每次不同的情况，把那个景观复现出来。这类人是地道的上等人，是世界上真正的贵族。其余的则是归于粪土的奴隶而已。当然，这里只是说的这些人，他们不但有勇气，而且还有天职，因此也就有权利免除头脑为意志服务，从而证明为此做出牺牲是值得的。至于只能局部做到上述一切的其他人，那个鸿沟也并不是那么大；不过，即使他们的才能很小，只要它是确实的，也总会有一条鲜明的分界线在他们和千百万人之间。——

测量才智等级的最准确的尺度，是看它仅只个别地理解事物，还是越来越普遍地理解事物。动物只认识个别，因此完全囿于对个体的理解。但是，每个人却用概念概括个体，其中正运用了他的理智；而他

---

* 选自原著第四章《泛论智力及各方面有关思想》。

的才智越高,这些概念便变得越普遍。如果这种对普遍的理解深入到直觉的认识,不仅掌握了概念,而且把被观察物直接作为一个普遍物来掌握,那么就产生了(柏拉图式的)理念的认识:这种认识是审美性的,如果是自发的,那就变成天才的,如果是哲学性的,那就达到最高级,因为生活、生物及其倏忽性、世界及其存在这个整体,是按其真实状态被直觉地理解后才出现的,并以这个形式作为沉思的对象而强行进入意识。这是最高级的深思熟虑。——因此,在这种深思熟虑和纯粹动物性认识之间,有着无数因理解的普遍程度不同而相区别的等级。

2(§51)

对于一个能够正确理解事物的人,天才与常人的关系可以最清楚地表述如下。一个天才是一个具有双重智力的人:其一为自己,为自己的意志服务;其二为世界,他就是它的镜子,因为他纯客观地理解它。这种理解的总和或精华,加以技术训练之后,反映在艺术、诗歌或哲学的著作中。与此相反,常人只有第一重智力,可称之为主观的,而天才所具有的则是客观的。虽然那种主观的智力在敏锐与完善程度上可能极不相同,它和天才的那种双重智力仍然相差一定的等级,——有点像胸音即使再高,本质上也同假嗓音有别:后者恰如笛子的两个高八度和提琴的竖笛音,是由一个振动音符分开的震颤空气柱的两部分的齐奏,而在胸音和笛子低八度中,则只有完整的未被分开的空气柱在震颤。由此可以理解天才的那种特殊性质,它在天才具有者的作品中,甚至在他的外貌上,留下了如此鲜明的痕迹;同样明显的是,这样一种双重智力通常必定有碍于为意志服务,由此说明天才往往无能应付实际生活。他特别缺乏普通的、平庸的智力(不论它是敏锐还是迟钝)所特有的冷静。

3（§52）

　　头脑好比一种寄生虫，由机体所滋养，却不直接有助于内部组织，高高在上地住在它坚固的保管妥善的住所，过着独立自主的生活；天分高的人像头脑一样，除了人人都过的普通生活外，还过第二种纯智力的生活，它不仅在知识方面，而且在相关的真正的理解力与判断力方面不断有所增长、修正和扩大，而对本人命运一直无动于衷，只要它在活动中不被后者所干扰；因此，这种生活还能提高人，使之超越命运及其变化。它以持续不断的思考、学习、尝试和实践为内容，渐渐变成主要的生存方式，而将个人生存仅仅降为达到目的的手段。歌德为我们提供了这种智力生活所表现的特立独行的一例：他在香槟之战的兵荒马乱之中，竟能为他的颜色论观察所需要的现象，而当他在那场战役的无数灾祸中，有机会在卢森堡要塞短暂休息时，马上动手写他的颜色论的手稿。他就这样为我们这些社会中坚留下了应当仿效的榜样，即永远不受干扰地致力于我们的智力生活，不管世界风暴可能如何侵袭和震撼我们的个人生活，永远记住我们不是女仆之子，而是自由人的儿子。我提议，把一株为风暴猛烈摇撼、枝头却仍然结满红果的大树作为我们的纹章和族徽，并铸文于其上："被摧折时表现温柔"，或者"虽经摇撼，犹结果实。"

　　相当于个别人，人类整体也有一种纯智力生活；而人类的现实生活既按其经验意义，也按其超验意义而言，同样在于意志之中。人类的这种纯智力生活就是凭借科学而不断进展的认识，就是艺术的深造与完善，这二者一代又一代、一世纪又一世纪地慢慢前进着，每个匆匆而过的种族都对它们做出了贡献。这种智力生活有如天赐的奖赏，一种从酵素中升起的芳香，浮荡在世俗的喧嚣之上，各族人民真正现实的为意志所主导的生活之上，而在世界历史的旁边，则清白无辜地、没有血迹地发展着哲学、科学和艺术的历史。

4（§53）

天才与常人的区别，只要指程度上有所不同，当然只是一种量的区别；然而人们仍想把它看作质的区别，如果考虑到普通头脑即使个别地有所不同，其思维仍有某种共同的倾向，因此在同样的时机下，他们大伙儿的思想立刻会采取同样的途径，走上同样的轨道；所以，他们的判断经常互相一致，虽然并不以真理为根据，以致某些基本见解永远为他们坚持着，不断重复着，重新被提出来，而每个时代的伟大心灵则公开地或隐蔽地同他们相对立。

5（§54）

天才是这样一种人，在他的头脑里世界作为表象获得更大一种明晰度，留下了更清楚的印痕；在他身上，最重要最深刻的眼力并不细致地观察个别事物，而是深入地理解整体；所以，人类可以从他得到最大的教益。如果他经过训练，他便时而以这种形式，时而以那种形式提供教益。因此，还可以把天才说成是对于事物、从而对于其对立面即他自身的一种非常明晰的意识。人类于是景仰这种得天独厚者，希望从他了解事物及其本质。由于若干极其有利情况之最稀罕的凑合，有时（例如百年一次）会产生一个人，具有显然超过平常水准的智力，——这种第二义的、也就是对于意志显得偶然的素质。可能要过很长时间，它才会被认识并被承认；——首先跟它作对的是愚昧，最后是妒嫉；如果一旦他经受住这一切，人们便会对他和他的作品一拥而上，希望从他得到一道什么光，来照亮他们生存的黑暗，甚至为他们说明这种黑暗的所以然，——在某种程度上是希望得到一种来自更高级生灵的启示，虽然他实际上并不比常人高明多少。

像常人一样，天才也是首先为自己：这是带本质性的，不可避免的,不容变更的。相反,在别人看来,他不过是次要的、带偶然性的。人们从他的心灵决不可能接受更多东西,除了一个反映,那时他和他们一起,试图把他的思想移入他们的头脑中,然而他的思想在他们的头脑里,永远只是一株异国植物,随即凋谢而枯萎。

6(§55)

为了产生独到的、非凡的也许甚至是不朽的思想,不妨在若干时刻内彻底疏远世界与事物,使最普通的对象与过程显得完全新奇而陌生,正是这样它们的真正本质才能展现出来。这里所要求的也许不难做到;但这不在我们的力量范围内,这是天才分内的事。不过,天才不能独自产生独到的思想,正如妇女不能独自生孩子;必须有外在的机缘来做父亲,从而使天才受孕。

7(§56)

天才在其他头脑之间,有如红玉在宝石之间:它放射自己的光,而其他的则反射被接受的光。——也可以说,它之于它们有如非导体之于纯导电体;所以,一辈子教其所学的纯学者是称不上天才的,正如非导体决不是导体一样。天才之于纯学问,更像歌词之于乐谱。一个学者是个学得很多的人;一个天才则是另一种人,人类向他学习他并非从别人身上学到的一切。——所以,千百万人中间难得出一个伟大心灵,它乃是人类的灯塔,没有它人类会迷失在惊人谬误与野蛮化的汪洋大海之中。

然而,真正意义上的普通学者(例如格廷根大学的教授们)看待天才,大概就像我们看待打死后烹调出来美餐一顿的野兔;所以,只要他活着,他就不得不是枪靶子。

8(§57)

谁想经受同代人的感激,就必须和他们保持同步。但是这样,又永远做不成大事。谁想做成大事,就得把眼光放到后代身上去,并以坚定的信心为后代写出作品来;其结果无疑是他始终不为同代人所知,于是他可以被比作一个被迫活在荒岛上的人,在那儿辛辛苦苦建起一座纪念碑,把他的存在作为信息传递给未来的航海家们。如果他觉得命苦,他可以这样安慰自己,即使普通的、仅仅追逐实际目的的人,也常常遭遇同样的命运,而为此却指望不到任何报偿。因为这样一个人,如果处在顺境中,就会在物质道路上从事生产活动,就会营利、购买、筑构、开垦、建设、奠基、布置,孜孜不倦,乐此不疲。他一直会认为,这是为自己工作;但是,到头来一切只有利于子孙后代,有时甚至还不归他们所有。因此,他也可以说"到我们手中,却不为我们所有",只能以工作本身作为报酬。他的命运并不比天才更好,天才也希望得到报酬,至少得到荣誉,但是到头来,一切只是为后世而作。当然,他们两个为此都从先人继承过许多。

刚才提及的天才所预有的报偿,在于它不是别的什么,而是它本身。谁又真正活得比他更久呢,他从事思维的若干顷刻越过几百年的喧嚣,其回声仍然隐约可闻? ——是的,对于天才来说,最聪明的也许莫过于,为了不受干扰而又不受责备地我行我素,生活着的时候,尽情享受自己的思想和作品,指定世界作为他的丰富存在的继承人,它的痕迹宛如"足迹化石",只有在他去世以后才为这个继承人所分到。(参阅拜伦:《但丁的预言》第四章引言)

此外,天才超越常人处,并不限于他的最高力量的活动。倒像一个身材格外健壮的、敏捷而又灵活的人,十分轻松地,甚至十分惬意地完成着他的所有动作,因为他直接以这种他因特殊天赋而能做到的活动为乐,所以常常毫无目地练习它;再者,他不仅像走钢丝的艺人,或者独舞者，能够做别人做不到的跳跃，就是在别人同样做得到的较轻松的舞步中，甚或在一般步行中，都一直显示他罕见的弹性和灵巧性，——因此，一个真正卓越的心灵不仅创造出决非来自别人的思想和作品，不单是在这些方面表现他的伟大；而且由于认识和思考对于他是一种自然而又轻松的活动，他便时刻乐于从事这项活动，所以连那些别人都能理解的小事，他也比他们理解得更容易、更迅速、更正确，所以在每个获得的认识上，每个解决了的问题上，每个意味深长的思想上，不论是自己还是别人的，他都感到直接的生动的欣悦；于是他的心灵没有更多的目的，只是不断地活动着，因此成为他永不枯竭的乐趣之源；而无聊这个折磨常人的魔鬼是不可能挨近他的。此外，以往或同代的伟大心灵的杰作，只为他一人而完全存在。平常的即低劣的头脑阅读一部被推荐给他的伟大精神产品，恰如足痛风患者被邀请参加一次舞会；如果说后者是为了习俗才去跳，那么前者则是为了不致落伍才读它。拉勃吕耶说得完全正确："世上所有的智慧对于毫无智慧的人都是一文不值的。"——才智丰富者甚或天才的全部思想之于普通人的思想，即使是在本质上相同的情况下，亦无异于用鲜艳的、热烈的油彩画出来的油画之于一幅轮廓草图，或者用淡水彩画出来的插画。——所有这一切都属于天才的报酬，都是他在一个与之异质的、毫不相当的世界里的孤寂生存所应得的补偿。因为一切大小都是相对的，我说凯雅斯是一个大人物，还是说凯雅斯一定曾经活在可怜的小人物中间，都是一回事；那么，大人国和小人国也只是由于出发点而有所不同。所以，无论不朽杰作的作者对于遥远的后代显得多么伟大，多么值得钦佩，多么令人愉快，他们活着的时候，别人一定觉得他是何等渺小，何等可怜，何等不堪卒读。我曾经说过，如果从塔底到塔顶是三百英尺，那么从塔顶到塔底也一定是三百英尺，就是说的这个意思。所以，伟大的心灵对于渺小的心灵应有几分宽容才是；因为他们正是由于后者渺小才成为伟大的；须知一切都是相对的。

因此，如果我们发现天才通常不合群，有时还令人讨厌，应当不以为怪:这一点不能怪他们缺乏社交性,而是因为他们漫游在这个世界上,好比一个步行者漫游在一个明媚的早晨,他正沉醉地观察大自然及其全部新鲜与豪华;但是他也只能与大自然交往,因为周围找不到伙伴,充其量只见到弯腰耕耘的农夫。所以,经常可见,一个伟大的心灵宁愿独白,而不愿意在这世界上与人对话:如果他勉强遇上一次,其空洞无物可能会把他驱回到独白中去,这时他会忘记对话者,或者至少不关心对话者是否懂得他,他跟他谈着就像孩子跟玩偶谈着一样。

伟大心灵的谦逊似乎使人喜闻乐见,但可惜这只是一种"附加词之矛盾"①。这样一种谦逊必将迫使天才重视千百万人的思想、见解和观点,以至方式和风格,承认这些比他自己的更有价值,尽管二者相去甚远,仍经常使后者屈从前者,适应前者,或者完全压抑后者,让前者起支配作用。但到那时,他将一事无成,或者即使偶有所成,也不过是跟那些人等量齐观而已。他要创造伟大、真实而又非凡的成果,毋宁只有根本忽视同代人的方式和方法,见解和观点,安安静静地完成他们所非难的,轻蔑他们所赞美的。没有这种傲慢不成其为伟人。如果他的生活和工作落入一个不认识他、更不重视他的时代,他无论如何要保持其本色,像一个不得已在一个鸡毛店里过夜的高贵旅客,第二天一早就自得地继续前行。

然而一个哲学家或一个诗人或许会满足于他的时代,如果它允许他在他的角落里不受干扰地从事思考和创作;也会满足于他的命运,如果它赐予他一个角落,可以在那儿从事思考和创作,而不必顾忌别人。

因为,脑子不过是个为肚皮服务的工人,这无疑是所有不靠双手劳动生活的人们的共同命运,他们懂得很好地适应这个命运。但是,对于伟大的头脑,即对于其脑力超过为意志服务所需尺度的人们,这可是一件令人绝望的事情。所以,他到必要时倒宁愿住在最狭隘的环

---

① 意即谦逊应是常人的美德,于天才则不然。

境里，如果它能保证他自由运用他的时间，来发展和应用他的才力，也就是为他提供异常珍贵的闲暇。常人则不然，他们的闲暇没有客观价值，甚至不是没有危险，他们似乎感觉到这一点。因为当今技术达到空前高度，奢侈浪费的对象多样化而又扩大化，使得幸运儿们有所选择：一方面是更多的闲暇和文化修养，另方面是更多的奢侈和优裕生活，但需要紧张的活动：按照他们的性格，他们一般会选择后者，宁取香槟而不取闲暇。这也是理所当然的，因为他们认为每种不为意志服务的脑力劳动是一种愚行，并称这种倾向为离心倾向即反常行为。照此看来，坚持意志和肚皮的目的则是同心倾向即正常行为了；的确，意志就是中心，是世界的核心。

然而，从整体来看，这样的选择亦非常例。因为大多数人一方面在金钱上，另方面在才智上都不很富裕，反倒相当拮据，仅够为他们的意志服务，即维持他们的业务而已。如果发了财，他们乐于游手好闲，或者沉溺于感官逸乐，多半是幼稚的游戏如打牌，掷骰子等，或者相互进行一场乏味的谈话，或者梳妆打扮起来，相互屈膝致敬。其中才智稍有富裕的人是很少的。像金钱稍有富裕的人欢喜作乐一样，这少数人也欢喜以智力取乐。他们或者从事任何一门无利可图的文科研究，或者一门艺术，一般能够对任何一门艺术感到客观的兴趣；所以，也不妨偶尔同他们谈谈天。至于另一些人，最好是不与他们交往，因为他们除了谈自己的经验，叙述自己的专业，或者无可如何之际，转述一下从别人学到的一点什么，他们所说的一切都是不值一听的；反之，如果对他们说点什么，他们很少会正确理解和掌握，那些话通常都是和他们的观点背道而驰的。所以，巴尔塔札·格拉西安非常中肯地把他们称为"不是人的人"，乔达诺·布鲁诺①也说过同样的话："跟人打交道和跟按照人的模型造出来的假人打交道，二者之间的差别何其大啊！"（见瓦格纳编《布鲁诺作品选》卷一第 224 页），这句话多么奇妙地吻

---

① 乔达诺·布鲁诺(1548—1600)，意大利哲学家，因拥护哥白尼宇宙观而受火刑。

合《古拉尔》的如下说法："普通人看起来像人,可我从未见过跟他们相像的人。"(参见蒂鲁瓦尔卢瓦著《古拉尔》,格劳尔译,第140页)。① 如果考虑到这些思想甚至词句在时间地点上相距如此遥远,却又惊人相似,人们就不会怀疑,它们都是从客观生活中产生的。大约二十年前,我打算定制一个鼻烟盒,盖子尽可能用马赛克,上面要描出两枚漂亮的栗子,旁边是一片叶,暗示这是欧洲七叶树的果实——这段往事当然不是受了那几段话的影响(其中一段还没有付印,另一段是八年前才到我手里)。这个象征时刻使我记起那个思想。——为了排除孤独时的寂寞,需要令人开心的消遣。我推荐以狗为伴,它的道义上和智力上的品质几乎永远使我们经验到欣悦和满足。

但是,我们还应处处提防不公平。正如我的狗时常以其聪明、有时又以其愚蠢使我惊讶一样,我对于人类也有类似的经验。有无数次,人类的无能,全然无判断力以及残暴行为使我愤恨,我不得不同意古代的一句叹息:

> 愚蠢是人类的母亲和保姆。

只有在另一些时候我才讶然发现,这样一个人类竟产生了各种各样有用而又美好的艺术与科学,即使它们总是出自少数特殊人物之手;这些艺术与科学竟能扎下根来,保存自己,完善自己;人类居然忠实而坚毅地通过重印和收藏把伟大心灵如荷马、柏拉图、贺拉斯等人的作品保存了两三千年之久,使他们历经历史上一切灾祸与暴行而免于湮灭。由此证明,人类认识这一切的价值,同时非常正确地判断特殊的个别的成就,偶尔还包括才智或判断力的特征;顺便说一下,如果这些发生在属于大众的人们身上,那是由于灵机一动;一当大众的合唱变得庞大而完整,像大多数情况那样,他们有时也会形成正确的意见,正

---

① 蒂鲁瓦尔卢瓦,约公元二世纪印度泰米尔族诗人,《古拉尔》为其著名的格言集,包括论德行、财富与快乐的格言一千三百三十条。

如未经训练的声音集合到非常之多，听起来总是很和谐的。那些从大众中间脱颖而出并被称为天才的人们，不过是整个人类的"阴霾中一线阳光"。他们完成了别人简直不能完成的事物。因此，他们的独创性是如此巨大，不仅他们同其他人的区别令人触目，连他们每个人的个性也表现得如此强烈，以致在所有存在过的天才之间，都显示出性格上和精神上的全盘差异。每个天才正是由于这种差异而将自己的作品作为礼物送给了世界，而且这件礼物是在任何时候都不能从任何同类作品身上得到的。正是如此，阿里奥斯陀所谓的"大自然给天才压印后，便把印模打碎了"，才是一个十分中肯而又有权驰名于世的比喻。

9（§58）

由于人类的能力毕竟有其极限，每个伟人的心灵一般说来在智力方面也有绝对薄弱的一面。换言之，他的某种能耐有时甚至薄弱到使他落后于中等头脑。这可能会是他发挥其长处的一个障碍；但是，这个弱点究竟是什么，即使在已知的情况下，也难以一言以蔽之。倒不妨间接地说明一下：例如，柏拉图的弱点正是亚里士多德的长处，反之亦然；康德的弱点正是歌德的伟大所在，反之亦然。

10（§59）

人类欢喜崇拜某种事物；只是他的崇拜通常找错了对象，但它一直停留在那儿，直到后代来把它纠正。纠正之后，受过教育的大众对天才所表示的崇拜立刻退化成可笑的遗物礼拜，恰如信徒崇拜他们的圣者一样。成千上万基督徒朝拜一个圣者的遗物，却对其生平与教义一无所知；成千上万佛教徒的宗教行为更多地在于崇拜佛牙或其他遗物（参阅斯彭斯·哈代著《东方一神教》1850 年伦敦版第 224 页；《佛教手册》1853年伦敦版第351页），以至置放它们的舍利塔或圣钵，或者石化的脚印，或者佛栽的圣树，而不在于彻底领悟和忠实实践它高深的教义。同样，彼特拉克在阿夸的故居，塔索在费拉拉的所谓监狱①，莎士比亚在斯特拉特福带椅子的故居，歌德在魏玛带家具的故居，康德的旧帽子，以及伟人们的手稿，都被从未读过他们作品的许许多多人聚精会神地毕恭毕敬地张口凝视着。他们除了张口凝视，别的什么也不会。但是，聪明一些的人倒希望看看一个伟人经常放在眼前的实物，并通过一种奇怪的幻想，产生这样的错觉，以为他们会因这些实物而认识它们的主人，或者主人身上有点什么附着在这些实物上。跟这些人相似的另一些人，则热心致力于研究、熟识诗人作品的素材，例如浮士德传说及其文献，然后是诗人生平中为其作品提供诱因的真实个人境遇和事件。他们就像在戏院里欣赏一件漂亮布景，或者挤到舞台上参观把它支撑着的木架的观众。那些研究浮士德和浮士德传说，研究塞森海姆的弗里德莉克、白鹰巷的格雷琴以及维特的绿蒂的家世等等②的考证家们，现在为我们提供了足够的证据。这些证据说明了这样一个真理，人们感兴趣的并不是形式即处理方式和描述方式，而是素材：他们只关心素材。但是，不研究一个哲学家的思想，只设法熟悉其传记资料的人，就像那些不看画只看画框，只琢磨其雕刻风味与镀金价值的人。

　　这样倒也不错。但还有一类人，他们的兴味同样在于物质和个人的考虑，不过在这条路上走得更远，以致达到卑鄙无耻的地步。由于一个伟大心灵向他们打开了内心的宝藏，通过其精力的极度紧张，创造出不仅使他们而且使其后十一二代后人得到提高和启发的作品，也就是说，由于他给人类馈赠了无与伦比的礼物，这些无赖才因此认为

---

① 塔索（1544—1595），意大利诗人，曾被关在费拉拉的圣安娜疯人院达七年之久。
② "塞森海姆的弗里德莉克"，即弗里德莉克·布里昂，歌德一七七〇年结识的女友；"白鹰巷的格雷琴"，通称"法兰克福的格雷琴"，系歌德十四岁时（1764）结识的女友，其罗曼史见歌德的《诗与真》第五卷；"维特的绿蒂"，即夏绿蒂·布甫，《少年维特的烦恼》的女主人公。

自己有理由把他的道德人格拖到他们的审判席前来，看他们能否在他身上发现一两个缺陷，好缓解一下他们面对一个伟大心灵而自惭形秽、觉得自己毫无价值的锥心痛苦。所以，无数书刊为歌德生平所展开的详尽的讨论，都是从道德方面引起的，例如他是不是应当并且必须同他少年时期爱过的这个或那个姑娘结婚，他是不是不应当忠诚地为他的主子服务，而应当做一个人民的人，一个德国爱国主义者，配享圣保罗教堂①席位的人，等等。——那些未经授权的法官们通过如此刺目的忘恩负义和恶意的贬损癖证明，他们在道义上跟在智力上一样，都是一个个大恶棍。——这一点已说得够多了。

11（§60）

才能是为金钱和荣誉而工作的；但是，推动天才完成其作品的动机却不容易说清楚。金钱很难说是他的动机，荣誉也不是，只有法国人可能这样看。荣誉太不可靠，而且就近来看，什么价值也没有；此外，它绝对配不上你所付出的劳力。

那个动机也不是你所感到的愉快：因为这种愉快几乎为巨大的劳顿超过了。不如说它是一种具有特殊性质的本能，是它驱使天才的个人把所见所感表现在持久的作品中，而未意识到任何更远的动机。总而言之，这就像是按照树结果实的同一必然性发生的，除了可以发展个体的土壤，根本不向外界要求什么。仔细看来，就仿佛在这样一个天才个体身上，生存意志即人类的精神意识到，由于一种稀罕的偶然性，在一个短暂的时期内，达到了智力的一种更高的明晰度，现在力求为了整个种类（这也是该个体最特殊的本质）至少掌握那种明晰观察与思考的结果或成果，以便从它发出的光可能穿透普通人类意识的黑暗和愚钝，从而产生良好的效果。由此产生了那种本能，它驱使天才

---

① 圣保罗教堂在美因河畔的法兰克福，1848—1849 年法兰克福国民代表大会开会地点。

不考虑报酬、赞美或同情,毋宁忽略了为个人福利而操心,勤勉而孤独地备尝艰苦,来完成他的作品,这时他更多地想到后代而不是当代,因为后者只会把他引入歧途,而前者则是人类的大部分,加之随着时间的流逝,总会有少数识者出现。在这期间,他就像歌德笔下的艺术家所悲叹的那样:

> 一个珍视才能的王侯,
> 一个和我一起高兴的朋友,
> 可惜我都没有。
> 修道院里我发现施主惨兮兮:
> 所以我不要识者,不要徒弟,
> 孜孜不倦地折磨自己。

使他的作品作为一件圣物及其生存的真正果实成为人类的财富,并为一个更善于判断的后代把它贮存起来,这就是他的超越其他一切目的的目的,他为此戴上了荆冠,有朝一日它会发芽生叶而成为桂冠。他如此坚决地集中精力来完成和保存他的作品,就像昆虫以其最后形态,为它活着看不见的幼虫而保存它的卵:它把卵存放在那儿,它肯定知道,那些卵有朝一日会在那儿获得生命和养料,而自己将放心地死去。

论自杀

　　据我所知，只有一神教即犹太教的信徒们才把自杀视作罪过。这一点尤其显而易见，是因为不论在《旧约》还是在《新约》中，都找不到任何一种对于自杀的禁令，或者仅仅一种断然的谴责；于是，宗教教士们不得不使他们对于自杀的禁忌借助于他们自己的哲学基础，但是这些基础是如此不顶用，他们便设法以其对这种行为表示憎恶的用语之长，即以辱骂来弥补他们的论据之短了。想必我们会听说，自杀是极大的怯懦，只有疯子才干得出来，以及诸如此类的陈词滥调，或者毫无意义的话，如自杀是"错误的"；因为众所周知，任何人对世上任何事物都不像对自己的人身和生命那样，具有一种不容置疑的权利。如前所说，自杀竟被算作一种罪过，特别是在粗俗而伪善的英国，还继之以不名誉的葬礼和遗产的没收，——所以陪审团几乎一直判决为疯狂行为。首先，且让我们以自己的道德感情决断一下这里的是非，假设你听说一个熟人犯下杀人、残暴、欺骗、偷盗等罪行，试把这个消息和他自愿死亡的消息在我们身上所造成的两种印象比较一下。如果前一种引起强烈的愤怒，极端的不满，对惩罚或报复的呼吁，那么后一种则会引起悲伤和同情，也许还常常掺和着对他的勇气的赞赏，而不是伴随劣行而来的道德上的谴责。谁没有熟人、朋友、亲戚自愿离开世界呢？——难道应当怀着憎恶心情，把他们想作罪犯吗？断然地否定：不！我宁可认为，应当敦促教士们作出解答：他们既不能显示圣经上的任何权威，也拿不出令人信服的哲学论据，到底凭什么权限，从布道坛上用文字把许多我们敬爱过的人所做的一件行为称之为罪过,并向那些自愿离世的人们拒绝清白的葬礼;不过,这里还需强调一下,我们需要理由,可不能用空洞的套话和骂人的话来搪塞。①——如果刑事法庭禁止自杀,这决不是适用于教会的理由,此外还是很可笑的:因为有什么刑罚能够吓住一个寻死的人呢?——如果要惩罚自杀的意图,那不过是惩罚自杀未遂的笨拙行为罢了。

连古人也远不是那样看问题的。老普利尼曾经说过:"生命并非那么令人称心,值得花任何代价加以延长。无论你是谁,你一定会死,即使你的一生曾经充满可憎事物和罪行。对于一个苦恼的心灵,主要的补偿是这种感觉,即在大自然对人的赐福中,没有一桩比及时的死亡更大的了;最好是每个人都能利用它。"这位作家还说:"甚至对于上帝,也并非一切都是可能的;因为他就不能筹划他自己的死,如果他想死的话,但是在尘世生活所有的苦难中,这是他给人的最好礼物。"②据说,在马西利亚,在基俄斯岛,如有人提出充足理由辞世的话,行政长官甚至会公开给他送去一杯毒酒。③ 而且,多少古代英雄与智者不是通过自愿死亡来结束生命的呢?亚里士多德确实说过,自杀是对国家的犯罪,虽然不是对个人的④;但是,斯托比阿斯⑤在他编述逍遥学派伦理学的文集中却引用了这样一句话:"好人应当逃避生命,如果他的不幸太大;坏人也应如此,如果他太顺遂了。"在同样的地方还有,"于是他会结婚,生孩子,参加国家事务,而且一般说来,从事善行,继

---

① 〔变文:〕我宁可认为,应当要求教士们陈述理由,他们(在这种情况下)为什么把我们的亲友贬作罪犯,并拒绝他们体面的葬礼。圣经上找不到理由,哲学理由不顶事,也在教会里行不通。那么,理由来自哪儿?哪儿?哪儿?给我说呀!死亡是我们太必要的最后一个庇护所,可不能让教士们单凭命令就把它从我们手里拿走。
② 老普利尼(公元23—公元79),罗马作家兼行政官员。前段引文出自《自然史》第28卷第1章,后段出自同书第2卷第7章。
③ 马西利亚为法国马赛的罗马名称,公元前600年曾为希腊殖民地;基俄斯岛为希腊群岛之一。这个传说出自瓦莱利乌斯·马克西姆斯(公元20年罗马作家)的《历史遗闻汇编》。
④ 出自《尼可马克斯的伦理学》第15卷。
⑤ 斯托比阿斯(公元五世纪),希腊古籍编纂家。"逍遥学派"即亚里士多德学派。

续活下去；然后，如有必要，在为必然迫使的任何时候，他会离开尘世，躲进坟墓里去。"我们还发现，斯多葛学派①把自杀称赞为高尚的英雄行为，可以找出几百处证据，特别是在塞尼加的著作中，那证据是最强硬的。此外，尽人皆知，印度人把自杀视为一种宗教行为，例如寡妇的自焚，又如投身于扎格纳特神车轮下②，或者舍身喂恒河的鳄鱼，或者自溺于庙内圣池中，等等。类似事件甚至见之于舞台，那面生活的镜子：例如，我们在著名中国戏剧《中国孤儿》③中看见，几乎所有高尚的剧中人物都自杀身亡，却没有一点暗示，或者使观众感觉到，他们是在犯罪。即使在我们自己的舞台上，情况基本上也并不两样：例如《穆罕默德》中的帕尔米拉，《玛利亚·斯图亚特》中的莫蒂默，奥瑟罗，特尔茨基伯爵夫人。④哈姆莱特的独白难道不是对一桩罪行的沉思吗？他不过声称，如果我们确知，通过死亡可以绝对被毁灭，那么鉴于世界的现状，死亡竟是必然可取的。But there lies the rub.（难就难在这里。）⑤——可是，由一神教即犹太教的教士们和与之沆瀣一气的哲学家们提出的反对自杀的理由，都是薄弱的、不值一驳的诡辩（参阅我的论道德之基础的论文§5）。对这种诡辩最彻底的反驳，由休谟在《试论自杀》一文中提出，这篇文章在他死后才发表，随即为英国可耻的伪善和卑劣的教士专政所禁止，因此只有很少几册秘密以高价出售，感谢巴斯尔的再版为我们保存了这位伟人的这一篇及其他论文⑥。但是，一篇由英国第一流思想家兼作家之一执笔的、以冷静的理性批驳

---

① 斯多葛学派，即不以苦乐为意的淡泊主义者。
② 扎格纳特，印度教大神黑天的化身之一。乘车节将该神像置于车上，由信徒曳引数日，不时有狂热朝圣者投身于轮下。
③ 即《赵氏孤儿》。一八三四年由教士于连译成法语。
④ 帕尔米拉，歌德戏剧《穆罕默德》中的女奴。莫蒂默，席勒戏剧《玛利亚·斯图亚特》中玛利亚的单恋者和援救者。特尔茨基伯爵夫人，席勒戏剧《华伦斯坦之死》中的主角。
⑤ 这句英语是哈姆莱特著名独白（第三幕第一场）中的一句。
⑥ 指一七九九年巴斯尔出版、詹姆斯·德克尔发行的已故大卫·休谟所著《试论自杀与灵魂之不朽》。

反对自杀的流行论据的纯哲学性的文章,竟不得不像无赖行径样偷偷摸摸地流传,直到它在国外得到保护为止,这件事给英国民族带来了莫大的耻辱。同时,它还使人看出,教会在这一点上究竟有怎样一种良知。——反对自杀的唯一站得住脚的道德理由,是由我在我的主要著作第一卷§69中阐明的。那就是,自杀妨碍达成最高的道德目标,因为它并非真正从这充满忧患的世界解脱,而只是貌似解脱而已。①可是,从这个迷误到一桩罪行,相去不可以道里计,而基督教的教士们却要称之为罪行。

基督教的核心是这样一条真理,即苦难(十字架)是人生的真正目的;所以,它谴责自杀,认为它妨碍了这个目的,而古人却从一个较低的立场肯定了甚至推崇了自杀。然而,那种反对自杀的理由,是一种苦行主义的理由,也就是说,只有从一种比欧洲道德哲学家们曾经采取的高得多的伦理立场出发,才是有效的。假如我们从那个非常高的立场降下来,就再没有可靠的道德理由来谴责自杀了。一神教的教士们反对自杀的那股特别强烈的狂热,既得不到圣经的支持,也没有令人信服的论据,看来不得不以一种不可告人的理由为依据了。这个理由是不是:自愿放弃生命对于曾经说过"万事顺遂"的人,是一种拙劣的恭维呢?——那么,它就再一次构成这个宗教的义务性的乐观主义,它之控诉自杀,只是为了不为它所控诉。

1(§158)

一般说来,人们将会发现,一旦生之恐怖超过了死之恐怖,人就会

---

① "主要著作"指《作为意志与表象的世界》。据称,最高的伦理目标即道德自由只有通过否定生存意志才能达到。但是,自杀决不是否定,而是着重肯定这个意志。因为这种否定在于逃离人生的欢乐,而不在于逃离人生的苦难。一个人毁灭了他作为个人的生存,却决没有毁灭他的生存意志。相反,他倒愿意生存下去,如果他这样做使他自己满意的话;如果他能维护他反抗环境力量的意志的话;但是,环境对他来说是太强大了。

结束他的生命。然而,对于后一类恐怖的抵抗也是很大的,这类恐怖像哨兵似的站在人生的出口处。如果人生的结束带有纯消极性质,即生存的突然终止,那么没有一个活人不早就结束了自己的生命。——可是,其中有点肯定性质,即肉体的毁灭。这就使人畏缩不前,只因为肉体就是生存意志的显现。

这时,同那个哨兵的斗争在通常情况下并不像从远处看起来那么难;而且,确实是精神痛苦和肉体痛苦相对抗的结果。就是说,如果我们在肉体上剧烈而持续地感受痛苦,我们就会对所有其他苦恼无动于衷;我们心中唯愿早日痊愈。同样,重大的精神痛苦也使我们对肉体痛苦麻木不仁:我们蔑视它,即使它强过了前者,这也是一种惬意的散心,使我们觉得是精神痛苦的休止。正是这种感觉使自杀变得容易起来,因为伴随自杀而来的肉体痛苦在那个为重大精神痛苦所折磨的人眼中失去了一切重要性。这一点在那些被纯病态的深沉的恶劣情绪驱向自杀的人们身上尤为明显。根本不需要他们进行任何自我克服,也不需要他们为此下什么决心;一旦他们身旁的监护人员给他们一两分钟时间,他们很快就会结束他们的生命。

2(§159)

在沉重的可怖的噩梦中,惊恐达到最高点,它本身就会使我们醒来,黑夜所有魔魇因此一扫而光。同样的情况也发生在人生的梦中,这时惊恐的最高点使我们不得不把它一刀两断。

3(§160)

自杀也可看作一种试验,一个向自然提出并迫使它做出回答的问题:那就是,人的生存和认识通过死亡经验了什么样的变化。但是,这是一个笨拙的试验,因为它取消了准备听取回答的意识本身。

心理学备考

1（§304）

每种动物，特别是人，为了能在世上生存和繁殖，需要在其意志与智能之间保持某种适当与均衡。天性在这方面表现得越精密，越准确，人活在世上便越容易，越安全，越舒适。此刻只需接近真正的准确点，便足以保护他免遭不幸。由此看来，在上述关系的准确与适当的限度以内，有一定的活动余地。对此有效的准则如下：因为智能的使命是为意志的步伐做灯笼，当向导，所以一个意志的内部冲动越剧烈，越迅猛，越富于激情，附加给它的智能便越完善，越清醒；因此，意愿和追求的剧烈，激情的炽热，情绪的狂暴，才不致把人引入歧途，或者拖向轻率，拖向错误，拖向腐败；但是，如果意志激烈而智能薄弱，那么轻率、错误、腐败等等就是避不可免的了。与此相反，一个冷淡的性格，就是说一个软弱乏力的意志，是可以靠一点弱小智能活下去的；温和的性格则需要一个适中的智能。总之，意志与智能的每种不相称，即对于从上述准则产生的比例的每种偏差，都会发展到使人不幸的地步；即使是相反的偏差，其结果也一样。这就是说，智能异常的过度的发展及其由此产生的对于意志完全不相称的优势（这本是天才的本质表现），对于生活的需要和目的，不仅是多余的，而且简直是有害的。因为，如果在青年时期，理解客观世界的精力过剩，伴之以活泼的想象力，却缺乏一切经验，便会使头脑容易接受偏激的观念甚至幻想，并容易为之所充塞;然后由此产生了反常的甚至古怪的性格。到后来,经验的教训开始起作用,这个状况便消失了,好转了;尽管如此,天才在庸俗的外部世界,在小市民的生活中,是决不会像标准头脑那么觉得自在,那么准确地啮合,那么舒适地行动,毋宁经常犯些罕见的错误。平庸的头脑却如此彻底地自得于他的观念与理解的狭小圈子,没有人能在这方面指摘他什么,他的认识始终忠实于为意志服务的原始目的,他坚持致力于这个目的,从来不敢疏忽。另方面,天才如我在研究他的章节中说过的,基本上是一个"由于过度而产生的怪物";恰巧相反,狂热的暴躁的人,没有理智、没有头脑的暴君,则是一个"由于缺陷而产生的怪物"。

2(§305)

生存意志,作为一切生物之最内在的核心,表现得最为赤裸,因此可以在最高级,也就是最聪明的动物身上按其本质最清楚地观察和研究。因为在这个阶段以下,它显露得还不那么清楚,客观化的程度比较低;但是,在其上,也就是在人身上,审慎与明智并行,伪装能力与审慎同步,而伪装能力又立即给他披上了一层面纱。所以,它在这里只是毫不掩饰地出现在情绪和激情的爆发中。但正因此,激情在它说话时始终得到人们的信任,不管是什么样的信任,而且是有理由的。由于同一原因,激情是诗人的主题,又是演员的仪仗马。——根据以上所说,我们才欢喜狗,猴,猫等等:它们的一切表现完全天真无邪,这才使我们如此赏心悦目。

每个自由的动物,如果不受干扰地独自戏耍,寻找食物,或者照顾幼儿,或者结交同类等等,会提供何等奇妙的乐趣啊!这时我们看见的,完全是它们的本色。如果它是只小鸟,我会长久开心地注视它;——哪怕是一只河鼠,一只青蛙;甚至宁愿是一只刺猬,一条黄鼠狼,一头狍子或鹿!

注视动物之所以令我们赏心悦目,主要由于我们高兴看到我们自己的本性如此简化在我们面前。

世上只有一种会说谎的生物,那就是人。其他每个动物都是真诚的,坦率的,因为它毫不掩饰地流露自己的本色,显示自己的感觉。这种基本区别的一个象征性或寓意性的标志就是,一切动物都以其天然的姿态走来走去,这颇有助于注视它们时所产生的令人愉快的印象,尤其是自由的动物,永远会使人感到心旷神怡;——而人则由于穿衣服变得怪模怪样,变成了一个怪物,瞧一眼都令人恶心,也许还会由于对他不自然的白色,由于其违反自然的肉食、酗酒、抽烟、放荡和疾病等等的一切恶果,而变本加厉。他是自然界的一个污斑!——希腊人尽可能少穿衣服,因为他们感觉到这一点。

3(§306)

精神上的不安引起心跳,心跳又引起精神上的不安。悲痛,忧虑,心绪不宁对生命功能和机体的运转造成妨碍和困难,不论是在血液循环,还是分泌,还是消化方面;反过来,这类运转不论是在心脏,还是腑脏,还是动脉,还是精囊,还是别的什么地方,由于器质性的原因受到妨碍、阻塞或其他干扰,就会引起心绪不宁、忧虑、郁郁不欢和无名的悲哀,这就是人们称之为忧郁症的症状。同样,愤怒还使人叫喊,举止激动,姿势猛烈,正是这些身体表现反过来增强了愤怒,或者以极小的动因煽起了愤怒。我用不着说,所有这一切多么正确地证实了我的关于意志与身体之同一性的学说。按照这个学说,身体不是别的什么,不过正是表现在大脑的立体直观中的意志本身。

4(§307)

被归于习惯势力的许多东西,不如说是由于原始的、与生俱来的性格之稳定性与不变性,其结果,我们在相同的情况下,始终做着同样的事,因此这件事第一次像第一百次一样,以相同的必然性发生着。——反之,真正的习惯势力原本由于惰性,惰性要为智能和意志免除劳动、麻烦,还要为一次新做的选择免除危险,所以让我们今天只做我们昨天做过一百次的事情,我们知道这就是这件事情的目的。

但是,此事的真相藏得还更深一些,它需要按照更真实的意义来理解,而不止于第一眼所见的面貌。就是说,只要身体仅由机械原因所推动,对它来说,那就是惰性之力;对于由动机所推动的身体,那就是习惯势力。我们由于纯习惯而完成的行动,本来没有个人的、个别的、特地为这个情况起作用的动机,所以我们这时也不会真正想到它。只有每个变成习惯的行动之最初的样品才有动机可言,其次要的后果就是现在的习惯,它足以使那个行动今后继续发生;正如一个被撞动的身体不再需要新的撞击,能够继续它的运动一样;而且,只要不受到任何阻拦,那个运动就会永远继续下去。同样的情况也适合于动物,它们的驯化就是一个被迫的习惯。马不需要被驱赶,冷静地把车一直拉下去;这个运动仍旧是鞭打的效果,马最初就是被鞭子驱赶的,后来鞭打效果按照惰性规律变成习惯而固定下来。——这一切确实不止是单纯的比喻,它就是事物即意志在其客观化之极其不同的阶段上的同一性,同一种运动规律按照上述不同阶段正变得如此地不同。

5 (§308)

Viva muchos años!(长命百岁!)在西班牙语中是一句习惯的问候,而在整个地球上祝愿长寿也是十分习见的。这不大可能由生命是什么这种知识来解释,而应由人按其本质是什么:即由生存意志来解释。——

人人希望死后人们还能想念他,这在雄心勃勃者身上上升为对身后名的希望,我觉得这个希望来源于对生的依恋,这种依恋眼见被切断了真实存在的任何可能性,现在只好追求单独有过的、即使只是理想的存在,也就是去抓一片幻影。

6(§309)

在我们所从事和履行的一切事务中,我们多少都希望到达终点,急不可待地把它完成,高兴看见它完成。只有那个总终点,即一切终点的终点,我们在一般情况下却希望它越远越好。

7(§310)

每种离别使人领略到死亡,——而每种重逢则使人领略到复活。——所以,即使原来彼此很冷淡的人们,在二三十年以后重新团聚,他们也会欢呼起来。

8(§311)

每个亲密的人死去,其所以引起深刻的悲痛,是由于这样一种感觉,即在每个个体身上都有一种不可言喻的、只有他才具备的、因此完全不可挽回的东西。一切个体都是不可言喻的。这句话甚至适用于动物个体,从它身上可以最生动地感觉到一个人,他偶尔把一个宠爱的动物伤害致死,那临终的一瞥竟引起他揪心的痛苦。

9(§311续)

可能有这样的情况,我们甚至在很长时间以后,还会哀悼我们的敌人和对手的死亡,几乎就像哀悼我们的亡友一样,——这就是说,这时我们把他们作为我们辉煌成就的证人而悼念。

10 (§312)

突然被宣布的巨大的机遇容易引起致命的作用,是由于我们的幸与不幸不过是我们的要求和我们得到的东西之间的百分比,因此我们并不觉得我们所拥有的,或者我们预先有把握的财富是财富;因为所有乐趣原本只是消极的,只会引起痛苦,而痛苦或者忧患则原本是积极的,是直接被感觉到的。随着占有物,或者对它的确切希望,立即提高了要求,并扩大了我们对于更多占有物和更大希望的容纳能力。反之,如果由于持续不断的不幸,情绪被压缩下去,最低限度的要求也被降下来,那么突如其来的机遇便在其中找不到那种容纳它们的能力。就是说,这些机遇没有为任何预先存在的要求所抵消,现在似乎是积极地、因而竭其全力地起着作用:它们因此得以爆破情绪,即变成致命的。所以才有了众所周知的谨慎态度,即首先希望得到被宣布的幸运,对它存有指望,然后只是部分地慢慢地将它公开出来;这样,每一部分由于为一个要求所预期,便丧失了其效力的强度,并为更多要求留出了空间。按照这一切,可以这样说:我们对于机遇的胃诚然无底,但它只有一个狭小的口。——对于突然的不幸,这些话却简直不适用;所以,还因为希望在这里一直在抵制它,不幸便难得再起什么致命作用了。在机遇面前,恐惧之所以提供不出类似的帮助,则是由于我们就本能而言,更倾向于希望,而不倾向于忧患;正如我们的眼睛自动地转向光,而不转向黑暗一样。

11 (§313)

希望之为物,是把对一件事情的企求和它的可能性混淆起来。但也许没有人摆脱得了这种心灵的愚行,它使智能那么远离对概率的正确估计,以致把千分之一当作轻而易举的事例。但是,一件毫无转机的不幸确与一次快速的致命打击相似,而始终未能实现却一再重新开始的希望则有如慢慢施行拷刑的某种死亡。

希望是这样一种状况,我们的全部本性,即意志与智能,在为它进行角逐:前者企求它的对象,后者只把这个对象估计为可能。后一因素所占份额越大,前一因素越小,对希望来说便越好,反之越糟。

谁失去了希望,谁也就失去恐惧,这就是"desperat"(绝望,亡命)一词的意思。就是说,相信他所企求的,并因为他企求它而相信它,这是人的天性所系。如果他的天性的这个有益的、令人欣慰的特质,竟为命运一再施加的十分沉重的打击所根除,他甚至朝相反的方向走到这一步,竟相信他所不愿见到的事情必然会发生,而他所愿望的一切正因为他在愿望,便永远不会发生;这正是人们称之为绝望的那个状况。

12(§314)

我们常常误解了别人,这并不总是我们的判断力的错,大半是由于培根所谓的"智能的光不会枯竭,它从意愿与欲望得到灌注";当时,我们一开始就不知不觉地为小事细故而偏袒他或反对他。经常是因为,我们并不安于真正在他身上被发现的品质,还要从这些品质推断出我们认为与之不可分割的、或者与之不相容的其他品质:例如,从被觉察的慷慨推断出公道;从虔敬推断出诚实;从说谎推断出欺骗,从欺骗推断出偷盗等等,这就为许多错误打开了大门,一部分由于人性的奇特,一部分由于我们的观点的片面。诚然,性格始终是前后一致而又相互关联的,但它的全部品质的根却扎得太深,不能根据个别事迹来规定,它们有些在一定情况下可能并存,有些却并不。

13(§315)

Person 这个词在所有欧洲语言中通常是指个人,这个用法无意间切中肯綮:因为 persona 在拉丁文中本来意味着演员的面具,当然没有一个人会露出本相来,每个戴面具的人都在扮演一个角色。——一般说来,整个社会生活就是一出持续不断的喜剧。这使得思想丰富的人觉得无聊,而凡夫俗子在其中则如鱼得水。

14(§316)

畅谈一番可能以某种方式给我们带来危险的事情,我们会觉得愉快;但是,遇到可能使我们显得可笑的事情,我们不免沉默;因为在这里,后果会紧跟前因而来。

15(§317)

自然人受到冤枉,会在心中燃起一股对于复仇的炽烈渴望,所以常常有人说,复仇是甜蜜的。这一点可由许多牺牲来证实,把它们摆出来,只是为了欣赏它们,而不是借此图谋任何一种赔偿。对马人涅索斯[1]而言,预料他利用弥留之际几分钟准备得极其聪明的一次复仇肯定实现,会使痛苦的死亡变得甜蜜起来;贝托洛蒂[2]的被译成三种语言的中篇小说《两姊妹》,以可信的现代手法表现了同样的思想。瓦特·司各特如此正确而有力地阐述了目前所谈论的人类倾向:"复仇是在地狱里烹调的、尝起来最甜蜜的一口佳肴。"我且来对它做点心理学上的说明。

所有为自然、或偶然、或宿命加在我们身上的苦难,并不像另一个人的专横行为判给我们的苦难那么痛楚。这是因为,我们把自然或偶

---

[1] 据希腊神话,马人涅索斯因欲诱拐赫刺克勒斯之妻得伊阿尼拉,被赫刺克勒斯以毒箭射死。涅索斯为了复仇,临终前嘱得伊阿尼拉浸其夫的衬衣于自己的毒血中;得伊阿尼拉照办后,赫刺克勒斯因身着毒衣而中毒,苦恼不堪,卒致自杀。

[2] 贝托洛蒂,意大利作家,生卒年月不详。

然认作世界的原始主宰,并了解到我们由于它们而遭受的,正是其他每个人都会遭受的;也就是为什么我们在来自这些缘由的苦难中,更悲叹人类的共同命运,而不是我们自己的命运。与此相反,由于另一个人的专横行为而产生的苦难,对于痛苦或损害本身,有一种十分奇特的辛酸的附加物,让人意识到另一个人的优势,或见诸暴力,或见诸狡黠手段,而自己却无能为力。遭受的损害可以赔偿,如果可能的话;但是,那种辛酸的附加物,那句常常比损害本身更令人痛苦的"这次得让我对你称称心",是只能由复仇来抵消的。这就是说,我们以暴力或狡黠手段使损害者遭受损害,便表现了我们对他的优势,从而取消了他们的优势的证据。这就给予渴求满足的情绪以满足。因此,哪儿有多大傲慢或虚荣,哪儿就有多大报复心。但是,正如每种实现了的愿望多少被揭露出来是个假象一样,对复仇的愿望亦然。在大多数情况下,为我们的复仇所期待的乐趣,被同情心败坏了;的确,所采取的报复手段事后竟令人心碎,折磨着人的良心:促使复仇的动机不再有了,而我们狠毒的证据一直摆在我们面前。

16(§318)

与悔恨相比,未实现的愿望的痛苦是小的:因为这种痛苦面对始终敞开的一望无际的未来,而悔恨则面对不容挽回的封闭的过去。

17(§319)

忍耐,意味着受苦,即指精神的被动性,主动性的对立面;主动性大了,忍耐则难以与之相结合。它是冷漠者天生的德性,也是迟钝者和愚笨者以及女人的德性。它仍然那么有用而又必需,表明了世界的可悲的状况。

18（§320）

抽象地说，金钱是人类的幸福；所以，谁不再能够具体地享受这个幸福，他未免把全副心思放在金钱上了。

19（§321）

固执在于意志挤占了认识的位置。

20（§322）

厌烦与忧郁相去甚远。诙谐之距忧郁，犹近似厌烦之距忧郁。忧郁吸引人，厌烦排斥人。

疑心病用以折磨人的，不仅是无缘无故对于现存事物的厌倦和愠怒，也不仅是对于人工研制出来的未来不幸的无根据的恐惧，而且还有对于自己过去行为的不应有的谴责。

疑心病的直接后果就是持久不断地探究和思索人们不得不为之而焦灼、忧惧的事物。其根源就是一种内心的病态的不满，经常还有一种出自气质的内心的不安，两者达到最高度，就导致自杀。

21（§323）

下文可以用来进一步说明上文（§114）引用过的朱文纳尔[①]的这句诗：

[①] 朱文纳尔（60—140），罗马讽刺诗人。

不论事情多么不相干,都足以使人愤怒。

愤怒马上就制造出一个假象,把它的动机夸大并歪曲到骇人的程度。这个假象转而甚至提高了愤怒,接着又被这种提高了的愤怒再次夸大。相互促进的效果不断增强着,直至暴怒来临。

为了防止这一点,机灵的人一当开始生气时,就设法克制自己,暂时放下这些事:因为一小时以后回想这件事,他会发现它远不是那么严重,也许很快就显得微不足道了。

22(§324)

仇恨与心相关,轻蔑与脑相关。二者都不由自我支配:心是不可变更的,是由动机推动的,而脑则按照不变规则和客观事实进行判断。自我不过是这个心和这个脑的结合物。

仇恨和轻蔑尖锐对立,相互排斥。一些仇恨甚至没有其他缘由,除却别人的长处强迫产生的尊重。另方面,如果有人想仇恨所有可怜的家伙,他会有许多事情做不成;其实,他尽可以十分舒适地对他们统统加以轻蔑。真正的、真实的轻蔑,是真正的、真实的骄傲的反面,保持得十分隐秘,一点也不让人觉察到。因为谁让人觉察到轻蔑,因此就表示了若干尊重,即想让别人知道,他是多么不重视他;这样,他就泄露了仇恨,而仇恨排斥轻蔑,只会使它矫揉造作。反之,真实的轻蔑则纯粹确信别人一文不值,并同宽容与爱护相一致;为了自己的安宁和安全,不妨借助宽容和爱护,避免刺激被轻蔑者;因为每个人被激怒了,都可能伤人。然而,这种纯粹的、冷淡的、坦率的轻蔑一旦显示出来,它便会引发刻骨的仇恨;因为被轻蔑者不能以同样的武器对付轻蔑。

23（§324 续）

每件使我们处于难堪情绪的事故，即使再怎样无所谓，都会在我们的精神上留下一种影响。这种影响只要持续下去，就有碍于明确客观地理解事物与情况，甚至浸染我们整个思想，像一个非常小的物体，放得离眼睛很近，就会限制和歪曲我们的视线。

24（§325）

使人变成铁石心肠的原因是，每个人对于自己的不幸有着或者自认为有着足够的承受力。所以，一个未曾习惯的幸福境遇会使大多数人变得同情和仁慈。但是，一个经久不衰的、始终存在的幸福境遇常常产生相反的效果，因为它使人们对苦难如此疏远，以致不再能够关心它；因此，穷人有时显得比富人更乐于助人。

另一方面，使人变得如此好奇（我们经常看见他们窥测和刺探别人的行动）的原因，乃是生活之与苦难相对立的极端，即无聊，——当然也常见嫉妒从中起作用。

25（§326）

谁想研究自己对于一个人的坦率意见，应当注意一封由邮局送来的未曾料到的书信对那人第一眼所造成的印象。

26（§327）

有时我们似乎同时既想要又不想要某物，因此对于同一事件同时既高兴又惋惜。例如，如果某一天我们必须经受一次决定性的考验，其胜利结局对我们会有很大好处,我们便同时既盼望又害怕这场考验的来临。如果在等待的同时听说它被暂时推迟了,我们便会既高兴又惋惜:因为它既使我们失望,又给予我们片刻的轻松。我们盼望一封重要的决定性的信件,而它迟迟未到,情况也是这样。

在这种情况下,原来有两种不同的动机在我们身上起作用:一种较强而较远的动机是——希望经受考验并获得胜利;一种较弱而较近的是——希望眼下平静而不受干扰,进而享受这样一种优惠,即抱有希望的无把握状态,要比可能的不幸结局更可取。由此看来,在精神领域里也会发生物理领域发生过的事情,即在我们的眼界内,一个小而近的目标会掩盖大而远的目标。

27(§328)

理智理应称作先知:它向我们显示了我们当前行动的前因后果,也就向我们显示了未来。正是这样,它才恰好把我们抑制住,当情欲的炽烈,怒气的激荡,贪欲的突发,打算诱引我们去做将来一定会后悔的事情的时候。

28(§329)

我们个人生命的过程和事故,就其真实的意义与关系而言,不妨比作较粗糙的马赛克作品。只要紧挨近它,就认不清所表现的景物,既觉察不到它们的意义,更谈不上它们的美:两者只有在若干距离之外才显露出来。正是这样,人们往往不是当时或过后不久,而是在很长时间以后,才懂得自己生活中一些重大事件的关系。

是不是因为我们缺少想象的放大镜?或者因为整体只有从远处才可以纵观?或者因为激情必须冷却?或者因为只有经验的学校才能使我们成熟于判断?——也许这一切都凑在一起,但可以肯定的是,只有在许多年之后,我们才恍然大悟别人的行动,有时甚至自己的行动。——在历史中亦如在个人生活中,情况是一样的。

29(§330)

人的幸福处境通常可以比作某树群,从远处看,它显得绝美;但如走近或走进去,这种美便消失了:不知道它原来在哪里,只缘身在树丛中。我们所以常常羡慕别人的处境,道理就在这里。

30(§331)

为什么尽管有镜子,人们并不真正知道自己是个什么样子,从而不能像想象每个熟人一样,想象自己的外形呢?要想应用"认识你自己"这个格言,第一步就遇见了困难。

无疑,一部分原因在于,在镜中只是以盯着不动的目光看自己,因而眼睛如此意味深长的闪动,连同目光的真正特色,大半都消失了。除了这种物理上的不可能,似乎还有一种与之类似的伦理上的不可能同时起作用。人们不可能对自己的镜中形象投以异化的目光,而这种目光乃是客观化理解那个形象的条件;因为这种目光最终是以道德上的主我论及其深刻感觉到的非我为根据的(参阅《伦理学的两个基本问题》第 275 页;第二版第 272 页),其所以需要这二者,是为了纯客观地不折不扣地觉察所有缺点,由此首先把形象忠实并且真实地表现出来。这就是说,一看见镜中自己的外形不是那个形象,那个主我论便随时向我们耳语一句先发制人的"这不是非我,而是我",这句话像一个碰不得的东西,妨碍着纯客观的理解,这种理解没有一点点恶意的发酵,似乎是不可能实现的。

31（§332）

没有人会知道自己身上有多大忍受和作为的能量，直至一次机会使他进入行动；——正如人们看不见池塘里平静如镜的止水会奔腾澎湃地从悬崖上完好无损地冲下去，或者能够像喷泉一样升向天空；——或者又如人们猜不着潜藏在冰水中的温度。

32（§333）

无意识的存在表现在其他生物的意识中，它只是对于它们才有现实性，直接的现实性则由自己的意识所决定。可见，人的个别现实存在也首先在于其意识中。但是，意识作为意识必然是一种表述性的，就是说由智能及其活动的范围与素质所决定的。因此，意识连同深思熟虑的清晰度可以视作存在的现实度。但是，在人类历史本身，深思熟虑的这些度，或者对于自己和别人的生存的清晰意识的这些度，甚至可以按照天然的精神力量，把这种精神力量的形成过程以及从事沉思的悠闲分出许多层次来。

谈到精神力量真正的原始的差别，只要人们不看个别，只停留在一般上面，对这些精神力量就不大容易进行比较；因为这种差别不能从远处一目了然，也不容易从外表认识，如教养、闲暇和职业的差别那样。但是，也只有看这些方面，人们才不得不承认，许多人有一个至少比别人高十倍的生存度，——即活了十倍之多。

我这里不想谈野蛮人，他们的生活只比树上的猴子高一级；但看一下那不勒斯或者威尼斯的一名搬运工（在北方，过冬的考虑使人变得更审慎，因而更深思熟虑），纵览一下他从头到尾的一生吧。为贫困所驱使，为自己的气力所支撑，每天甚至每小时的需要由劳动来满足，大量的劳顿，经常的骚乱，频繁的贫困，不操心明天精疲力尽后的凉爽休息,动不动跟人吵闹不休,没有片刻从事思考、宜人气候和过得去的饭菜所产生的快感,最后作为形而上学因素,还有相当粗陋的教堂迷信:总之,是一种相当模糊地被意识到的活动,或者不如说是一种被动。这种不安的混乱的梦幻构成千百万人的生活。他们完全只为了他们当前意愿的需要而认识:他们不思考他们存在中的联系,更勿论存在本身的联系;在一定程度上,他们活着并不觉得自己活着。所以,浑浑噩噩混日子的贫民或奴隶的生存,十分接近只顾眼前的动物的生存,而远离我们的生存,但正因此也就不那么令人难熬了。诚然,因为任何享受按其本质而言都是消极的,即在于摆脱一种匮乏或痛苦,所以眼前的劳累不断而迅速地与其了结相交替(贫民的劳动持久地伴随着这种交替,然后当劳动最后换成休息和需要的满足时,将更深地进入这种交替),乃是一种源源不竭的享受之泉,其丰饶多利已由穷人脸上比富人脸上常见得多的爽朗大笑提供了可靠的证据。

现在再看看明智的审慎的商人,他精打细算地度过他的一生,小心翼翼地执行预先想好的计划,建造他的房屋,供养妻儿和后代,还积极参加公众事宜。显然,这种人比前一种人有多得多的意识;换言之,他的存在有一种更高的现实度。

再看看学者,他大约研究过过去的历史。这种人超越他的生存时间,超越他的个人,意识到整个的存在:他仔细思考世道人情。

最后看看诗人,或者哲学家,在他身上深思熟虑达到如此高度,他并未被引诱去研究存在中的任何特殊现象,而是惊诧不已地停留在存在本身面前,在这个庞大的斯芬克斯面前,把它作为他的问题。意识在他身上上升到明晰的程度,以致变成了世界意识,因此想象在他身上越过了为他的意志效劳的一切关系之外,现在把一个世界送到他面前,要求他研究和观察,而不是要求他参与它的活动。——如果意识的程度就是现实性的程度,那么我们称这样一个人为"最现实的人",这个词组便很有意义了。

在此处概述的极端以及各中点之间,每人都可以找到自己的位置。

33(§334)

奥维德的诗句

(它们)像别的动物看地面时那样低着头,——

按照本来的物理学上的意义,只可适用于低等动物;但是,按照象征的精神上的意义,可叹也适用于大多数人。他们的盘算、思维和奋发完全化为对物质享受和奢侈生活的追求,或者还化为个人的利害关系,其范围常常包括很广,但这一切只有通过对于前者的关系才获得重要意义,不过也并没有超越这一点。这不仅由他们的生活方式和谈吐来证明,甚至还可从他们的眼神、面貌及其表情、步态、手势来看。他们身上的一切都在叫喊:向地面低着头!——不是对于这些,而只是对于更高尚的、天分更高的人,善于思维的、真正顾盼自雄的、在人类构成特例的人,才可适用于下面这两句诗:

(上帝)给了人一个高尚的嘴,
并命令他坚决仰面望天。

34(§335)

为什么"粗俗"是个贬词?而"不同一般""特殊""杰出"又是褒词?为什么粗俗的一切都是可轻蔑的呢?

粗俗原本意味着为万物,即整个种所特有和共有的一切,亦即种的天性的固有部分。因此,谁除了人种的特性,再没有个人的特性,就是一个"俗人"。"普通人"是个温和得多的用语,偏重于智能方面,而前者偏重于道德方面。

一个人一点也无异于千百万个同类,又能有什么价值呢?千百万?不如说无穷无尽,数不清的人一代接一代由大自然从不竭的源泉不断喷射出来,慷慨得像铁匠之于四溅的铁屑。

一个人除了种的特性,再没有别的特性,公平地说,除了种的范围以内并由种所限定的生存,是不应当要求其他任何生存的,这一点甚至是不言而喻的。

我曾经多次(例如在《伦理学的两个基本问题》第48页,第二版第50页;《作为意志与表象的世界》第一卷第338页,第三版第353页)探讨过,动物只有属性,人才有资格具有特别的个性。但是,在大多数人中间,只有极少几个才具有真正的个性:他们几乎完全可以按纲来划分。他们都是些种。他们的意愿和思维,恰如其面,属于整个种,充其量属于人这个纲,正因此是渺小的,平凡的,普通的,出现过千百次的。他们的言谈与行为大都可以相当确切地预言出来。他们没有任何独特的标志,他们是批量生产的制品。

那么,他们的生存不也应当像他们的本性一样,合并到种的生存中吗?拿"粗俗"二字来骂人,就是说这个人跟动物差不多,只具有种的本性,只配过种的生活。

但是,不言自明,每件高尚、伟大、贵重的事物,按其本性而言,将孤立地存在于世界上。在这里要称呼卑鄙、下流的东西,除了用以表示常见事物的"粗俗",简直找不到更好的词儿。

35(§336)

意志,作为物自体,是一切生物的共有质料,是万物的普遍因素;因此,我们和一切人,每个人,不,和动物,甚至和更低下的生存形式共有着它。因此,在这一点上,我们和万物相似;这就是说,只要万物充斥着、洋溢着意志。另方面,使生物超乎生物,使人超乎人的,是认识能力。所以,我们的自我表现应当尽可能限于这种能力,只有它才会出人头地。因为意志作为普遍共有物,也正是粗俗。因此,意志的每次猛烈显示都是粗俗的,意即它把我们降低成种类的一个单纯例证,因为我们刚才只表现了种类的性格。所以,任何愤怒,极大的喜悦,任何仇恨,任何恐惧,简言之,每种情绪,即意志的每种举动,一旦剧烈到在意识中肯定超越认识,使人显得更是一个只有欲望而没有认识的生物,它们便都是粗俗的。屈从于这样一种情绪,最伟大的天才也等同于最粗俗的凡人。反之,谁想变得绝对地非同一般,也就是伟大,就决不可让占优势的意志举动全盘占据意识,不论他可能如何被要求这样做。例如,他必须能够觉察别人的恶意而不因此激起自己的恶意:是的,伟大之更可靠的标志莫过于让伤感情的或侮辱人的言词如风过耳,当即把它们像无数其他错误一样归之于说话人认识能力的薄弱,从而听而不闻。由此可以理解格拉西安的这句话:"对一个人来说,最糟糕的就是流露出他是一个人。"

按照以上所说,人必须像隐藏他的生殖器一样隐藏他的意志,虽然两者都是我们的本性之根,只能让认识能力像他的面貌一样显露出来。

甚至在以激情和情绪为主题的戏剧中,这些东西仍然容易显得粗俗;这一点特别在法国悲剧作家身上可以觉察到,他们正是以描写激情为其最高目标,时而在大肆吹嘘的可笑的激昂表情后面,时而在警句式俏皮话后面试图掩藏内容的粗俗。著名的拉歇尔小姐扮演玛利亚·斯图亚特,在她对于伊丽莎白的一阵发作中,尽管她表现得那么精彩,仍使我想起了一个泼妇。[①] 在她的表演中,最后的告别场面甚至丧失了一切崇高气氛,即一切真正的悲剧性,那是法国人根本一无所

[①] 拉歇尔(1820—1858),法国著名演员。玛利亚·斯图亚特(1542—1587),苏格兰女王,为英格兰女王伊丽莎白囚禁十九年后被处决。同名剧为席勒作品。

知的。同样一个角色，意大利女士里斯托利①扮演得好到无与伦比，因为意大利人和德国人尽管在许多方面有较大的区别，却能一致感觉到艺术中的深沉、严肃和真实，从而跟法国人截然相反，他们处处显示出根本没有这种感觉。——高贵，即非凡，甚至可以说崇高，也首先是由认识（和意愿相反）带进戏剧中的，认识自由地回荡在所有那些意志举动之上，甚至把它们作为沉思的材料，特别是莎士比亚把这种手法普遍化，尤其是在《哈姆莱特》中。如果认识上升到这一点，突然领悟一切意愿和追求的虚无性，意志便随即取消了自身，这时戏剧才真正是悲剧，从而变得崇高起来，并达到它的最高目的。

36（§337）

按照智能的精力是紧张起来，还是松弛下去，生命对于智能或者显得那么短促，那么渺小，那么倏忽，以致其中发生的事情没有一件值得我们感动，一切都微不足道，——连享受、财富以至荣誉都不例外；哪怕一个人再耽误些什么，他也不可能损失多少；——或者，反过来，生命对于智能又显得那么悠长，那么重要，那么完全，那么充实，那么艰巨，以致我们必须一心一意地投身进去，才能分享它的财富，保证获得它的奖赏，实现我们的计划。后一种人生观是在经验范围以内的：这正是格拉西安所谓"认真对待生活"的意思；前一种是超验的，奥维德所谓"没有什么了不起"很能表达它，而柏拉图所谓"生年不满百，何必千岁忧"，②则是更好的说明。

前一种心情原本由于认识在意识中占了优势，摆脱了单纯为意志服务，因此客观地理解人生诸现象，不会不明确地认识到人生的空虚与无益。反之，在另一种心情中，意愿居支配地位，认识在这里不过为了给意愿照路，去实现它的目标而已。——人是伟大的，还是渺小的，

---

① 里斯托利（1822—1906），意大利著名演员，在巴黎上演过许多著名悲剧角色。
② 原文为希腊文，原意是"人生没有什么事情值得为之焦虑"。

就看是前一种还是后一种人生观在起作用。

37（§338）

每个人都把他的眼界的终点当作世界的终点：这个智力错误是不可避免的，正如以为天与地连接在地平线上这个视觉错误一样。这就说明了很多事实，其中就有这么一件，即人人都以他的标准来测量我们，而那个标准通常不过是裁缝的一柄码尺，我们却不得不容忍它；还有一件就是，人人都不容许我们比他高，这个假定竟一劳永逸地被视之为当然。

38（§339）

有一些概念，很少明白而确切地存在于任何头脑中，它们的生存不过由其名称勉强维持着，那么这个名称原来只是表明这么一个概念的位置，没有它，这个概念将完全消失，例如，智慧就是这样的概念，它在几乎所有头脑中是何等模糊啊！且看哲学家的解释吧。

我觉得，"智慧"所表明的不仅是理论上的，而且还是实践上的完美无瑕。我想把它界说为——从整体来看，从普遍观点来说，是对于事物的完满而准确的认识，这种认识如此充分地渗透在人身上，以致它还出现在他的行动中，处处引导着他的所作所为。

39（§340）

所有原始的，也就是所有真实的，例如自然力，在人身上起作用，都是不自觉的。贯穿意识的一切正因此变成了一个表象：其表现于是在某种程度上便是一个表象的传递。因此，性格与精神的一切真实而又经得起考验的品质原本都是不自觉的，只有这样它们才能造成深刻的印象。一切自觉的品质则是被润色出来的,是故意的,所以容易流于做作,即欺骗。人不自觉地完成的事物,不会费他什么力,但他如费力去做,他反而完成不了。原始概念是一切真实成就的基础和核心,其产生过程也是这样。然而,只有天生的才是真实的,有效的,每个想有所成就的人必须在每件事情上,在行动中,在写作中,在造型中,遵循规则而又不知道规则。

40(§341)

的确,一些人把他生活中的幸福仅归因于他有一副可爱的笑容,借以赢得人心。——但是,人心最好防着点,要从哈姆莱特的记事牌上知道,"一个人可能微笑着又微笑着,同时又是个恶棍"。

41(§342)

品质伟大而卓越的人们不介意承认错误和弱点,或者让人看见它们。他们把它们视为他们付出过代价的东西,或者甚至认为,与其说这些弱点是他们的耻辱,不如说他们为弱点带来光荣。这一点特别适合于错误恰好与伟大品质相连的情况,或者按照乔治·桑的说法就是:"人人都有他的优点所带的缺点。"

与此相反,有些人品良好,头脑无可指摘,却从不承认他们很少的小小的缺点,宁可小心翼翼地掩盖它们,还非常敏感于对它们的任何暗示:正因为他们的整个功绩在于没有错误与缺陷,所以任何暴露出来的错误会一下子把这个功绩贬低了。

42(§343)

在中等才干身上,谦逊是纯粹的诚实;在巨大才能身上,它却是伪善。所以，公开表露的自我感觉和对于非凡能力的毫不掩饰的意识，对于后者是十分合适的，正如谦逊对于前者一样。瓦勒利乌斯·马克西姆斯①在《论自信》一章中为此提供了绝妙的例证。

43（§344）

甚至在接受训练的能力上，人也超过一切动物。穆斯林被训练得每天五次把脸朝向麦加祈祷，而且终生不渝。基督徒被训练得在某些情况下画十字、鞠躬等等。一般说来，宗教就是训练、即思考能力的训练的真正杰作；所以，众所周知，这个训练过程开始得越早越好。没有什么荒谬事物是那么浅显，以致不能稳固地栽在一切人的头脑里，如果在六岁以前就不断以庄严态度向他们念诵，开始试图把它灌输进去。因为，像训练动物一样，对人的训练也只有在早年才能成功。

贵人们被训练得把他们的誓言视为神圣，认真、死板而又坚定地信奉滑稽可笑的骑士制度法典，在必要的情况下甚至以死来保证履行它，并把国王认真视为高级生灵。——我们的礼貌言词，客套，特别是对妇女的殷勤关照，都是训练出来的；我们对出身、地位、头衔的尊重亦然。我们对于针对我们的侮辱言词所感到的不同层次的愤慨也是这样：英国人被训练得认为骂他不是 gentlemen，或者更糟地骂他撒谎，是致命的冒犯，法国人则忌恨你骂他懦怯，德国人忌恨你骂他愚蠢，等等。——许多人被训练得对某件事情保持牢不可破的诚实，虽然他们在其他一切方面没有什么诚实可言。因此，有些人决不偷钱，但对你的一切可以伸手享用。有些商人肆无忌惮地欺骗，但决不会小偷小摸。

---

① 瓦勒利乌斯·马克西姆斯（约活跃于公元前 20 年），罗马作家，曾根据古典著作编纂《嘉言懿行集》。

44（§344续）

医生看人,看他的全部弱点;法官看人,看他的全部劣行;神学家看人,看他的全部愚蠢。

45（§345）

在我的头脑里,有一个永恒的反对派,它总是事后攻击我即使深思熟虑所做或所决定的一切,尽管并非每次攻击得有道理。这大概只是考核精神纠正错误的一种形式,但却经常使我受到不应有的责难。我想,其他许多人也会遇到同样的情况:因为谁能不认为,他深思熟虑所做的事,说到底,还是不曾做过为好?

46（§346）

一个人的头脑使他能够进行直观的、功能强大到不必每次兴奋感官,就能开始活动,那么便可以说他具有丰富的想象力。

由此看来,外界直观越是少由感官输向我们,想象力便越是活跃。长久的孤独,在监狱中,在病室里,寂静、朦胧、黑暗,都能促进它的活动:在这些条件的影响下,它自动地开始它的游戏。相反,当直观能力从外界得到许多实际质料,例如在旅途中,在世事纷纭中,在光天化日之下,这时想象力便怠工了,即使要求它,它也不肯活动,它知道这不是它的时间。

然而,为了表明富于成果,想象力又必须从外界接受许多质料,因为只有这些质料才充实它的库房。但是,想象的营养跟身体的营养是一样的:它从外界输入许多它必须消化的食料,这时它的效能最低,不能从事任何工作,而且欢喜休息;但是,它后来在适当时间所显示的一切精力，正得归功于这些食料。

47（§347）

意见遵循钟摆的规律：它偏向重心一边多远，必定接着偏向另一边多远。只有随着时间，它才找到正确的休歇点停了下来。

48（§348）

正如在空间中，距离缩小一切，从而取消了它们的缺点和弊端，在一个缩小镜里或在一个暗箱里，一切会显得比实际美得多；——在时间中，经历也起着同样的效果：过去很久的场面和事件，以及参与其间的人们，在记忆中都显得十分可爱，因为记忆摆脱了一切不愉快的细节。眼前没有这些优点，便始终显得不完善。

又如在空间中，小物件在近处显得很大，放得很近，它甚至占据了我们的整个视野；但是，一旦离它远一点，它会小得不引人注目了。同样，在时间中，发生在我们日常生活和变化中的小事件、事故和事情，只要像眼前一样离我们很近，它们便对我们显得很大、很重要、很严重，从而引起我们的情绪、忧虑、烦恼和激情；但，一旦不倦的时间之流把它们冲远了一点，它们便微不足道，不值得注意，很快就被忘却了，原来它们之所以大仅仅由于它们近。

49（§349）

因为快乐与悲伤不是表象，而是意志的感情，所以它们不在记忆的领域，我们不能召回它们，也就是说，不能恢复它们；我们只能重新想起与它们相伴随的表象，特别是记起我们当时为它们所引起的言谈，才好估量我们当时的感情。所以，我们对于快乐与悲伤的记忆总是不完全的，它们过去了就对我们无所谓了。我们有时试图重温一下过去的乐趣或痛苦，结果往往白费气力：因为二者的本质在于意志，而意志作为意志而言，是没有任何记忆的，因为记忆是智力的功能，而智力按其性质而言，仅只提供和包含表象——表象却不是这里的话题。奇怪的是，在不幸的日子里，我们能够生动地想起过去的幸福的日子；而在好日子里，对于坏日子却只有不完整的冰冷的记忆。

50（§350）

记忆的任务大概就是为学到的东西处理混乱和纷纭而不是真正把脑子填满。它的能力不会因学到的东西而降低：不会像人们用以接连堆沙的模型一样，把沙产生新模型的能力降低。在这个意义上，记忆是深不可测的。但是，一个人拥有越多的、越多方面的知识，他就需要越多的时间来找出现在突然被要求的东西；因为他像一个商人，得从一个大型的多种多样的仓库里找出正需要的货物来；但是，说到底，是因为他必须从他可能有的思路中，引出这样一个思路，它由于早期熟练了的缘故，能把他引到被要求的事物上来。因为记忆不是贮存事物的容器，而只是精神力量的练习能力，所以头脑始终只是潜在地、而不是实在地拥有它的全部知识——关于这一点，请参阅我的论充足理由律的论文第二版第 45 节。

51（§350 续）

有时我的记忆不肯复现一个外语单词，或者一个名字，或者一个艺术形象，虽然我原本很熟悉它。我徒劳地为此折磨自己一段或长或短的时间之后，便完全丢开了这件事。随后在一两小时之内，后来更稀罕，有时是在四到六个星期之后，要找的那个词儿常常在完全不同的思想之间，突然被我想起来了，仿佛有人从外面悄悄告诉我似的。

（好在后来它由一个帮助记忆的标志暂时加固了，直到它再度铭刻在真正的记忆上面。）许多年来，我经常惊讶地观察这个现象之后，现在觉得下面的解释是可以成立的。在十分认真的、徒劳的搜索之后，我的意志保持着对于那个词儿的渴望，并为它在智力中指定了一个侦探。后来，在我的思想的发展和发挥过程中，一旦偶然出现一个有着同样首写字母的、或者在其他方面同那个词儿相似的词儿，那个侦探便跳上前去，把它补充成要找的那个词儿，并把它抓住，一下子洋洋得意地拖了过来，我真不知道他是在哪儿，又是怎样捉到它的；所以说，它们仿佛是有人悄悄告诉我似的。这就像一个孩子念不出一个单词，老师终于把它的第一个、也许还有第二个字母提示出来；他于是就念出了那个词儿。如果没有这个过程，最后就得有计划地从字母表的所有字母中来找那个词儿了。

直观形象留在记忆中比单纯的概念更牢固。所以，想象丰富的头脑学习外语比别人容易些：因为他们立刻就能把有关的直观形象同新词联系在一起；而另一些人却只能把母语的相当词儿和它联系在一起。——

尽量把你想牢记的东西化为一个直观形象吧，不管它是直接的，还是作为一个例子，还是作为一个譬喻，类比，或者还是别的什么；因为所有直观的东西要比单纯抽象记住的东西，或者只是单词，记起来要牢固得多。所以，比起我们所阅读的，我更清楚地记得我们所经历的一切。——

"记忆术"这个名词不仅是指通过智能把直接保存变为间接保存的艺术，而且还指一个系统的记忆理论，它阐述了记忆所有的属性，并从其本质状态及其相互关系中把它们推导出来。

52（§351）

人们不过是时而学点什么，但人们整天都在忘却。

这样，我们的记忆便好比一面筛子，随着时间，并经过使用，越来越不严密了。这就是说，只要我们越来越老，我们现在还记得的东西便忘却得越来越快；相反，早年牢记的东西倒留存下来。① 所以一个老人记忆越远的事情越清楚，越接近眼前的事情越模糊；像他的眼睛一样，他的记忆力也变得远视了。

53（§352）

生活中有些片刻，没有特别的外在原因，毋宁是由于一种由内向外的、大约只是在生理上解释得了的敏感性的提高，对于环境和眼前的感性理解获得了一种较高的罕见的明晰度，于是这些片刻后来便不可磨灭地铭刻在记忆中，并连同其全部个性保存下来，我们不知其所以然，也不知何以千百个类似片刻中恰巧是它们这几个保存下来；其实，这完全是偶然的，恰如完全灭绝的动物种类在石层中被发现的个别标本，或者像关书时偶然被压死的昆虫。然而，这种记忆总是优美可爱的。

54（§353）

有时，似乎没有任何缘故，忘却很久的场面突然生动地进入我们的记忆，这在许多情况下是由于一种轻微的、并不清楚意识到的气味，现在正像当时一样，被我们闻到了。因为，众所周知，气味特别容易唤醒记忆，而一般看来，概念的交错只需要一次极小的推动。顺便说一下，眼睛是理智的感官（《四重根》§21）；耳朵是理性的感官（同上书§301）；嗅觉则是记忆的感官，如我们眼下所见。触觉和味觉是离不开接触的唯实论者，没有想象的一面。

---

① 〔变文：〕我们的记忆像一面筛子，它的孔开始很小，漏得很少，但越变越大，大到终于把放进去的一切几乎都漏掉。

55（§354）

这也可以算是记忆的属性：一阵微醉经常大大提高对于过去时间和场面的记忆，以致比在清醒情况下更其完整地想起与之有关的一切事态；反之，酒醉时自己说过或者做过些什么，却比平时记得更不完整，在一阵大醉之后，甚至全都忘却了。看来，酒醉能提高对过去的记忆，却很少让它记住现在。

56（§355）

谵妄歪曲直观；疯狂歪曲思想。

57（§356）

算术之所以是最低级的精神活动，是因为它是也可以用机器来操作的唯一一种，现在这种计算机在英国由于方便已被广泛应用。——看来，所有"有限的和无限的分析"基本上都可以后退到运算。那么，可以计量一下利希滕贝格取笑过的"数学的沉思"了，他说："所谓职业数学家，依仗别人的未成年，已经获得了沉思的信誉，就像神学家获得了神圣的信誉一样。"

58（§357）

才分极大的人照例同极其狭隘的头脑合得来，而不愿与普通人为伍：由于同样原因，暴君和群氓，祖父和孙子是天然的盟友。

59 (§358)

人们需要向外的活动:因为他们没有向内的活动。反之,如果有了后者,前者毋宁是一种非常不合适的、甚至是倒霉的干扰和妨碍。——由此也可说明游手好闲者流之所以忙忙碌碌,欢喜东奔西走了。把他们赶得到处跑,瞧着都逗乐的,正是在家里把他们赶成一堆堆的那种枯燥无聊。这点真实从前由一个我不认识的五十岁的男人为我做了出色的证明,他向我谈了他在最遥远的国土、世界的另一端度过的两年消闲旅行。我对他说,他当年一定经过很大劳累、匮乏和危险吧,可是他确实没有任何开场白,立即在省略推理法的前提下,给我这个极其天真的回答:"我一刻也没有感到无聊。"

60 (§359)

我不奇怪,有些人孤独的时候会觉得无聊;他们一个人呆着,不能独自发笑,甚至觉得这样很可笑。——那么,笑只是给别人的一个信号,像单词一样,是个标志么?——在一般情况下,妨碍他们独自发笑的,正是缺乏想象力、头脑呆板的缘故(特奥弗拉斯特斯[①]在《性格素描》第27篇曾经这样说过)。动物不论是独处还是合群,都是不会发笑的。

厌世者米松独自发笑,让人大吃一惊,那人问他,为什么他一个人要笑?——"正是这样我才笑",他回答。

---

① 特奥弗拉斯特斯(公元前372—前287),希腊哲学家,亚里士多德的学生,写过三十篇性格素描。

61（§360）

然而,也可以说,谁性情冷淡,不过是个笨蛋;谁性情爽朗,则是个傻瓜。

62（§361）

不爱看戏,就好像让盥洗室没有镜子;但是,做决定而不同朋友商量,会使一个人更糟。因为一个人可能在一切事情上做出最正确、最中肯的判断,但在他的私事上却没有这种本领;因为意志在这里立刻使智力糊涂起来。所以,应当多同人商量,正如一个医生能给人看病,却不能诊治自己,他病了得去请一个同行来。

63（§361 续）

日常的自然的手势,伴随每次生动的谈话,是一种特殊的语言,甚至比文字的语言普及得多;只要它不依赖文字,在一切民族中都是一样的。每个民族都按照其灵活性利用它,只是在个别情况下,如在意大利人中间,它才被附加了少数仅属于习俗的、因而只能局部流行的手势。它的普及性类似逻辑与语法的普及性,因为它也只是表示每次谈话的形式,而不是谈话的资料;但它区别于逻辑与语法之处在于,它不仅涉及智力方面,而且涉及伦理方面,即意志的冲动。因此它伴随话语,恰如一次正确演奏的主调低音伴随曲调,并像后者一样有助于提高效果。但是,最有趣的是,每次的手势是完全相同的,只要话语的形式是同一种,不管其资料即素材、每次的事情如何相异。所以,我要是观望窗外一场生动的谈话,虽然一个字也没听见,仍能清楚地了解这场谈话的一般意义,即形式上的典型的意义,因为我有把握地注意到，说话人现在在辩论，提出他的理由，然后限定它们，然后强调它们，最后全胜地得出结论；或者他在做汇报，以确凿证据陈述他所遭受的委屈，生动地控诉对手的顽固、愚蠢和执拗；或者他在诉说他怎样想出并实行了一个好主意，然后得意扬扬地陈述他的成功，或者惋惜他怎样由于命运作梗，遭到了失败；或者他还可能承认他在目前情况下一筹莫展；或者他在诉说他及时发觉、看穿了某人的阴谋诡计，并通过维护他的权利，或者运用他的势力，把它挫败了，并惩罚了那个阴谋家；——以及其他几百件类似的事情。但是，归根到底，纯粹手势留给我的，乃是整个话语在伦理方面或智能方面的本质内容，抽象地说，就是话语的精华，话语的真正实体，它即使在最不同的诱因下，从而即使具有最不同的质料，都是一样的，它与质料的关系有如概念之于其所包括的个体。这件事最有趣的令人开心之处，如前所说，乃是手势即使为各种各样的人所使用，但为了表明相同情况，仍然具有充分的同一性和稳定性，这就像一种语言的言词在每个人口中是一样的，只是由于口音或教育的小小差别而有所变异。但是，这种固定的普遍遵循的手势形式，肯定不是共同商定的结果，它们是自然而然的，原本存在的，是一种真正的自然语言，虽然可能由于模仿和习惯而有所加固。众所周知，演员有责任认真研究手势，在较小范围内，公共演说家也有同样的责任：这种研究势必首先在于观察与模仿：因为并无抽象的准则可循，除了若干十分普遍的主导原则，例如，手势决不可跟在言词后面，毋宁要紧紧走在它前面，预示它的到来，从而引起注意。

　　英国人特别轻视手势，认为它相当粗俗而不庄重：——我却觉得，这正是英国人的假正经的幼稚偏见之一。因为它关系到由大自然交给每个人、又为每个人所理解的那种语言，没有别的理由，仅仅为了吹得天花乱坠的绅士派头，就想取消它，禁止它，其结果恐怕是很可疑的。

论教育

1（§372）

按照我们智力的性质而论,概念是通过观察的抽象化而形成的,所以后者先于前者而存在。果真采取这个过程,像以自己的经验为教师、为书本的人那样,人们就会清楚了解,什么观察从属于他的某个概念,并为这个概念所代表;他深知二者,因此能正确处理他眼前发生的事情。我们可以把这个方法称之为自然的教育。

相反,不自然的教育则是,在对直观世界有任何一种扩大认识之前,你的头脑里通过预告、教授和阅读塞满了概念。经验随后才把对于所有这些概念的观察给你送过来;但是,到这时为止,你却一直是错误地运用那些概念,并按照它们错误地判断、错误地观看、错误地处理人和事。于是发生了教育使头脑走上歪路的情况,这就是为什么我们年轻时,经过长期学习和阅读之后,常常一半幼稚、一半乖戾地走进世界,处世行为则时而谨小慎微,时而妄自尊大;因为我们头脑里充满了我们当时争取加以运用、却几乎始终运用得不合适的概念。这就是概念在先,观察在后,直接违反心灵的自然发展过程——也就是那种所谓车前马后的结果,因为教师不是在儿童身上培养认识、判断和思考的能力,只是致力于给他们的头脑填塞别人现成的思想。然后,得由一段长期的经验来纠正所有那些由于错误运用概念而产生的判断,并且很难彻底纠正。所以,很少学者像完全没有读过书的人那样,具有健全的常识。

2（§373）

根据以上所说，教育的要旨在于，从正确的一端开始，去熟悉世界，而使受教育者熟悉世界，可以说是一切教育的目的。但是，这一点如前所示，首先要看是否做到，在每件事情上观察先行于概念，此外狭隘概念先行于广泛概念，从而使整个教育沿着事物概念互为前提的顺序进行。但是，一旦这个顺序的某个环节被越过了，便会产生不完善的概念，而从这些错误概念最后又会产生一种以个人方式被歪曲了的世界观，这种世界观几乎在每个人的头脑里都会保留很长时间，大多数人甚至永远保留下去。谁检验一下自己，就会发现，对于许多相当简单的事物和关系，他只是到十分成熟的年龄，才有正确的或者清楚的理解，有时还是恍然大悟似的。原先这里乃是他熟悉世界过程中的一个暗点，是由于他的初期教育脱漏某节课程而产生的，不论是传统的不自然的教育，还是以个人经验为基础的自然的教育。

因此，应当力图查明认识的真正自然顺序，以便按部就班地依照这个顺序使儿童熟悉世界的事物与关系，而不致在他们头脑里装进往往难以驱除的胡言乱语。尽管如此，还必须防止儿童使用一些他们根本不明其意义的词句。（儿童们一般有一个致命的倾向，即不想去理解事物，而满足于词句，背诵它们，以便将来在必要情况下借以摆脱困难。这个倾向此后还会持续下去，使得许多学者的知识不过是一堆废话。）但是，最重要的始终是，观察先行于概念，而不是相反，如一般的不利的情况，仿佛一个孩子首先用脚涉世，或者首先用韵读诗一样。这就是说，当儿童的心灵还完全贫于观察时，就给它铭刻了一些概念和判断，严格意义上的先入之见；后来他观察世界，汲取经验，就凭借这些现成的参考资料，而不是像理所当然的那样，让他的种种概念从观察和经验中产生出来。一个人的观察是多方面的，又是丰富的，所以它就简明与迅速而言，赶不上很快对付一切事物的抽象概念，要很晚才能纠正、或者根本纠正不完那些先入为主的概念。因为每当一个人发现，观察在某些方面显得与那个概念相矛盾，他便将观察所见暂时斥为片面，甚至加以否认，或者视而不见，以免那个先入为主的概念受到伤害。于是，许多人一辈子带着谎言、狂念、怪癖、幻觉和偏见到处跑，直到这些变成了固定观念。他从没有试图从观察和经验中为自己抽取基本概念；因为他从别人接受了现成的一切；正是这样才使得他，使得无数人，变得如此平凡而浅薄。因此，应当教育儿童不使用这种办法，而应当沿着自然教育的路线。任何概念都必须借助观察而被输入儿童的头脑，至少应当经过证明。这样，儿童的概念即使很少，才个个是有根有据的，是确切的。他将学会用自己的尺度，而不是别人的尺度，去测量事物。这样，他才会摆脱成百上千的狂念和偏见，不致需要大部分后来的经验和生活教训去驱赶它们；他的心灵才会一劳永逸地习惯于彻底性，明晰性，自己判断和不偏不倚。

一般说来，儿童在各方面都不应先从模本来学习生活，先从原物来学才是。所以，不应匆匆忙忙先把书本，仅仅把书本塞在他们手里，而应使他们按部就班地熟悉事物和人际关系。首先应当考虑引导他们如实地不带偏见地理解现实，使他们能够直接从现实世界获得概念，而不是从别处（如从书本、童话或别人的言论）拽取它们，然后把这些概念现成地应用于现实，然后头脑里充满妄念，于是或者错误地理解现实，或者枉然试图按照妄念改造现实，从而陷入理论上或者实践上的歧途。早年培植的妄念，由此产生的偏见，究竟会带来多大危害，实在令人难以置信：世界和现实生活后来给予我们的教育，不得不首先用来清除它们。戴奥吉尼斯·拉厄修斯记载过，有人向安迪斯特尼斯请教：什么知识最有必要？他回答道："把学到的谬见都忘掉!"①说的就是这个意思。

3(§374)

正因为早年吸取的错误大都不可磨灭,而判断力又成熟得最晚,所以不应当给十六岁以下的儿童教授一切可能产生大错误的课程,如哲学、宗教和各种一般性见解,而只应当让他们学一些或者不可能犯错误的课程,如数学,或者犯了错误也不很危险的课程,如语言、自然科学、历史等等,但一般说来,任何年龄的人都只应当学习易于为他们所接近、完全为他们所理解的学问。童年和青年是搜集材料、专门彻底熟悉个别事物的时间;反之,对普遍事物进行判断为时尚早,最后的解释还得推延到后期。判断力以成熟和经验为前提,不妨存而不论,倒须提防偏见抢先输入,以致把判断力永远麻痹掉。

另方面,记忆力在青年时期最为强盛,最有韧性,所以是首先需要的,但是记忆什么,事先却必须认真细致地,经过深思熟虑地加以选择。因为青年时期记牢了的东西永远忘不了,所以这块美好的园地应当用来尽可能长庄稼。如果我们回忆一下,我们一生头十二年所认识的人是如何深刻地埋在我们的记忆里,还有那时的一些事件,以及一般说来,我们当时所经历的、听说的和学到的大部分东西,都已不可磨灭地铭记下来,那么我们自然会想到,要以青年头脑的感受性和韧性作为教育的基础,因为可以严格有计划、有条理地按照规定把所有印象纳入记忆。但是,因为人只有很短一段青年时间,记忆的容量一般说来毕竟有限,而个人的记忆容量就更有限,所以全看是否把多种最本质的、最重要的内容填充记忆,而把其他一切排除掉。至于什么是

---

① 戴奥吉尼斯·拉尔修斯,公元三世纪希腊作家,所著希腊哲学家传记一书,为后世了解有关哲学家的唯一资料来源,本文所引轶事见该书第六卷第七章。安迪斯特尼斯(公元前445—前365),雅典哲学家,苏格拉底的学生,犬儒学派奠基人,倡言幸福有赖于德行。

最本质的和最重要的,应由最能干的头脑即各部门的能手们深思熟虑地做出选择,其结果应当确定下来。这种选择必须区分出,什么知识对于一般人是重要的,是他必须知道的,什么知识对于各种特殊职业或专业是重要的,是其从业人员必须知道的。然后,再根据每人在其外部环境中可能有的一般教育程度,按照百科全书的方式,以按部就班的课程对第一类知识进行划分:从限于初级教育所必需的课程直到哲学专科的全部课程。但是,第二类知识仍得交由各部门真正的能手们来选定。整个体系将会为思想教育提供一个特别详细的规范,当然每十年还得修订一次。通过这样的安排,将可最有利地利用记忆的青春力量,还可给后来出现的判断力提供优越的素材。

4 (§ 375)

知识的成熟,换言之,知识在每个个人身上所能达到的完善,在于他的全部抽象概念和他的观察见解之间建立一种确切的联系,也就是说,在于他的每个抽象概念直接或间接地以观察为其基础,只有这样才使它具有真正的价值;同样还可以说,在于他能够把他所作的每次观察纳入正确的、与之相当的概念。成熟只是经验的工作,因此需要时间。我们的观察知识和我们的抽象知识是分别获得的,前者沿着自然的途径,后者通过别人或好或坏的教导和传授;因此,在青年时期,我们仅仅由词句固定下来的概念和我们通过观察获得的真正知识之间,往往很少一致和联系。后来二者才慢慢彼此接近,互相纠正;但是,只有当它们完全融为一体时,知识的成熟才是可能的。这种成熟完全不取决于每人能力可能具有的另一种或大或小的完善,后者不看抽象知识和直觉知识是否相联系,而看二者的深入细致程度如何。

5 (§ 376)

对于务实的人,最必要的学习就是确切而彻底地认识世界的真实状况:但这也是最乏味的一种学习,一个人可能学到老也学不到家;而在科学领域,青年时期就可掌握最重要的知识。至于认识世界,青少年作为新手必须学习最初的最难的课程;但是,即使是成熟的大人也还有许多地方需要补课。这种本身已经够大的困难,现在将由小说而倍增,因为它们按照现实中没有发生过的情况来表现事物的进程和人际关系。青年人轻信,便把这些观点接受过来,并化为自己思想的一部分;这样一来,代替消极的无知,便出现了一连串虚假的前提,即积极的错误,这种错误后来甚至会把经验的教育弄得一塌糊涂,而使它的课程以错误的面貌出现。如果说青年原来是在黑暗中,现在他就由鬼火来引导了:少女尤其是这样。他们被小说强加了一种完全虚假的人生观,被引起了永远不能实现的期望。这通常会给人整个一生造成极其有害的影响。青年时期没有时间或机会阅读小说的人,如手工业者之流,肯定在这方面要占便宜。少数几部小说可以例外地不受上述谴责,甚至起着相反的作用,首先应举《吉尔·布拉斯》和勒萨日的其他作品(或者不如举它们的西班牙原著)为例,此外还可举出《威克菲尔德的牧师》,以及瓦尔特·司各特的一些小说。《堂吉诃德》则可视为那种错误道路的一种讽刺性的描写。①

---

① 勒萨日(1668—1747),法国作家,《吉尔·布拉斯》为其代表作,以西班牙流浪汉小说为蓝本,描写一个城市青年一生的冒险经历。《威克菲尔德的牧师》是英国作家哥尔德斯密斯(1730—1774)的代表作。瓦尔特·司各特(1771—1832),英国作家,历史小说《艾凡赫》最为著名。《堂吉诃德》为西班牙作家塞万提斯(1547—1616)的名著,描写某穷乡绅阅读骑士小说入迷,企图仿效古代游侠骑士生活,干出许多荒唐可笑的蠢事。

论妇女

1（§362）

比起席勒深思熟虑、凭借对仗与反衬而生色的诗篇《女性的尊严》来，我认为，约伊①短短的这几句话真正表示了对妇女的称颂："没有妇女，我们生命的开始将是无助的，中年则缺少欢乐，晚年则缺少慰藉。"拜伦把这一点在《萨丹纳帕路斯》②第一幕第二场中表现得更其动人：

人 生

一开始必起自女人的胸怀，
你最初从她的嘴唇牙牙学语，
你最初的眼泪是她揩干的，而你最后的
叹息常常抒发在女人的耳旁，
当男人们畏缩着不再带着卑微的牵挂
守候率领过他们的那人的最后时刻。

---

① 约伊（埃廷·德，1764—1846），法国作家，生于凡尔赛附近的约伊。
② 《萨丹纳帕路斯》，拜伦献给歌德的一部诗剧。剧情发生在公元前640年，传说中的亚述国王萨丹纳帕路斯耽于逸乐，导致臣民造反，他引兵镇压未遂，后与嫔妃等自焚于宫中。

这两段话标志着对于妇女价值的正确的观点。

2（§363）

看一看女性的形体就可以知道，女人天生既不能从事巨大的精神劳动，也不能从事巨大的体力劳动。她偿还人生的债务，不是通过作为，而是通过受苦，通过分娩的阵痛，育儿的操劳，对丈夫的顺从，她原应是他的一个耐心而又使人开心的伴侣。最剧烈的痛苦、欢乐和膂力表现，都与她无缘；相反，她的生活应当比男人的生活更宁静、更琐屑、更温柔地流过，根本无所谓幸与不幸。

3（§364）

女人宜于充任我们婴年时期的保姆和教师，正因为她们本身幼稚，柔弱而短视，一句话，她们一生都是个大孩子：一种孩子与作为真正的人的成人之间的中间阶段。只需看看一个少女镇日价逗弄一个孩子，跟他一起跳一起唱；想想一个男人再怎样心甘情愿，让他去取代她，又能有什么作为呢？

4（§365）

在少女身上，大自然着眼于戏剧语言所谓的轰动效应，因为它在几年内赋予她们太多的美丽、妩媚和丰满，而以她们整个余生为代价，以便她们在那几年内占据某个男人的幻想，直至他入迷到以任何一种形式忠实地承担一辈子对她的照顾；要使他走到这一步，但凭理智的考虑，未必能提供足够可靠的保证。因此，大自然为女人正如为它的其他生物一样，装备了她需要用来保障自己生存的武器和工具，而且是在她们正需要的时候；在这方面，大自然也是按照其惯有的节约行事的。正如雌蚁在交尾之后,立即丧失了此后多余的、甚至危及孵化过程的双翅,女人通常在生了一两胎之后,大都丧失了美丽,很可能出于同样的原因。

据此看来,年轻的姑娘在她们内心把家务或职业等闲视之,甚至不过当作儿戏;她们认为,她们唯一重大的使命是恋爱、博取欢心以及与之相关的一切,如化妆、舞蹈等等。

5（§366）

一件事物越是高尚,它成熟起来也就越迟越慢。男人在二十八岁以前,未必达到他的理智和思想力的成熟;女人到十八岁就达到了。对女人来说,这也算是一种理智吧,不过是一种分量不足的理智。所以,女人们一生都是孩子,永远只看见最近的事物,附着于眼前,把事物的表象当真,宁愿舍本而逐末。然而,理智却是这样一种禀赋,由于有了它,人才不致像动物似的仅仅生活于眼前,而能综览和考虑过去与未来;接着从中产生他的预见,他的忧虑和经常的苦恼。理智所引起的利弊,女人由于其理智较弱,一般是没有份儿的;她毋宁是个精神上的近视者,因为,她的直观的理解力虽然在近处很敏锐,其眼界却很狭隘,容不进较远的事物;所以,凡不在场的、过去的、未来的事物对女人所起的作用,远比对我们所起的作用要微弱些,由此产生经常出现在她们身上、有时迹近疯狂的奢侈癖性。女人们内心认为,男人的天职就是赚钱,而她们的天职就是花钱;男人活着,固然可能如此,至少在男人死后更是如此。男人把他们的所得交给她们持家,更加强了她们的这个信念。——尽管这一切会带来很多弊端,但也有这样的好处,即女人比我们更热衷于现在,从而更善于享受现在,只要现在还活得下去;由此产生她们所特有的欢快本性,使她们在消遣时刻能为男人逗乐,并在必要的情况下,如果他为忧虑所压倒,得以对他有所安慰。

遇有棘手的事情,按照古代日耳曼人的方式,找女人商量商量,决不是不足为训的;因为她们理解事物的方式完全不同于我们的,而且由于她们特别欢喜抄最短的捷径来达到目标,一般只注视最近的目标,而正因为它就在我们眼前,我们反而大都把目光掠过了它;在这种情况下,我们正需要被引到这个目标上来,以便恢复近便而简单的观点。此外,女人肯定比我们更清醒些;因此她们看事物,不会超过它们的实际情况,而我们如果心血来潮,就容易夸大既成事实,或者附加一些想象成分。

出于同样的根源,女人比男人表示出更多对于不幸者的同情,从而更多的人类爱和关怀;而在正义、公道和良心方面,她们便落后于男人了。因为,由于她们理智薄弱,眼前的、形象的、直接真实的事物都对她们产生一种威力,那是抽象的思想、固定的格言、坚定的决心或者一般说来,对于过去与未来、对于不在事物与遥远事物的考虑所难以抵消的。据此,她们具备第一位的主要的德行条件,但却缺乏第二位的、往往也是养成这种德行所必需的工具。在这方面,可以把她们比作一个只有肝脏而没有胆囊的有机体。这里我建议参阅我的论道德之基础的文章第17节。——因此,可以发现,不公道是女性的基本弱点。这个弱点首先来自上文讲过的缺乏理智与考虑,同时又为下列事实所增强,即她们作为弱者,天生不依赖力量而依赖狡狯为生;于是产生她们本能式的诡计多端,她们不可根除的撒谎嗜好。因为,正如给狮子以爪牙,给大象以巨齿,给公牛以犄角,给乌贼以搅浑水的墨汁那样,大自然也用乔装术来武装女人,使她得以保卫自己;而它赋予男人的一切力量如膂力和理智,在女人身上则转化为上述那种才能了。所以,乔装术是她们天生具有的,不论是愚蠢的还是聪明的女人几乎都懂。在任何情况下运用这一套,在她们看来都是很自然的,恰如那些动物受到攻击时立即利用它们的武器一样,而且在一定程度上还觉得,这是在行使自己的权利。所以,一个完全诚实的毫不乔装的女人几乎是没有的。正因如此,她们很容易看穿别人的乔装,以致对她们尝试乔装是不明智的。——但是,由于上文提到的基本缺点及其附加物,还产生了虚伪、不忠、背信、忘恩等等。女人比男人更常犯法庭上的伪证罪。是否可以容许她们发誓,一般是颇成问题的。——到处一再发生这样的事:什么也不缺少的太太们,到了店铺里,总要悄悄往衣兜里装点什么偷走。

6(§367)

大自然任命年轻、强壮而漂亮的男人来关心人类的繁殖,以免这个种属退化。这就是大自然的坚定意志,其表现乃是女人的情欲。这一法则比其他任何法则都更久远而又有力。所以,有人使其权利与兴趣妨碍了这个法则,就得大倒其霉了;不论他怎么说或怎么做,一有显著的苗头,就会被无情地压碎。因为,女人秘密的、未经宣布的,甚至无意识的、但却是天生的道德准则是:"那些自以为有权利传种接代,而很少关心我们即个人的人,我们有理由欺骗他们。由于下一代是我们生出来的,种的素质从而还有种的福利,被交到了我们手中,并由我们来照顾;我们要凭良心办好这件事。"但是,女人决非抽象地、而只是具体地意识到这个至高无上的基本原则,而且除了随机应变的行动方式外,她们也没有其他任何方式来表现它;而且那时,她们的良心也不会像我们所设想的,会受到什么干扰,因为在她们内心的黑暗深处,她们意识到,必须损害她们对于个人的义务,才能更好履行她们对于种的义务,后者的权利要大得多。——关于这个事实真相,我的主要著作《作为意志与表象的世界》第二卷第44章有详尽的阐述。

因为女人归根到底只是为传种而存在,她们的使命仅止于此;她们一律生活在种属中,而不是在个人中:她们在内心把种属的事务看得比个人更认真。这就使得她们的整个生活和活动带有某种轻浮性质,一般说来,带有某种与男人根本不同的倾向,由此形成婚姻生活中常见的、几乎正常的不和谐。

7（§368）

男人之间天生只有冷淡，而女人之间则天生有着敌意。这是由于同行相妒在男人身上只限于他们各自的行业，而在女人身上却包括了整个性别；因为她们全体只有一个行业。她们在街上相遇，就像教皇派和保皇派①一样互相对峙。两个女人初次相识，比两个男人在同样情况下，彼此表现出显然更多的勉强和矫饰。因此，即使是两个女人之间的问候，也比在男人之间要可笑得多。再者，男人即使对比自己低得多的人讲话，照例还带有某种体恤和人情，那么看到一个贵妇对一个下人（还不是为她服务的下人）讲话，通常会表现出怎样的傲慢和鄙夷，实在令人难以忍受。这可能由于，一切等级差别对于女人要比对于我们更其不可靠，变化和消失得更快的缘故；因为，对于我们，天平上有一百件东西，而对于她们，却只有一件起决定作用，就是那个悦己的男人；还由于她们使命的片面性，她们彼此间站得比男人更近，所以她们设法突出地位的差别。

8（§369）

只有那些被性冲动搅昏了头的男人，才把这矮身、窄肩、宽臀、短腿的性属称为"美性"（即女性）：她的全部的美就藏在男人的性冲动中。与其称女性为"美性"，不如称之为非审美的性属更其合理。她们对于音乐、诗歌或造型艺术，实在都没有任何爱好和感受力；如果她们装作有什么爱好或感受的话，那不过为了卖弄风情的模拟行为罢了。这就是说，她们对于任何什么都没有纯客观的兴趣，个中理由我认为如下：男人努力争取直接控制事物，或者通过理解它们，或者通过强制

---

① 指中古时代在意大利的忠于教皇的教皇派和忠于德国霍亨斯陶芬皇室的保皇派的对立。

它们。而女人却随时随地诉诸一种间接的控制，即通过男人进行控制；只有男人才是她必须直接控制的。所以，把一切只看作征服男人的手段，乃是女人的天性；如果她们对别的什么感兴趣，那不过是矫揉造作，不过是绕弯子，终归是为了卖弄风情而装模作样。所以，卢梭也这样说过，"女人一般不爱什么艺术，也不懂什么艺术，更没有什么天才。"（《致达朗贝书简》注20）任何一个透视假象的人都会发觉这一点。且看一下她们是怎样注意音乐会、歌剧和戏剧吧，例如，看看她们对于最伟大杰作的最优美章节是怎样喋喋不休的那样幼稚的直爽吧。如果希腊人果真不让女人去看戏，他们这样做倒是很有道理的，至少在他们的戏院里，可能还听得见一点什么。在我们今天，在"教堂里禁止妇女喧哗"这条标语旁边，添上另一条"戏院里禁止妇女喧哗"，或者拿后者来掉换前者，并用大写字母写在舞台幕布上，也许更恰当些。如果我们考虑到，整个女性最卓越的头脑在美术中从不曾创造出一种无与伦比的真正伟大的、真实的而又独创的成就，在任何领域都没有给世界提供任何一件具有永久价值的作品，那么我们就不会从女人期待其他什么了。从绘画来看，这一点显得尤为突出，因为这门艺术的技术性适合她们，至少跟适合我们是一样的，所以她们也努力从事于它，但是仍然没有一幅伟大的绘画足以自炫；正因为她们缺乏心灵的客观性，而这正是绘画要求得最为直接的；她们处处执著于主观事物。这一点恰好说明，为什么普通妇女对于绘画根本没有一点感受力：因为"自然从不跳跃"，严格顺序前进。连胡亚特在他的三百年来名闻遐迩的《对科学智能的测验》一书中也否认女人有任何较高级的智能[1]。个别的局部的例外并不能改变事实；相反，女人从整体来看，本来是而且一直是最彻底最不可救药的市井小人。所以，在女人可以同男人分

---

[1] 胡安·胡亚特，《对科学智能的测验》（安贝雷斯，1603），序言第6页："妇女头脑的天然结构既无更高的智能，亦无更多的聪慧。"第十五章第382页："妇女在其自然状态中，她们的全部学识和聪慧，都是和智能相抵触的。"第十五章第398页："雌性们（因其性冷淡）不可能达到高深的智能，只要看看她们谈论轻微而容易的事情时的某种熟练表情"等等。——原注（胡安·胡亚特，1520—1590，马德里的医生。）

享等级与头衔的极其荒谬的安排下，她们乃是男人的卑劣野心之持久的激励者；此外，正由于这种品质，她们的优势和影响将使现代社会一败涂地。关于第一点，应当把拿破仑一世的这句话——"女人没有等级"作为准则；至于其他方面，香孚①说得很对，"她们生来是同我们的软弱和愚昧、而不是同我们的理智打交道的。她们和男人之间只存在着肤浅的同情，不涉及精神、心灵和性格。"她们是每方面都落后的第二性，她们的弱点我们自应照顾，但如对她们表示敬畏，则未免太可笑了，而且在她们眼中贬低了我们自己。自然把人类分成两半时，并没有恰好从正中间分开。就所有两极性而言，阳极和阴极的区别不仅表现在质量上，而且表现在数量上。——古人和东方人正是这样看待妇女的，因此他们认识妇女应有的地位，远比我们正确得多；我们则习惯于古法兰西式的殷勤和陈腐的女性崇拜，这正是基督教日耳曼的愚蠢之花，它只会使她们日益骄横和冷酷，以致有时令人想到恒河边贝勒拿斯城的圣猴，它们意识到自己神圣不可侵犯，便妄自尊大，为所欲为起来。——

　　西方的妇女，特别是所谓 Dame（夫人，太太），处于一种"虚假地位"：因为被古人正确地称为"第二性"的妇女，根本不配成为我们敬畏和尊崇的对象，不配把头抬得比男人还高，不配和男人有同等的权利。这种"虚假地位"的后果，我们可以一目了然。因此，真唯愿人类的"老二"在欧洲能回到她们天然有的位置上，不仅使整个亚洲发笑，希腊罗马也会当作笑柄的那种夫人式胡闹也好有一个终点：其后果将在社会、民事和政治方面带来不可胜算的好处。撒利法②作为一种多余的自明之理，也就不再需要了。本来意义上的欧洲 Dame，是一种根本不应存在的生物；反之，只应有主妇和希望成为主妇的闺女，所以不能使她们骄横成性，而应教育她们勤俭持家和卑躬屈膝。正因为欧洲有所谓 Damen（夫人们），所以低等妇女，亦即这个性别的大多数，远比

---

① 香孚（1741—1794），法国作家。曾参加雅各宾革命派，后因反对恐怖而被捕。
② 撒利法，原指撒利族禁止妇女继承土地的规定，后指法国和西班牙禁止女性继承王位的法律。

她们在东方更为不幸。甚至拜伦爵士也这样说(见托·摩尔:《书简与日志》第二卷第 399 页):"想想古希腊妇女的地位——那是很方便的。现在的地位,骑士精神与封建时代之蛮风的残余——做作而不自然。她们应当关心家庭——吃得好,穿得好——但不应参加社交。在宗教方面,也应受好教育——但不应读诗歌,也不应读政治书——只应读敬神和烹饪的书。音乐——绘画——舞蹈——有时也学点园艺和耕种。我曾看见她们在伊庇鲁斯修过路,修得很成功。为什么不可以修得像晒干草和挤奶一样好呢?"

9(§370)

在实行一夫一妻制的我们这部分世界里,婚姻意味着平分一个人的权利,倍增一个人的义务。但是,法律向妇女让出与男人同等的权利时,它还应当赋予她们一种男性的理智。另方面,法律颁给妇女的权利和荣誉越多,多到超过自然的比例,那么真正分享这种优惠的妇女人数便越少,而其余所有妇女则被剥夺天然的权利,像被过分赋予前者一样多。因为一夫一妻制及其附属的婚姻法完全认为女人是男人的充分同等物(根本不是那么回事①),给予妇女违反自然的有利地位,于是明智而慎重的男人便经常踌躇不决,是否应当做出如此重大的牺牲,签订一个如此不平等的契约。所以,虽然在一夫多妻制的民族中,每个女人都能得到赡养,而在一夫一妻制的民族中,已婚妇女的人数却是有限的,剩下不可胜数的妇女无依无靠,她们在上层社会作为无用的老处女,过着植物般的生活,而在下层社会则从事不相宜的苦役,或者干脆成为卖春妇,过着一种既无欢乐更无廉耻的生活;不过,在那种情况下,为了满足男性,她们倒是不可缺少的,从而作为一种被公开承认的身份出现,并带有特殊的目的,即可以保护那些为命

---

① 欧洲婚姻法把女人当作男人的同等物,可见出自一个错误的前提。——原注

运所偏爱的妇女(她们已找到或者有希望找到丈夫)不至于被诱奸。单在伦敦一地,就有八万名妓女。一夫一妻制的祭坛上的真正牺牲品,如果不是那些在这个制度下迅速堕入最可怕深渊的妇女,又会是谁呢?其悲惨境遇在此有所描述的妇女正是骄横恣肆的欧洲 Dame 之不可避免的陪衬。因此,对于女性(作为一个整体来看),一夫多妻制才是一件真正的福利。另方面,也没有什么理由,为什么一个男人如果妻子患了慢性病,或者不生育,或者对他逐渐变得太老,而不应讨第二个妻子。使许多人改信摩门教①的动机,似乎正是想废除违反自然的一夫一妻制。此外,给予妇女不自然的权利,也就给予她们不自然的义务,违犯这些义务就会使她们变得不幸。这就是说,许多男人考虑到身份和财产,会认为婚姻是不可取的,除非它与某种灿烂的条件相联系。于是,他将希望在另外的、能保全她和孩子的命运的条件下,根据自己的选择,弄到一个女人。尽管那些条件是如何便宜、合理而又符合实际,如果她屈从,而不坚持只有婚姻才能保证的不相称的权利,那么她将因为婚姻是市民社会的基础,在一定程度上便因屈从变得不名誉,不得不过一种悲惨的生活;因为人性往往导致我们对别人的意见赋予一种完全与之不相称的价值。另方面,如果她不屈从,那么她将冒这样的危险,或者不得不嫁一个她讨厌的男人,或者作为老处女枯萎下去:因为她能待字闺中的时期是很短的。关于我们一夫一妻制的这一方面,托玛策乌斯②的学识深厚的论文《论蓄妾》是十分值得一读的,从中可以看出,在一切开化民族中,在一切时代,直到马丁·路德的宗教改革为止,蓄妾曾经是一种被允许的、甚至在某种程度上被认为是合法的、根本不引以为耻的制度,它只是被路德的改革从这个等级上推倒下来,改革认为废除蓄妾制,可以多一种方法为教士的婚姻作辩护;此后,教会方面在这个问题上也就不敢后人了。——

关于一夫多妻制,实在没有争论的必要,倒是可以把它看作遍地

---

① 摩门教,一度流行于美国犹他州盐湖城的一个基督教支派,奉信一夫多妻制。
② 托玛策乌斯(克里斯蒂安,1655—1728),德国法学家。

存在的事实,问题只是如何使之规范化。试问哪里会有真正的一夫一妻主义呢?我们大家至少在一段时期内,而大多数人则始终生活在一夫多妻制中。因此,既然每个男人需要许多女人,那么让他自由地以至负责地赡养许多女人,就再公平不过了。这就可以使女人回到她们作为附属品的正确而自然的位置,而所谓 Dame,欧洲文明和基督教日耳曼这个愚蠢的怪物,便将连同她们对于尊荣的可笑要求,从世界消失了,于是只剩下女人,但不再是欧洲目前遍地皆是的那种不幸的女人。——摩门教徒有道理。

10(§371)

在印度斯坦,没有一个女人曾经是独立的,根据《摩奴法典》①第五章第148条,每个妇女都在父亲,或丈夫,或兄弟,或儿子的监督之下。把寡妇连同丈夫的尸体一起烧掉,固然骇人听闻;但是,她把她丈夫一生辛勤挣得的财产(他原来希望是为他的孩子们而劳动)拿来和姘夫一起花光,同样也是骇人听闻的。走中间路线的人有福了。——原始的母爱,在人身上如在动物身上一样,纯粹是本能的,因为当孩子不需要照顾时,它也就随之结束。此后取而代之的乃是一种基于习惯与理性的母爱,但它往往不存在,尤其是母亲不爱父亲的话。父亲对于子女的爱却是另一种方式,而且更经得起考验:它基于这样一个事实,即他在孩子身上看见了他最内在的自己;这就是说,这种爱有着形而上学的根源。——

在世上几乎一切古今民族中,甚至在霍屯督族,财产只能由男性后代来继承②。只有在欧洲,才发生了偏差,但贵族也不尽然。——男

---

① 《摩奴法典》,梵文法典,据印度神话,出人类始祖摩奴手笔。
② "在霍屯督人中间,父亲的财产全部传给长子,或传给本家最亲近的男性。财产决不可瓜分,女人决不可要求继承。"(G. 勒鲁瓦:《论动物之智力与可改善性的哲学书信及若干论人的书信》。巴黎1802版,第298页)——原注

人通过巨大而持久的辛勤劳动挣得的财产，后来落到女人手里，她们由于缺乏理智，竟在短时期内把它花光或者抛撒殆尽，这是一件既严重而又经常的怪现象，应当限制女性继承权来加以防止。我认为，最好的办法是，规定女人不论是遗孀还是女儿，永远只能继承一种用抵押品保证她们一生可领的利息，而不能继承地产或资本，除非没有任何男性后人。财产的挣得者是男人，而不是女人；所以后者没有资格无条件地占有它，正如她们也不能被委托管理它一样。女人即使继承了真正意义上的财产，如资本、房屋或土地，她们也决不能自由地处置它。她们永远需要一个监护人；因此，她们在任何情况下都不应得到对其子女的监护权。女人的虚荣即使不比男人的更大，却有这样一种害处，它完全表现在物质方面，即表现在她们的个人姿色上面，进而在虚饰、华丽和豪奢上面。所以，她们那么欢喜社交。加之她们缺乏理智，这样更使她们耽于靡费。与之相反，男人的虚荣却经常表现在非物质的长处方面，如智力、学问、勇气等等。——亚里士多德在《政治学》第二卷第9章中分析过，斯巴达人向他们的妇女做太大的让步，使她们得到继承权、嫁妆和大量的自由放浪，结果他们吃了大亏，这对斯巴达的覆灭起了很大的作用。——在法国，自路易十三以来，妇女的影响不断增长，不正应当为朝廷与政府逐渐腐败，招致第一次革命及其一系列动乱恶果承担罪责吗？在任何情况下，女性的一种虚假地位，如在我们的 Damen 身上以最刺目的方式所表现的，乃是社会机体的一种基本缺陷，它从其心脏向各分支扩散其有害的影响。

女人生来是要服从的，这一点可由下列事实见出，任何一个女人如果移到与其天性不相应的完全独立的位置，马上就要贴紧任何一个男人，让自己由他来引导和统治；因为她需要一个主人。如果她年轻，那就是一个情人；如果她年老，那就是一个听忏悔的神父。

论噪音

康德写过一篇论生命力的文章,我却想为它们写一篇挽歌;因为它们极其频繁地应用在敲击、锥打和撞砸中,使我一辈子经受着日常的折磨。诚然,有人,甚至很多人,遇见这类事情一笑置之,因为他们对噪音无动于衷。然而,正是这些人对论证,对思想,对诗歌与艺术品,一句话,对于各种精神影响也无动于衷,其原因在于他们的脑筋有坚韧的质地和粗壮的纤维。反之,我在几乎所有伟大作家如康德、歌德、利希滕贝格、让·波尔等人的传记或其他个人谈话录中发现,他们都抱怨噪音对于从事思考的人们所造成的折磨;如果说关于某人缺少这方面的材料,那不过是没有篇幅写到而已。我想这样来谈这个问题:正如一枚大钻石,切成碎片,就完全丧失它原有的价值;或者正如一支军队,如果溃散成若干小股,也就无能为力了;那么,一个伟大的心灵,一旦被阻碍,被干扰,被分心,被打岔,就不比一个常人更有能耐;因为他的优越性正取决于他把他所有的力量集中在一个点和对象上,正如一面凹镜聚焦它的光线,而噪音正在这方面妨害了他。所以,卓越的心灵总是十分厌恶任何干扰、阻碍和打岔,首先是厌恶由噪音引起的强烈的干扰;而普通人对此却不特别介意。欧洲最懂事最明智的民族甚至立下了这条规矩:"请勿打搅!"可说是第十一条戒律。但是,噪音是所有干扰中最鲁莽的一种,因为它不但干扰而且甚至瓦解我们的思想。然而,在没有什么可干扰的地方,噪音也就不会特别被感觉到。——有时,一种轻微而嗡嗡不绝的噪音干扰并折磨了好一会儿，我才清楚地意识到它，因为当时我只觉得自己的思想在不断加重，到后来我才发现它是什么。——

但是，由类过渡到种，我不得不把城市里喧嚣街道上真正该死的挥鞭声斥为最不负责任、最可耻的噪音，它剥夺了生活的宁静，使沉思默想成为不可能。没有什么像允许挥鞭一事使我那么清楚地认识到，人类是多么麻木不仁和粗心大意。这种突如其来的、尖锐的、麻痹脑筋的、切断一切意识而又扼杀思想的劈啪声，一定会为每个头脑里装着一点类似思想什么的人痛苦地感觉到；这种噼啪声一响，一定会干扰成百个从事精神活动的人，不论这种活动是如何低下；对于思考者，它的效果更是糟糕透顶，苦不堪言，它砍断他们的思想，有如刽子手的钺斧砍断首级和身躯。没有什么音响像这该死的挥鞭声那样尖锐地切入了脑子：人们直接感到鞭绳的尖端就在脑子里，它打在上面有如用手去碰含羞草，而且时间是那么久。尽管再怎样尊重最神圣的功利，我真不明白为什么那个运走一车沙土或粪便的伙计，会因此获得这样的特权，即在半小时的市内运行中把一万个头脑里每个似乎升起的思想依次扼杀于萌芽状态中。锤击、狗叫和孩子啼哭都是可怕的；但是，真正的思想凶手只能是挥鞭声。把任何一个人偶尔会有的每个美好的沉思的顷刻加以粉碎，就是它的使命。如果说为了驱赶役畜，除了这种最可憎的音响，再没有别的办法，那还情有可原。然而，事实完全相反：这种该死的挥鞭声不但是不必要的，而且是无用的。就是说，试图通过挥鞭声在马身上所产生的实际效果，由于不停地滥用此法而带来的习惯性，已经完全失效了，不再管用了：它们并不照此加快脚步，如在寻找顾客的空马车上见到的，它慢吞吞地行驶着，不断响着鞭子，其实，用鞭子轻轻触一下，反而会产生更大效果。但是，如果认为，通过响鞭向马提醒鞭子的存在，是绝对必要的，那么把音响降低一百倍也足以做到：因为众所周知，动物甚至注意最轻微的、几乎觉察不到的信号，不论是从视觉还是从听觉而言，受过训练的狗和金丝雀可以提供这方面惊人的例证。因此，可以说，挥鞭是纯粹的恶作剧，不，是社会上用手劳动的一部分人对用脑劳动的一部分人的狂妄的嘲弄。在城市里竟然容许这样一种丑行,乃是一种巨大的未开化和不公正;尤其显得如此,是因为只需警方告示一下,每根鞭绳末端打一个结,就很容易消除这种噪音。让贫民注意一下比他们高一等的人们的脑力劳动,不会有什么害处;因为他们对于所有脑力劳动都有一种极大的恐惧。如果一个伙计驱着空载的邮递马或拉车马,驰过人烟稠密的城市的窄街,使全力不断挥着两米长的鞭子——我恨不得把他立刻拉下马来,狠狠打他五大棍:世界上所有的慈善家,以及出于善意废止全部肉刑的立法会议,都劝阻不了我!但是,人们还常常看见比那更可恨的事,就是一个车夫没有马匹,独自走在街上,还不断地挥响着鞭子:由于不负责任的宽容,这个家伙是如此习惯了挥鞭。现在,既然肉体及其一切满足如此普遍地受到眷顾,难道进行思考的心灵唯一不应得到哪怕最小的关怀或保护吗,更别提尊敬了?车夫,搬运工,听差的,等等,都是人类的驮载工具;他们完全应当合乎人道地、公平合理地、宽容而又事先照顾地对待。但是,不应允许他们以恶作剧式的喧闹妨碍人类的高级努力。我想知道,有多少伟大而优美的思想被这些鞭子挥出了人间。如果我有权力下命令,我要让人在马车夫的头脑里,在挥鞭和挨打之间,建立一种牢不可破的联想。——我们希望,更明智的、更敏感的民族在这方面带个头,然后让德国人亦步亦趋地跟着仿效。① 且说托马斯·胡德②曾经(《在莱茵河上》)这样说过德国人:"作为一个音乐民族,他们是我所曾遇见的最喧嚷的民族。"他们之所以如此,不在于他们比其他民族更乐意听噪音,却在于他们因迟钝而产生的麻木;他们听见噪音,不会因此被干扰了什么思想或阅读,因为他们根本不思想,只一味抽烟,这是他们的思想代用品。普遍容忍不必要的噪音,例如最无教养的粗鲁的碰门声,直接证明了普遍存在的

---

① 按照一八五八年十二月一份《慕尼黑动物保护协会布告》,纽伦堡已严格禁止不必要的鞭打和挥鞭声。——原注

② 托马斯·胡德(1799—1845),英国诗人。

头脑迟钝与空虚。在德国,仿佛有意这样安排,没有人会意识到什么噪音:例如,毫无目的的击鼓。

最后,关于本章所述对象的参考书目,我只想推荐一部作品,但却是一部优美的作品,即著名画家布朗齐诺[①]的三行体诗简,题目为《致卢卡·马尔蒂尼》。它以悲喜剧的方式详尽而风趣地描写了在一个意大利的小城里不得不从各种各样噪音所忍受的痛苦。这篇书简见于据称一七七一年出版于乌得勒支的《伯尔尼的诙谐歌剧》第二卷第258页。

[①] 布朗齐诺(1503—1572),意大利画家。

比方,譬喻和寓言

1（§379）

可以用凹镜来打各式各样的比方,例如,像前文偶尔做过的那样,用它来比拟天才,只要他也把他的力量集中在一个地方,以便像凹镜一样,向外投射一个骗人的、然而美化的物象,或者一般说来,把光和热积聚到产生惊人的效应。反之,时髦的博学者却可比作凸面的散光镜,因为它(只是很少在其表面下)让人同时看见所有东西,外加一个小型太阳,并向四面八方对着每人投射这些东西;而凹镜只向一个点投射,并要求观看者有一个确定的位置。

其次,每件真正的艺术品也可比作凹镜,如果它所真正传达的不是它固有的可触摸的自身,不是它的凭经验可知的内容,而是位于自身之外,用手摸不着,毋宁说乃是事物本来的、难以捕捉的精神,只有由想象力来追求。关于这一点,请参阅我的主要著作第二卷第34章第407页(第三版463页以下)。

最后,一个绝望的爱者也可把他残忍的美人讽刺地比作凹镜,因为她像它一样放光,着火,消磨人,同时本身却又是冷的。

2（§380）

瑞士可比作一个天才:美丽而庄严,但不适于结滋补的果实。另方面,波美拉尼亚和霍尔斯坦沼泽地非常肥沃并富于营养,但是平淡乏味,像有用的凡夫俗子。

3(§381)

我站在成熟麦田里一块被冷酷的脚踩成的空地前面。在无数彼此十分相似的、笔挺的、结着饱满沉重麦穗的麦秆中间,我看见一丛各式各样的蓝色、红色和紫色的花朵,它们以其天然风致,连同其叶簇,显得十分悦目。但是,我想,它们是无用的,不结果实的,本来不过是莠草,它在这儿被容忍,只因为人们还不能除掉它罢了。尽管如此,毕竟只有这些花朵赋予这个景象以美与魅力。所以,从各方面说,它们的作用同诗与美术在认真的、有用的并能获利的市民生活中所起的作用一样;所以,它们可以看作是诗与美术的象征。

4(§382)

地球上有真正非常美的风景,但是处处恶劣地装点着陪衬;人们最好不要留恋这些玩意。

5(§383)

一座城市具备建筑装饰,纪念碑、方尖塔、喷水泉等等,外加糟糕透顶的铺石路面,如在德国所习见的,就像一个女士戴着金银珠宝首饰,却穿着肮脏而褴褛的衣服。你们如想把你们的城市装饰得像意大利的城市一样,就把它们的路面铺砌得像意大利的路面一样吧。附带说一声,不要在房屋那么高的基座上竖塑像,要像意大利人那样。

6（§384）

应当把苍蝇当作放肆和莽撞的象征。因为一般动物很怕人，见人一来就逃得远远的，而苍蝇却停在人的鼻子上。

7（§385）

两个中国人在欧洲第一次进剧场。一个忙于了解机关布景的构造，他成功了。另一个则设法破解剧本的意义，尽管他并不懂这门语言。——前者可比作天文学家，后者可比作哲学家。

8（§386）

我站在附设气压装置的水银槽旁，用一柄铁勺舀出几滴，把它们抛向空中，又想用勺把它们接住，没有成功，它们落回到槽里，一点也没有丢掉，除了它们眼前的形式；所以，成功与否对我几乎无所谓。——万物的内在本质正可比作个体的生与死。

9（§387）

智慧在一个人身上只是理论上存在，并没有实际意义，有如重瓣玫瑰，因色香而使人赏心悦目，但什么果实都不结就凋谢了。

没有刺的玫瑰是没有的。——但是，许多刺并没有玫瑰。

10（§388）

理所当然，狗是忠实的象征；但在植物中间，就应数枞树了。因为只有它，不论在倒霉或走运的时刻，都和我们坚守在一起，不像所有其他树木、植物、昆虫和雀鸟，随着太阳的恩惠而离开我们，——好在天空再向我们微笑时回来。

11（§389）

在一棵繁花似锦的苹果树后面，一棵笔挺的枞树扬起了它又尖又黑的顶端。苹果树对枞树说："瞧我浑身盖满了成千上万漂亮、活泼的花朵！你拿什么来同这些相比呢？暗绿的针叶吧。"——"诚然，"枞树反驳道，"但当冬天到来时，你将光秃秃地站在那儿；我却跟我现在一个样。"

12（§390）

有一次，我在一棵橡树下面采集植物标本，在其他同样大小的杂草中间发现一株深黑色的植物，长着抽紧的叶片和又直又硬的茎。我摸了它一下，它以坚定的声音对我说："别碰我！我可不像其他那些被自然注定只有一年生命的杂草，不是供你采集的。我的生命要按世纪来计算：我是一棵小橡树。"影响长达数百年的人也是这样，他童年时、青年时、往往还在成年时，甚至整个一辈子，看来跟别人一样，跟他们一样渺不足道。但是，有朝一日识者会走到他身边来！他不会像别人一样死去。

13（§391）

我发现一朵野花，惊羡它的秀丽，它的各部分的尽善尽美，不禁叫喊起来："可你和你成千上万同类身上这一切，盛开了又凋残，竟没人来打量，甚至没有瞅一眼。"——但它回答道："你这傻瓜！你以为我开花,是让人看的吗?我开花是为了我自己,不是为了别人,我开花是因为我高兴:我开花,我存在,个中就有我的喜悦,我的乐趣。"

14 (§392)

当地球表面还是千篇一律的平坦的花岗岩层,还没有任何胚种产生任何生物的时候,一天早晨太阳升起来了。信使女神伊里斯奉朱诺之命飞来,急冲冲对太阳喊道:"你干吗费力升起来?没有一只眼睛瞅到你咧,也没有门农巨像在发声!"①太阳回答道:"可我是太阳,我升起来,因为我是太阳。管你看不看得见我!"

15 (§393)

一片美丽的、发绿的、茂盛的绿洲四下环顾,周围除了沙漠什么也瞧不见:它枉然试图发现它的同类。于是它不禁悲叹起来:"我这不幸的孤独的绿洲啊!我不得不孤零零呆在这儿!哪儿也没有我的同类!甚至哪儿也没有一只眼睛来瞅瞅我,来欣赏我的草地、泉水、棕榈树和灌木林!除了令人沮丧的、多沙的、多岩石的、无生命的沙漠,我周围什么也没有。在这片荒凉的地带,我所有的优点,美丽和富庶于我又有何用!"

于是,苍老的灰暗的沙漠母亲说话了:"我的孩子,如果不是这样,如果我不是令人沮丧的、干燥的沙漠,而是茂盛的、绿油油的,生气勃勃的,那么你就不是什么绿洲,不是远方流浪者津津乐道的受欢迎的地带;而只会是我的一小部分,就这么着无人问津地消失了。所以,还是安心于使你受到表扬、获得赞美的条件吧。"

---

① 据希腊神话,伊里斯即彩虹女神,神和人的中介者,跟信使神赫耳墨斯不同,她只执行宙斯和赫拉的命令;朱诺即天后赫拉的罗马名称。门农巨像指古埃及法老阿门霍特普三世的雕像,日出时能发出类似竖琴的声音。

16（§394）

坐着气球翱翔的人看不见自己上升,却见到大地在下降,越降越深,越降越深。——这是什么意思呢？是一个只有赞同者才懂得的秘密。

17（§395）

测量一个人的大小,精神方面和肉体方面的规律正好相反;后者是人越远越小,前者是人越远越大。

18（§396）

自然在万物身上抹上了美的釉子,就像在青色李子上抹上了柔滑的、呵上去的露水。画家和诗人努力把这层釉子蹭掉,积存起来,好供我们从容享受。于是,我们在进入实际生活之前,贪婪地把它啜饮掉。后来我们进入了生活,便自然而然地发现,万物被剥去了自然抹在它们身上的那层美的釉子:因为艺术家们把它完全用光了,我们预先把它享受过了。因此,我们现在觉得,万物通常不够友好,缺乏魅力,甚至使我们反感。所以,最好是让那层釉子留在上面,我们好自己去发现它:诚然,我们未必会把它积存到那么大分量,也不会一次就以全部图画或诗歌的形式去享受它;但是为此却可像一个赤子有时那样,在一种明朗的令人愉快的光线下观看万物,需知赤子预先不曾凭借美术享受他的审美愉悦和生活的妩媚。

19（§397）

美因茨的大教堂为它周围和附近所建的房屋遮掩着,从哪儿也不能完全看见它,我觉得它就是世界上一切伟大美丽事物的一个象征,它本来只应当为自身而存在,但是不久,由于四面八方来人要求依靠和支持,从而对它加以掩盖和败坏,它便被滥用了。这当然不是一个令人惊讶的过程,在这个充满匮乏与需求的世界里,一切都必须被抢去作为工具,为满足匮乏与需求而服役;连在暂时没有匮乏与需求的情况下可能制造出来的东西也不例外,例如美和因其本身而被寻求的真。

我们会特别清楚而确切地发现这一点,如果我们观察一下任何一个时代和国家为了保持和促进人类知识及一般使人类为之高尚的智力追求而设立的大小贫富机构。不论它们设在哪里,不久就会有粗野的残忍的欲望悄悄溜过来,装出一副乐于为那个目的服务的模样,以便夺取为此应有的报酬。这就是经常出现在各门学科中的江湖骗术的根源,尽管这些骗术的表现形式各有不同,其本质在于毫不关心学术本身,只致力于表面功夫,以便达到个人的利己的物质目的。

20(§398)

每个英雄都是一个参孙,强者屈服于弱者与众人的阴谋:他终于失去耐心,便与之同归于尽;或者他不过是小人国里一名格列弗,那些小人为数过多,终于把他制服了。①

21(§399)

一个母亲为了教育和改正她的孩子们,拿伊索寓言给他们去读。但是很快他们把这本书还给她了,最大的一个早熟,他这样说道:"这

---

① 参孙,系以色列人的士师,力大无穷,后为其情妇大利拉出卖给非利士人,与敌人同归于尽。见《旧约·士师记》。格列弗系英国作家斯威夫特著名小说《格列弗游记》的主人公。

不是我们读的书！太孩子气，太无聊了。什么狐狸、狼和乌鸦会讲话，这一套再也骗不了我们：我们早过了爱听这类荒唐故事的年龄！"——在这些前途无量的孩子们身上，谁不认识未来开明的唯理论者呢？

22（§400）

严冬的一天，一群豪猪挤在一块儿，为了通过彼此的热气，保护自己不致冻僵。但是，它们很快感觉到对方的硬刺；于是它们又互相挪开了一点。当取暖的需要又把它们推到一起时，同样倒霉的事重复了一遍；于是它们进退两难，几经周折，终于找出了彼此间一个适当的距离，可以相安无事。——人们就这样，由于自己内心的空虚与单调，相互产生了交游的需要；但是，他们许多讨厌的个性和不堪忍受的缺点又使他们彼此分开。他们终于找到了可以在一起彼此相安的适当距离，那就是客气和礼貌。不保持这个距离的人，在英国会被人大喝一声 Keep your distance！由此看来，相互取暖的需要诚然满足得不够完善，但却因此感觉不到刺痛了。——然而，谁要有许多自身的内在的热力，就宁愿留在群体之外，既不会刺痛别人，也不会被别人刺痛。

关于文学写作的美学*

我想为诗举出一个最简单而又最正确的定义:它是利用文字发挥想象力的艺术。至于怎样做到这一点,我已在第一卷第51节陈述过了。从那时起已经发表的维兰德(Wieland)致默尔克(Merck)①的一封信有如下一段,可为那里已经说过的一切提供一个特殊的证明:"我为一个诗节花了两天半的时间,其中问题基本上在于我既需要而又找不到的一个词儿。我把这东西和我的思路向四面八方试探过;因为如果这涉及一幅画,我自然想把浮动在我眼前的某种同一幻象,移到读者的眼前,而且往往,ut nosti(如你所知),一切取决于唯一的一种笔锋线条,或者浓墨重彩,或者光线反射。"(《致默尔克书信集》,瓦格纳出版,1835,第193页)——因为读者的想象力是文学创作用以表现其形象的素材,它就有这样的优越性,即越是细致的表述,越是纤巧的特色,就越会在每个人的想象力中产生这样的结果,正如它最适应于其个性、其认识范围及其情绪,因而也就最生动地激励了他;不是说造型艺术不能这样适应,而是这里一幅画、一个形象必须满足一切人。但是这个形象总得在某些方面带有艺术家或其模型的个性的印记,作为一个主观的、或偶然的不适当的附加物;尽管艺术家愈客观,即愈富于独创性,往往愈不会这样。由此可以在一定程度上解释,为什么文学作品会比图画与雕像产生强烈得多、深刻得多而且普遍得多的效果;

---

* 译自叔本华的《作为意志与表象的世界》第37章。
① 维兰德(1733—1813),德国诗人;默尔克(1741—1814),德国批评家。

而后者却使普通人不感兴趣。总而言之，造型艺术是生效最薄弱的艺术。此外，在一些私宅和各种场所，经常会找到和发现大师们的画卷，在那里悬挂了许多世代，虽不曾被埋没和隐藏，却只是被忽视，以至默默无闻，这更提供了一个不同寻常的证据。我在佛罗伦萨时（1823），甚至有一幅拉斐尔的圣母像被发现了，它在一座宫殿（在 Quartiere di S. Spirito）的仆役室的墙上挂了很长一段岁月；而这件事发生在意大利人中间，他们可是在美感天赋上无与伦比的民族。这表明，造型艺术品并没有多少直接的突如其来的作用，对它们的评估远比对其他艺术品的评估更需要教育和知识。与之相反，一首优美的扣人心弦的曲调做一次环球旅行，一首杰出的诗篇从一个民族传到另一个民族，是多么毋庸置疑啊。大人物和富翁们正是对造型艺术奉献了最强有力的支持，只为他们的作品就花费了可观的金额。的确，时至今日，一种本来意义上的偶像崇拜，会为一位著名的老大师的一幅画，付出相当于一座田庄的代价。这主要在于杰作的稀罕，对它的占有因而使人感到骄傲，但也可能在于对它的享受无需费时和费力，每时每刻一刹那就可办到；然而，诗歌甚至音乐则提出了麻烦得多的条件。与之相应，造型艺术还可以付之阙如；整个民族如穆斯林就没有它们，但没有一个民族没有音乐和诗歌。

　　但是，作者发动我们的想象力的目的，是向我们显示理念，即举例说明何谓人生，何谓世界。为此第一个条件就是，他已认识了人生或世界本身；他的诗作写得如何，就看他的认识是深刻还是平庸。据此，就有数不清的层次，正如了解事物性质的深刻度和明晰度，有数不清的层次，了解诗人性质的深刻度和明晰度亦复如此。他们每一个此刻必定自认为杰出，只要他正确地表现了他所认识的一切，他的形象符合他的原型；他必须与最佳者并肩，因为即使在最佳的形象中，他也不比在他自己创作的形象中认识得更多，换言之，跟在自然本身中认识的一样多；因为他的目光不可能一下子进入得更深。但是，最佳者本人认为自己是这样的，他看见别人的目光是多么肤浅，尽管有许多东西还藏在后面,他们不能反映,因为他们看不见它们,而且尽管他的目光和它看见的形象伸展到好远。如果他不理解平庸诗人,像他们不理解他一样,这时他一定会绝望;正因为需要一个非凡的人来公平地对待他,可蹩脚诗人们偏偏很少重视他,正如他重视他们一样,他还得长久地靠他自己的掌声过活,在世界的掌声接踵而来之前。——这时他自己的掌声也失去了活力,因为人们指望他会非常谦虚。但是,谁有功劳并知其代价,却会视而不见,这是不可能的,正如一个人身高六英尺,却没注意到他超过了别人一样。如果从塔基到塔顶有三百英尺,那么从塔顶到塔基当然也有那么高。贺拉斯(Horaz)、卢克雷斯(Lukrez)、奥维德(Ovid)[1]以及几乎所有古人,都曾骄傲地谈到过自己,连但丁、莎士比亚、培根和更多人也这样谈过。一个人可能是一个伟大的才子,却毫不自觉,这是一件荒谬的事情,它只能说明自己令人沮丧地力不从心,从而又可能把自己貌不足道的感觉当作谦逊。一个英国人机智而正确地说过,merit(功绩)和 modesty(谦逊)毫无共同点,除了开头的字母[2]。我总是怀疑谦逊的名流,他们这样谦逊可能有道理。科内尔(Corneille)[3]直率地说过:

> 装模作样的谦卑永远不会带来体面,
> 你意识到你的价值,别人也会意识到他的。

歌德终于干脆这样说:"只有瘪三才谦逊"。([社交歌曲]:〈辩解〉)但更确实可靠的是这种看法,那些如此热心向别人索取谦逊,坚决要求

---

[1] 贺拉斯(公元前65—前8),罗马诗人,讽刺作家;卢克雷斯(公元前90—前53),罗马诗人,享乐主义信徒;奥维德(公元前43—公元17),罗马诗人,著有《变形记》《爱的艺术》等。
[2] 据利希滕贝格(Lichtenberg)在《杂文集》新版,格廷根,1844,第三卷第19页中援引,施坦尼斯劳斯·莱策林斯基(Stanislaus Leszerynski)曾经说过:"谦逊应当是那些没有其他长处的人们的德行。"——文末原注
[3] 科内尔(1606—1684),法国大剧作家,以喜剧起步,以悲剧著称,法国古典悲剧的创始人。

谦逊,持续不断地叫喊"只有谦逊!天哪,只有谦逊!"的人们,肯定是瘪三,即完全不值一顾的无赖,自然的大路货,人类群氓的正式成员。因为谁自己有功绩,也会承认功绩,——这一点不言而喻,是确实无疑的。但是,本身毫无长处与功绩可言的人,则唯愿天下根本没有这些东西:他们看见别人身上的长处,便感到折磨难受;白色、绿色、黄色的嫉妒耗尽了他的精力;他想销毁和根除一切被人偏爱的人们:但他不幸又不得不让他们存在着,只有在这个条件下才可能,即他们隐藏、完全否认甚至发誓放弃他们的长处。这就是如此经常颂扬谦逊的根源。而且如果这些颂扬者有机会绞杀功绩于萌芽之中,或者至少阻碍它显示出来或为人所知,——谁会不相信他们这样做了呢?因为这正是对他们的理论的实践。——

虽然作家像每个艺术家一样,永远只向我们展示个别、特殊,他所认识的并想让我们由他的作品而认识的,便正是(柏拉图的)理念,全部的种属;所以人的性格的类型与环境仿佛被铭刻在他的形象中了。小说家、甚至戏剧家从生活中取出全部个别,按其个性将它细致地加以描绘,却由此揭示了全部人的生存;他虽然表面上与个别相关,实际上却涉及随时随地的一切。由此可见,名言警句,尤其是戏剧家的,即使不是普遍性的格言,在现实生活中也得到经常的应用。——诗之于哲学,其关系恰如阅历之于经验科学。换言之,阅历使我们通过事例熟悉个别现象:科学则借助于普遍概念包括了现象的总体。诗也这样借助于个别,并通过事例,使我们熟悉本质的(柏拉图)理念:哲学则教人在总体与普遍中认识事物在其身中显示出来的内在本质。——我们在这里已经看到,诗更多地具有青年的性格,哲学则具有老年的性格。实际上,诗歌才能本来只是在青年身上才活跃,对诗的敏感性也经常是在青年身上才热烈:青年人欢喜这样的诗句,经常凑合着使用便宜货。随着年龄增长,这种倾向渐渐消退,到老年则偏爱散文。由于青年时期的那种诗人倾向,现实感当时容易被破坏。因为诗与现实的区别在于,生活在诗中是有趣的,可以毫无痛苦地流过我们身边;而在现实中,它即使没有痛苦,也是没有趣味的,但一当它有趣,它就不会没有痛苦。对诗比对现实入门更早些的青年人,向现实要求只有诗才能提供的东西:这就是使最优秀的青年浑身不自在的一个主要根源。——

格律与韵脚是一种枷锁,但也是诗人披在自己身上的一层面纱,他披着它可以讲他通常不敢讲的话:正是这一点使我们高兴。——换言之,他为他所说的一切话语只负一半的责任;另一半则需由格律和韵脚出面承担。——格律,或称韵律,作为纯节奏,只能存在于时间之中,时间先验地是一种纯粹的直觉,用康德的说法,不过属于纯感性;而韵脚则是听觉器官的感觉对象,也就是属于经验的感性。因此,节奏比起古人据以鄙夷的韵脚来,是一个高贵得多的、庄严得多的辅助工具,它起源于不完美的、由于前人的讹用而呈现于洪荒时代的语言中。法语诗歌之无足轻重主要在于它囿于韵脚而无格律,这种情况更由于下列原因而恶化,一是它为了隐瞒其工具上的缺点,便通过大量迂腐规章使其蹩脚韵复杂化,仿佛它是为眼睛而不是为耳朵所写;一是元音重叠被禁忌,大量单词不能出现,如此等等,这一切终于由更新的法语诗派予以结束。——然而,在一切语言中没有一种,其韵脚至少对于我,造成了一种像在拉丁语中那样惬意而又有力的印象;中古时代押韵的拉丁语诗有一种特有的魅力。这一点必须加以说明,拉丁语是无与伦比地比任何一种新式语言更完善,更美丽而又更高贵,而今却带着一些廉价的华丽装饰品袅袅婷婷地走过来了,那些玩意儿原本属于后者,并为它自身所轻蔑的。

如果一个思想,或其正确而纯洁的表达,即使仅仅遭受最轻微的强制,产生了这样幼稚的意图,像在若干音节后面再次听到同样的词音,或者这些音节本身表现出某一种"蹦啊!"式的儿童呼声,这对于严肃的思考也可能是对于理性的叛逆大罪。但是没有这种强制,也许没有什么诗篇写得出来;这必须归咎于:在外国语中诗歌比散文难懂得多。如果我们能窥视一下诗人的秘密工作室,我们将发现,他们为韵脚而寻找思想，比为思想而找韵脚要常见到十倍；甚至在后一种情况，没有思想方面的迁就，要有所成就也不容易。——然而诗艺却对这些看法提出了挑战，此外还有一切时代和民族在它这一边：格律和韵脚对情感所施加的力量是如此巨大，它们所特有的神秘的 lenocinium（诱饵）又是如此生效。我想用下列事实来说明这一点，一首押韵出色的诗篇，通过其难以置信的强调作用，激发了情感，仿佛其中表达出来的思想已经预先注定地、甚至预先形成地存在于语言中，诗人只不过把它发现出来而已。甚至渺不足道的胡思乱想通过节奏和韵脚，也会获得一种意味深长的色彩，并带着这种装饰品扮演起来，正如在少女中间，面貌平庸的也可以经过打扮而引人注目。的确，即使歪斜而又错误的思想用诗体表达出来，也会获得一种真实的假象；另一方面，甚至著名诗人的著名篇章也会重新皱缩起来，变得不堪卒读，如果把它忠实地复述成散文。如果只有真实的才是美的，如果真实之最可爱的装饰是赤裸，那么一个在散文中显得伟大而美丽的思想，会比在诗体中这样产生作用的思想，具有更其真实的价值。——看来如此渺不足道、甚至幼稚可笑的工具，如格律和韵脚，竟产生如此巨大的作用，是非常触目的，颇值得研究的。我且按下列方式将它说明一下。直接诉诸听觉的、也就是单纯的词音，从节奏和韵脚获得本身的某种完善性和深长意味，因为它由此变成了一种音乐；所以，它现在看来似乎由于其自身而存在，不再是一个被描述者亦即词义的单纯工具，单纯符号。通过其音响，取悦于耳朵，似乎是它的全部使命，并因此按照这个使命，似乎实现了一切并满足了一切要求。但是它同时还包含一种意义，表达一种思想，这就表明是一个未曾料到的附加物，宛如歌词之于音乐，是一个使我们喜出望外的未曾料到的赠品，并因为我们根本没有提出过这类要求，便很容易使我们满意；但如果这个思想是这样的，就其本身而言，就是用散文来说，也是意义重大的，这时我们便会为之心醉神迷。我从童年起就记得，在我发现诗歌一无例外地包含着意义和思想之前，我已长久地为其诗节的铿锵所陶醉。依此看来，大概在一切语言中,还有一种几乎完全没有意义的打油诗。汉学家大卫在关于他的译著 *Laou - sang - urh*(或作《古代—后嗣》)(伦敦,1817)的预备性报告中说,中国戏剧部分地由可以唱的诗句构成,接着还说:"它们的意义常常晦涩难解,依据中国人自己的看法,这些诗句的目的首先在于悦耳,其意义未免有所疏忽,甚至可能完全为和谐而牺牲。"在这种情况下,谁不会想起许多希腊悲剧的常常难以辨认的合唱队呢?

借以最直接地识别真正诗人(不论类型高低)的标志,是他的韵脚自然而不生硬:它们自动到来,有如天授;他的思想已见于他的韵脚之中。反之,简陋的枯燥乏味者为思想找韵脚;粗制滥造者则为韵脚找思想。人们经常可以从一个押韵的联句中发现,二者哪个是以思想、哪个是以韵脚为父。窍门在于,掩饰后者,以免这样的诗句几乎作为单纯填写好的 bouts - rimés(规定的末韵)而出现。

依据我的感觉(此处且不予以论证),韵脚按其性质只是二元(二行)的:它的作用限于同一语音的一次性回归,并不因经常重复而增强。因此一旦结尾音节听出它的同音词,其效果即一扫而空。语音的第三次重复,只不过是作为一个偶然同音的再次韵发生作用,并没有提高效果:它和现存韵脚连在一起,却并没有共同产生一个更强烈的印象。因为第一个音并没有通过第二个音传达到第三个音:也就是说,第三个音是一个美学上的堆砌,一种毫无用处的双料勇气而已。因此,这样的韵脚累积至少理应得到它们在八行体、三行体和十四行体中所体验的沉重的牺牲,而这正是人们偶尔读到这类作品时感到心灵折磨的原因,因为头痛脑裂是谈不上诗意享受的。伟大的诗才有时也能克服那些形式及其麻烦,轻松而优雅地活跃于其中,但他们这么做是不值得推广的,因为本来就费力而不讨好。即使在优秀诗人笔下,当他们利用这些形式时,我们常常可见韵脚与思想之间的斗争,时而是这个、时而是那个获得胜利,也就是说,不是思想由于韵脚而萎缩,就是韵脚几乎不得不容忍一个差劲的思想。既然如此,莎士比亚在他的十四行诗中,给每个押韵的四行诗句加上另一个韵,我不视之为无知，而认为是高雅趣味的证据了。无论如何，它的音响效果丝毫没有因此而降低，而思想反比原先可能更其得到应有的重视，如果它不得不用传统的西班牙夹腿靴紧紧裹起来。

　　一门语言的诗歌，有很多字是在散文中不用的，另方面又不敢用某些散文字眼，这是它的缺点。前者多见于拉丁语诗歌和意大利语诗歌，后者多见于法语，近来它非常中肯地被称为"法语可笑的忸怩作态"；二者在英语中少见，在德语中最少。因为，这些专门属于诗歌的字眼，对我们的心灵始终是陌生的，不是直接说给我们听的，因此使我们感到寒冷。它们是一种诗意惯用语，仿佛纯粹是画出来的情感，而不是真实的：它们排斥真情实感。——

　　当前经常被谈论的古典诗和浪漫诗的区别，在我看来基本上在于，前者只认识纯粹人类的、真实的和自然的主题，而不认识其他；反之，后者还把虚构的、习惯的和想象的主题看作为生效的。属于后一类的主题，先是起源于基督教神话，后是骑士风的、夸张的和幻想的荣誉原则，再就是陈腐的、可笑的、基督教日耳曼的妇女崇拜，最后是胡说八道的患夜游症的超肉体的热恋。至于这些主题究竟将人类关系和人类性质导向怎样丑陋的歪曲，我们甚至可以在最优秀的浪漫派诗人，如卡尔德隆身上看到。且不说手稿（写宗教题材的独幕剧），我只引证一下剧本如《最糟的并不永远确定》和《最后决斗在西班牙》和类似的喜剧《穿斗篷，佩宝剑》：这里还可以给那些零件添上在交谈中经常暴露出来的烦琐的吹毛求疵作风，它当时正属于上层社会的精神风貌。与此相反，始终忠实于自然的古人的诗歌肯定占优势，其结果是，古典诗歌有一种绝对的，浪漫诗歌只有一种有条件的真实性和正确性；希腊式和哥特式建筑艺术与之类似。但是，另一方面，这里还需注意，所有戏剧或小说将舞台移到古希腊或罗马，会因此而陷于不利，即我们对于古代、特别有关生活细节的一切的知识，是不够充分的，支离破碎的，不可从直觉汲取的。这就迫使作者走很多弯路，以老生常谈来应付，他便因此陷于抽象，他的作品便丧失了对于诗歌绝对必要的那种逼真性和个性。这就是使一切这类作品带有空虚和枯燥等固有色调的缘故。只有莎士比亚的艺术描写才摆脱了这种色调；因为他毫不犹豫地以希腊人和罗马人的名义，描写了与他同时代的英国人。——

抒情诗歌的许多杰作，尤其是贺拉斯（参阅本书第三卷第二章）的若干颂歌和歌德的更多歌曲（例如牧羊人哀歌），被责备为缺乏适当的连贯性，思想上充满了豁缝。但是这里，逻辑联系是存心被忽略了，以便代之以基本情感与情调之统一，并因此显现得更清楚，即它像一根绳索贯穿着零散的珍珠，并这样促成观察对象的迅速更迭，正如在音乐中，七和弦从一个音调过渡到另一个音调，其中继续响着的基本音变成了新音调的属音（自然音阶第五音）。这里所描述的素质可以最清楚地、甚至几乎夸张地在彼特拉克的《坎佐尼》中找到，它是这样开始的："我不再想唱，像我平常那样。"（《坎佐尼》第十一部第一首）

照此看来，正如在抒情诗中主观因素占上风，在戏剧中反之只有客观因素存在着。在二者之间，叙事诗就其一切形式与变体而言，从叙述性的叙事谣曲直至真正的史诗，占有一个宽阔的中间地带。因为它虽然本质上是客观的，却包含了一种或多或少地显示出来的主观因素，表现在音调上，在演唱形式上，以及在散乱的沉思默想上。我们不会像在戏剧中那样，完全看不见作者。

戏剧的目的一般说来，是举例告诉我们，何谓人的本质与存在。这样，我们就可看见它们的悲惨一面或光明一面，或者还可看见它们的互相过渡。但是，"人的本质与存在"这个表述方式包含着论争的萌芽，本质即性格，或存在即命运、事件、行动，究竟是不是最重要的。此外，二者如此牢固地连生在一起，以致它们虽然可以在概念上，却不可以在表述上分别开来。因为只有境遇、命运、事件才能使性格表现出它的本质，只有从性格才产生行动，从行动才出现事件。当然，在表述中可能是一个或另一个显得更突出；在这方面，性格剧和情节剧形成两个极端。

戏剧和史诗所共有的目的，即在重要场合的重要性格身上，展现二者所造成的不寻常的情节，将会由作者最完美地实现，如果他首先在平静状态下向我们介绍性格，从中只可见到他们的一般色彩，然后引入一个招致一个情节的主题，从而产生一个新的更厚实的主题，它又引起一个更重要的情节，这个情节接着又产生新的更厚实的题材，然后在与形式相适宜的时期内，在最初宁静的地方，出现了热情的骚动，其中发生了意味深长的情节，刚才还在性格身上微睡的品质，连同世界的进程一起，显现在光天化日之下了。——

伟大的诗人完全化身于每个有待表现的人物，像腹语表演者一样变成他们每个人说话；刚才还是英雄，接着变成天真无邪的少女，说得一样逼真而自然；莎士比亚和歌德就是这样。第二流诗人则把有待表现的主要人物变成自己：拜伦就是这样；在这里，次要人物常常是没有生命的，而在庸才的作品中，连主要人物也是没有生命的。——

我们对悲剧的兴趣并不属于美感，而是属于崇高感；的确，它是这种情感的最高级。因为，正如我们看见自然界的崇高，避开意志的兴味，以便采取纯客观的态度一样；我们遭遇悲惨的灾祸，甚至避开了生存意志。在悲剧中，我们被展示了生活的可怕方面，人类的悲叹，偶然和错误的主宰，正义的堕落，恶的胜利：于是直接违反我们的意志的世界本性便摆在我们的眼前。看到这一切，我们感到非摆脱生活意志不可，不再想活了，不再爱生活了。但是，正是这样，我们才意识到，我们身上随后还残存着另一种东西，我们完全不能从正面、只能从负面来认识的东西，那就是不想活了这件事。正如七和弦要求原位和弦（和弦根音在低音部），正如红色要求绿色，甚至在眼睛里现出来了；因此每个悲剧要求一种完全异样的生存，另一个世界，我们永远只能间接地，就像这里通过这种要求一样，来认识它。在经受悲惨灾祸的一刹那，我们比任何时候更清楚地确信，生活犹如一场噩梦，我们必须从中醒过来。就这一点来说，悲剧的作用和动力学上的崇高相似，前者和后者都使我们超越了意志及其利害关系，并因此改变了我们的情绪，以致我们竟在直接违反意志的一刹那得到了乐趣。一切悲剧性,不论它以什么形式出现,之所以使其固有的活力得以发扬,正在于产生了这样的认识,即世界,生活,根本不能保证真正的享受,从而不值得我们去亲近:其中就有悲剧的精神:它因而把人引向听天由命。

我承认,在古人的悲剧中这种听天由命精神很少直接显现并表示出来。俄狄浦斯·克伦那乌斯诚然顺从而甘愿地死去;但对其祖国的报复安慰了他。伊菲格涅娅·奥利卡很乐意去死;是对希腊的利益的想法安慰了她,并使她转变了信念,于是她乐于接受死亡,那是她最初想方设法加以规避的。卡桑德拉在伟大的埃斯库罗斯的《阿迦门农》中心甘情愿地死去("活够了!")(1306);但也是复仇的想法安慰了她。海格利斯在特拉钦地方妇女们(Trachinerinnen)中间,屈从于必然性,泰然自若地而不是无可奈何地死去。① 欧里庇得斯的《希波吕托斯》也是这样,其中给我们印象很深的是,出场安慰他的阿蒂米斯(Artemis)向他允诺了神庙和身后荣誉,但完全没有暗示一个超越今世的生活,而是让他死去不管,正如一切神祇遗弃垂死者一样:——在基督教中,它们却向他走近;在婆罗门教和佛教中也正是这样,即使在后者,神祇本来带有异国色彩。因此,希波吕托斯几乎像所有古代悲剧英雄一样,对必不可免的命运和神祇的不可违拗的意志表示了屈服,但是毫无放弃生存意志的意思。正如斯多葛派的冷静根本有别于基督教的忍从,因为前者只教导对于必然而不可更改的恶要有镇静的忍耐和克制的期待,而基督教则只教导断念,放弃意志;古代的悲剧英雄正是这样,在命运之不可避免的打击下,表示了勇敢的屈服,反之,基督教的悲剧则表示放弃整个生存意志,欣然离开世界,意识到它的无用与虚无。——但是我还完全认为,近代的悲剧比古代的悲剧要高

---

① 俄狄浦斯·克伦那乌斯,希腊神话中的忒拜英雄;伊菲格涅娅·奥利卡,希腊神话中阿迦门农的长女,又为欧里庇得斯的未完成的剧作名;卡桑德拉,希腊神话中特洛伊国王普里阿摩斯的女儿;海格利斯,又名"赫剌克勒斯",希腊神话中最著名的英雄。

些。莎士比亚要比索福克勒斯伟大得多:和歌德的《伊菲格涅娅》相比,欧里庇得斯的同名剧几乎令人觉得粗糙而平庸。欧里庇得斯的《酒神女祭司》是一部有利于异教僧侣的令人反感的拙作。不少古代剧作根本没有悲剧倾向,如欧里庇得斯的《阿尔克斯特》和《伊菲格涅娅·奥利卡》;有些是令人反感、甚或令人恶心的题材,如安提戈涅和菲罗克忒忒斯①。几乎一切都表示人类处于偶然和错误的恐怖统治下,却没有表示由此促成而又从它摆脱的忍从。这一切都是因为古人尚未达到悲剧的,确切地说,一般人生观的顶点和目标。

由此看来,如果说古人很少在他们的悲剧英雄身上,把忍从精神,对生活意志的回避,作为他们的思想品质来表现;那么,在观众身上唤醒那种精神,引起那种即使短暂的思想品质,却仍然是悲剧特有的倾向和作用。舞台上的恐怖场面使他感到生活的苦涩和无价值,也就是他的一切追求的虚无;这种印象的效果必然是,他即使只是朦胧地感到,让他的心挣脱生活,让他的意愿回避它,不爱世界和生活,会更好些;然后由此在他的内心最深处引起这样的意识,为了另一种意愿,必须要有另一种生存。——因为,如果不是这样,那么悲剧的倾向就不会是对于生活的一切目的和质量的这种超越,不会是对它及其诱惑的这种回避,也不会是对于已经存在于其中另一种生存的转向,虽然我们还不很理解它;那么,生活的可怕方面的表现极其刺眼地摆在我们眼前,能令我们感到舒适,并能成为我们的一种高级享受,一般说来,又是怎么可能的呢?亚里士多德认为悲剧的最终目的在于引起恐怖与同情,可是恐怖与同情本身并不真正属于令人愉快的情感;所以它们不能是目的,只能是手段。——这就是说,鼓励意志回避生活,始终是悲剧的真正倾向,是有意表现人类苦难的最终目的,因此它还发生在这种场合,如这种听天由命的精神昂扬并不表现在英雄本身,而只引发在观众身上,由于看到重大的、无辜的甚或有过错的苦难。——

---

① "安提戈涅"为希腊神话中俄狄浦斯的女儿,索福克勒斯和欧里庇得斯均有同名剧;"菲罗克忒忒斯"为希腊传说中的英雄,又为索福克勒斯的剧作名。

如同古人一样，不少近人也满足于通过客观描写人的不幸，大体上使观众处于被表述过的情绪中；而当别人表现这一点，则是通过英雄本身的思想品质之由苦难引起的转变：英雄仿佛只是提供了前提，而把结论交给了观众；而观众把结论或寓言的意旨提供出来，作为英雄的思想品质的转变，还可作为合唱队口中的观感，例如席勒在《墨西拿的新娘》(第四幕末尾)中："生活不是质量最高的。"这里应当提及，灾祸的真正悲剧作用，也就是英雄由灾祸招致的听天由命和精神昂扬，很少如此纯粹地成为主题，清楚地表达出来，如在歌剧《诺尔玛》中，她在剧中参加了二重唱（"你吐露了何等心事，你丢失怎样的心"：文森佐·贝利尼，《诺尔玛》，第二幕末尾），其中通过音乐突然出现的安静，清楚表明了意志的转变。一般说来，这部剧作——完全不计其优秀的音乐，正如另方面也不计只有歌剧剧本才有的文体——单从其题材及其内在的紧凑来看，就是一部非常完善的悲剧，再从题材的悲剧结构、情节的悲剧发挥和悲剧发展，连同英雄的精神品质所发生、继而过渡到观众身上的那种超越世界的效果来看，也都是一个真正的楷模。的确，这里所达到的效果越是不令人困惑，越是能说明悲剧的真正本质，何况其中既没有出现一个基督教徒，也没有一点基督教的思想情绪。——

使近代人经常受到责难的对时间与地点之统一的忽视，只有当它发展到取消了情节的统一，才算是错误的；接着便只剩下主要人物的统一，如在莎士比亚的《亨利八世》中。但是，情节的统一也不需要发展到这个地步，经常不断地说同一件事，如在法国的悲剧中，它们一般如此严格地遵守这种统一，以致戏剧进程犹如一根没有宽度的几何线条：这就是说，"一味前进！Pensez a votre affaire!（想你的事情！）"而事情则公事公办地加速处理而已，不至于让人为不属于他们的鸡毛蒜皮耽误时间或左顾右盼。与此相反，莎士比亚的悲剧则像一根同时又有宽度的线条：它有时间 exapatiatur（离开话题）：出现长篇大论，甚至整个场面，它们并不推动情节，甚至本来与情节无关，但有了它们，我们会更熟悉情节中的人物或他们的情景，因此我们还会更彻底地理解情节。这虽然是主要的事情，但不是唯一的，使得我们会忘却，归根到底目的在于一般地表现人的本质和生存。——

戏剧作者或史诗作者会知道，他是天命，所以像它一样不屈不挠；——同样会知道，他是人类的镜子，所以会照出许多恶劣的、有时是丧尽天良的性格，也会照出许多傻瓜、小丑和古怪的家伙，但偶尔也会照出一个明智者，一个聪明人，一个正派人，一个好人，只是作为极稀罕的例外，照出一个高尚的人。总而言之，荷马依我看来没有创造出真正高尚的性格，虽然有些优秀的和正派的；总而言之，莎士比亚笔下充其量找得到一两个高尚的、但决不是极其高尚的性格，像考狄利娅（Kordelia）、科利奥兰纳斯（Koriolan）①，就很难再找到了；反之多不胜数的是上述类型。但是，伊夫兰（Iffland）和科茨布（Kotzbue）的剧本却有许多高尚的性格；而歌尔多尼（Goldoni）像我在上文所劝告的那样做了，由此表明他站得更高一些。② 反之，莱辛的《明娜·封·巴尔赫姆》（Minna von Barnhelm）艰苦地致力于太多的各方面的高尚情操；但是仅有一个波莎侯爵所表露的这许多高尚情操，就是把歌德的全部作品集中起来，也是找不到的。但有一个小小的德国剧本《为义务而义务》（P. A. 沃尔夫著）（似乎借自《实践理性批判》的一个题目），只有三个人物，却都具有非常充沛的高尚情操。——

希腊人毫无例外地拿帝王将相充作悲剧的英雄；近人大都也是这样。肯定不是因为头衔给予行动者或受难者更多的体面，而是要看是否调动了人的激情；所以由此产生的客观现象的相对价值是无关紧要的，农庄能像王国一样提供那么多效果。小市民悲剧也决不可无条件地加以抛弃。不过，拥有权力和威望的人物却最适合于悲剧，因为我们据以认识人类命运的灾祸，必须有一个足够的容量，才能对观众（不

---

① 考狄利娅，莎士比亚剧《李尔王》的女主角；科利奥兰纳斯，莎士比亚同名剧主角。
② 伊夫兰（1759—1814）和科茨布（1761—1819），德国剧作家；歌尔多尼（1707—1793），意大利剧作家。

论他是谁)显得可怕。欧里庇得斯甚至说:"可叹,可叹,大人物一定遭受同样大的磨难!"(见于《阿尔刻提斯》)。但是,使一个小市民家庭陷于困顿和绝望的情景,在大人物和富翁的眼中通常是渺不足道的,通过人的帮助,有时只需吹灰之力,就可以克服,所以这类观众不可能被它们悲惨地震撼。与此相反,大人物和掌权者的灾祸是绝对可怕的,得不到任何外来的补救;因为帝王必须用自己的权力自救,否则便灭亡。此外还需补充一句,从高处跌下来是最重的。看来,市民阶级人物缺乏下跌的高度。——

如果我们把转向忍从、转向否定生存意志看作悲剧的倾向和最终目的,那么我们很容易在它的对立面即喜剧中,认识到对继续肯定这种意志的敦促。诚然,喜剧不可避免地像每种人生表现一样,也不得不把苦难和逆境推到眼前来;只是它把它们向我们展示成转瞬即逝,皆大欢喜,一般还混杂着成功、胜利和希望,它们终归占了优势;这就把取之不尽的素材化为一笑,生活及其逆境充满了这种笑,它在任何情况下把我们保持在良好的心情中。于是结果表明,生活总的说来是很好的,特别处处逗乐。当然,它必须在高兴时刻赶紧落幕,以免我们看到随之而来的一切;然而,悲剧照例是这样结束的,根本不可能有什么随之而来。此外,如果我们有时相当认真地注视着生活的那些滑稽方面,如它们在幼稚可笑的言论和姿势中所表现的,它们为这里所反映的现实之显著偏离美的典型的人物形象,印下了渺小的狼狈,个人的恐惧,瞬间的愤怒,隐秘的嫉妒,以及许多类似的情绪;——于是也从这些方面,即以一种意想不到的方式,深思的观察者可以这样确信,这些生命的存在与活动不可能是目的,相反,他们只能在一条错误道路上达到生存,而且这样表现出来的一点什么,本来不表现出来会更好些。

关于音乐的形而上学[*]

从我的,在下列所引第一卷段落中已有过、这里将让读者再读到的,这种奇妙艺术之特殊意义的阐述中,已经得出如下结论:在这门艺术的成就与作为表象世界即自然之间,虽然没有任何相似性,但一定有一种明确的对应,它此后也已被证实。我还要对它补充若干值得注意的详细规定。——一切和声的四音,即低音、高音、女低音和女高音,或称基音、三度音、五度音和八度音,符合生存序列的四个阶段,即矿物界、植物界、动物界和人类。这还得到对音乐的基本规则的一种异乎寻常的证明,即低音始终远远低于上三音彼此之间的距离;所以它从不更接近它们,充其量到八度音为止,但通常远远低于它。然后,正规的三和弦才在基音的第三个八度音中找到它的位置。与此相应,低音在这里总是很远的、扩大的和声的效果,要比那些狭窄的、被挪上来很近的和声的效果更洪亮、更美得多,后者只因乐器的狭隘范围而被采用。但是,这整个规则决不是随意安排的,其根源在于音响系统之天然的起源;就是说,只要最近的、借助于附带震动而共鸣的和声音阶是八度音及其五度音。按照这个规则,我们认识自然的基本特性之音乐性的类似物,由于那种特性,有机物彼此之间比同矿物界无生命的无机团块有更密切的近似性,在无机团块与有机物之间有着最明显的界线和整个自然界最宽阔的鸿沟。——演唱曲调的高声也是和声

---

[*] 译自叔本华的《作为意志与表象的世界》第39章。

的组成部分,其中甚至与最深沉的低音相调和,这一点可以作为如下事实的类似情况来观察,即同一物,既在一个人的有机体中是人的理念的载体,同时还必须表现并承载重量与化学特性、即意志客观化的最低级阶段的理念。

音乐不像其他一切艺术,它不表现理念或意志客观化之各阶段,而是直接表现意志本身;所以由此可以说明,音乐直接影响倾听者的意志,即感觉、热情和情绪,于是它很快增高这一切,或者还改变它们。

音乐远不是诗歌的一种单纯的辅助,肯定是一门独立的艺术,甚至是一切艺术中最强有力的,所以完全凭借自己的手段达到其目的;它肯定不需要歌曲的歌词,或歌剧的情节。音乐作为音乐只认识声音,但不认识造成这些声音的原因。因此对于它来说,连人声在来源上和本质上都无非是一种被修饰过的声音,甚至像一种乐器的声音,并和每种其他声音一样,有固有的优点和缺点,这些都是造成这种声音的乐器的一种后果。在这种情况下,如果这种乐器从另一方面作为语言的工具,还用以传达概念,这是一种偶然的情况,音乐当然也可以利用它,以便与诗歌发生联系;但音乐决不可以把这当作主要任务,完全只关心通常甚至(像狄德罗在《拉摩的侄儿》中让我们明白的)在本质上淡而无味的诗篇的表达方式。歌词对于音乐是而且始终是一件陌生的附加物,具有次等价值,因为声音的效果比歌词的效果强烈得多,可靠得多,迅速得多。所以歌词如为音乐所合并,必定只占有一个完全次要的地位,全盘适应于前者。但是,至于一定的诗篇,如歌曲或配上音乐的歌剧剧本,关系则变得相反。因为音响艺术立即在它们身上显示了它的力量和高级本领,对于歌词所表达的感觉,或者歌剧所表现的情节,给予了最深刻的、最后的、最机密的阐释,宣示了它本身的真正的本质,并教导我们认识行动和事件之最内在的灵魂,而舞台上所上演的不过是它们的躯壳而已。关于音乐的这种优势,尽管它对于剧本、对于情节的关系,犹如普遍之于个别,规则之于例证,但与其说音乐为歌词而作,不如说歌词为音乐而作,也许更恰当些。不过,按照通常的方法,歌词的词句和情节,把作曲者引到意志以它们为基础的爱慕上来,并在他的身上唤起了将要表达的感情;这些感情因此作为他的音乐幻想的兴奋剂而发生作用。——此外,对音乐附加诗文之所以令我们高兴,一首附有易懂歌词的歌曲之所以令我们心悦,正由于我们最直接的和最间接的认识方式同时并一起被引发了。最直接的是音乐为之表现意志本身的触动的认识方式,而最间接的则是以言词表示的概念的认识方式。鉴于感觉的语言,理性不愿意一味静坐,无所事事。音乐诚然能够利用自己的手段表达意志的每种运动,每种感觉;但通过词句的附加物,我们此外还得到感觉的对象,使它们得以产生的动机。——一出歌剧的音乐,如它在总谱中所表现的,有一个完全独立的,分开的,仿佛抽象的自在生存,它对剧本的情节和人物都感到陌生,只遵循它自己的不变的规则;所以它即使没有台词也完全生效。但是,这种音乐既是照顾剧本而创作的,便仿佛是后者的灵魂,因为它在与情节、人物和歌词的联系中,表示了所有那些情节的内在意义,和以之为基础的、最后的而又机密的必然性。观众如果不是一个单纯爱凑热闹的人,他的乐趣在这里原本以一种模糊的感觉为根据。然而,尽管如此,音乐在歌剧中,由于对情节的所有物质性全然冷漠,便显示出它的异类性质和高超的天性;其结果它到处以同样的方式表现了热情的风暴和感觉的激昂,并以其音响的同一种豪华气概来伴奏,无论是阿伽门农和阿希里斯,还是一个市民家庭的纠纷,都可以提供剧本的素材。因为对它来说,只有热情、意志运动才是现存的,而它像神一样,只看得见心灵。它决不与素材同化;所以即使它伴随诙谐歌剧之最可笑的和最荒唐无稽的恶作剧,它仍然保持其本质上的美丽,纯洁与崇高;它与那些事情相融合,不可能把它从其原本少见一切可笑性的高处拉下来。所以,我们的生存之深刻而严肃的意义,漂浮在人生的闹剧与无尽的悲惨之上,片刻也离不开这一些。

现在让我们来看一下纯粹的器乐;一曲贝多芬的交响乐会给我们显示以最完整的规章为基础的最大的混乱,在下一瞬间将形成最美的和谐的最剧烈的斗争:这是贺拉斯所谓的"世界之不和谐的和谐",世界本质之真实而完美的反映,世界一直滚转在无数形态之无从估计的混乱之中,并通过持续的破坏以维持生存。但是,从这种交响乐中同时说出了人类一切的热情与情绪:无数细微差别的喜悦、悲伤、情爱、仇恨、恐惧、希望等等,但一切仿佛只在抽象中,而无任何特殊化可言:这就是它们的没有实体的纯形式,正如一个没有物质的纯精神世界。当然,我们倾向于在倾听中将它实现,在想象中赋予它以骨肉,并在其中看见人生和自然的种种场景。但是,从总体看来,这并不能促进对音乐的理解或享受,毋宁给予它一种异样的任意的补充:所以直接地、纯粹地理解它,会更好些。

在我迄今如在歌词中,单从形而上方面、亦即鉴于其成就的内在意义,观察了音乐之后,还对它在作用于我们的精神的同时,用以树立同一物的手段,作一番普遍的观察,同时证实音乐的那些形而上方面与充分研究过并众所周知的物质方面的联系,是适当的。——我从众所周知的决不因新近的异议而动摇的理论出发,即一切声音的和谐取决于震颤的重合,当两个声音同时鸣响时,这种和谐往往在每第二次,或每第三次,或每第四次震颤时应验,因此它们然后是彼此的八度音,五度音,或四度音等等。这就是说,只要两个音的震颤彼此有一个合理的可表现为小数字的关系,它们就可以通过它们一再反复的重合,凝聚在我们的领悟中:这些音响互相融合,并因此协调起来。与此相反,如果那个关系是一个不合理的、或一个只可表现成大数字的关系;那么没有任何可理解的震颤之重合可以应验,而是它们经常不断地互相喧嚷,因此它们抗拒凝聚在我们的领悟中,所以称为一个不和谐音。依据这种理论,音乐是一种不怎么像算术那样,借助概念而使合理的和不合理的数字关系可理解,而是使之成为一种完全直接的同时进行的感性认识的手段。音乐的形而上的意义与它的这种物质的算术的基础相结合,取决于抗拒我们的领悟者,不合理者,或称不和谐音,变成了抗拒我们的意志者的天然的形象;反之,和谐音,或称合理者,轻易地顺从了我们的领悟，便变成意志的满足的形象。因为此外震颤的数字关系中那种合理者和不合理者容许无数的程度，微差，后果和变化；于是借助于它，音乐变成素材，其中人心即意志的一切活动，以最细致的明暗变化与修饰，忠实地得以描摹和反映，这是借助旋律的发明而发生的，而那些意志活动的本质内容则永远导致满足和不满足，虽然在数不清的程度上。我们因此在这里看见意志活动渐渐过渡到纯表象的领域，这是一切美的艺术的成就之独有的活动场所；因为这些艺术完全要求，意志本身不介入，我们无例外地采取纯认识者的态度。所以，被激发的决不是意志本身的爱慕，即真正的痛苦和真正的快意，而只是它们的代用品，适应智力者，作为意志满足的形象，和多少抗拒智力者，作为大小痛苦的形象。只有这样，音乐才不会使我们感到真正的悲痛，而即使在其最痛苦的和弦中仍然令人愉快，我们则乐意在它的语言中倾听我们的意志之隐蔽的历史及其一切激动和追求，连同其各种各样的拖延、阻碍和烦恼，即使还在最悲哀的旋律中。与此相反，在现实及其恐怖中，我们的意志本身却是如此被激动和被折磨着；因为我们毫不涉及音响及其数字关系，现在甚至毋宁是绷紧的、被拨动的颤栗的弦。

　　因为此外，依据作为基础的物理学理论，音响的固有音乐性与其震颤的迅速性成比例，但不是在其相对的强度上；因此，爱好音乐的听觉永远首先追随最高音，而不是最强音。所以，即使有最强的管弦乐伴奏，女高音也显得突出，并因此对曲调的演奏保持一种天然的权利，这种权利同时为演奏的、基于震颤之同一迅速性的、巨大的敏捷性所支援，正如它显示在华彩化的（被妆饰过的，激动而华丽的）乐章中，因此女高音是被提高的、易于接受最轻微印象并通过这种印象而可测定的敏感性之适宜的代表，从而也是位于本性阶梯之最高阶段的、提升得最高的意识之适宜的代表。从相反的原因，构成它的对立面的，则是僵硬的低音，它只在巨大音程，三度音，四度音和五度音中有所升降，同时每一步都由固定的规则所引导，它所以是无感觉的、不易感受轻微印象的、只可按照普遍规律测定的、无机的自然界之天然的代表。它甚至不可提高一个音,例如从四度音到五度音;因为这样会在较高音中造成错误的五度音序列和八度音序列;所以原本按其本性而言,低音决不能演奏曲调。如果给它分配了曲调,那是借助于对位法而发生的,就是说,它是一个被变音的低音,即较高音之一被降下来,伪装成低音;其实它还需要一个第二基本低音作为它的伴奏。一种位于低音的旋律的这种矫揉造作导致,充满伴奏的低音咏叹调决不像女高音咏叹调,给我们提供纯洁的、未被污染的享受,唯有后者在和声的前后关联中才是符合自然规律的。顺便说一下,这样一个富于旋律性的、因变音而显得勉强的低音,在我们的音乐形而上学的意义上,可比作一个被强加以人形的大理石块:它正因此奇妙地适宜于充当《堂璜》中的那位石客。

但是,我们现在还想稍微深入地研究一下旋律的起源,这需将旋律分解为其组成部分才办得到,而且无论如何会给我们提供乐趣,这种乐趣是由于使人人具体意识到的事物突然变成抽象而又明确的意识,从而赢得新颖的外貌。

旋律由两个因素构成,一个是节奏因素,一个是和谐因素:前者也可称作数量因素,后者可称为质量因素,因为前者涉及声音的时间长短,后者涉及它们的高度和深度。在记谱法中前者依垂直线而定,后者依水平线而定。二者基本上是纯算术关系,即时间关系:一是声音的相对长短,另一是震颤的相对快慢。节奏因素是最根本的;因为它自然而然地,不需要另一个,就能表现出一种旋律来,例如在鼓上那样;但完美的旋律却需要两种因素。就是说,它存在于二者的一种交替的纠纷和和解之中;正如我即将指出,但首先却想比较详细地观察一下节奏因素,因为迄今为止已经说到过和谐因素了。

节奏在时间上正如对称在空间上,划分成相等的互相适应的部分,虽然首先分裂成较大的、然后变成较小的、从属于前者的部分。在我所开列的艺术序列中,建筑和音乐构成两个极端。按照它们的本质、它们的力量、它们的领域范围与它们的意义,它们还是最异质的,的确,真正的相对极。这种对立甚至扩展到它们的表现的形式上,因为建筑只是在空间中,与时间没有任何关系,音乐只是在时间中,与空间没有任何关系①。由此产生它们独特的类似,即在建筑中,对称是排列者和集合者,而在音乐中,节奏也是这样,由此还可证明,两极端相接触。正如一座建筑物的最后组成部分是完全同样的石头,一个乐曲的最后组成部分是完全同样的节拍;但是,后者还通过上拍和下拍,或者一般通过标志节奏风格的数字分数,分成相等的部分,必要时可以拿它来比较石头的大小。乐段由更多节拍构成,它同样具有两个相等的一半,一个是上升的,进取的,通常走向属音,另一个是下降的,抚慰性的,重新发现基本音。两个或几个乐段构成一个等份,它大多通过重复标志而同样对称地倍增:两个等份构成一个小乐曲,或者仅是一个大乐曲的一个乐章;正如一个协奏曲或奏鸣曲惯于由三个乐章,一个交响乐则由四个乐章,一个弥撒曲由五个乐章组成。我们于是看见乐曲,经过对称性的划分和再划分,下降成为节拍及其分数,处于其肢体之无例外的下级、上级和侧级,正是这样聚合成一个整体而结束,正如大型建筑物通过其对称而结束一样;只是前者仅仅在时间上,而后者仅仅在空间上。这种类似的单纯感觉引出了近三十年来经常重复的时髦的妙语,建筑是冻结的音乐。这个妙语的起源可以追溯到歌德,因为按照艾克曼似的谈话录第二卷第 88 页,他曾经说过,"我在我的原稿中找到一页,我在那里把建筑艺术称之为一种凝固的音乐:它们真有几分相似:从建筑艺术发出的情调,接近音乐的效应。"大概他很早在谈话中无意间说过这个妙语,然后众所周知,少不了这样一些人,把他无意说过的那句话捡了起来,然后走过来用它打扮一番。此

---

① 认为雕塑和绘画在表现生活、动作、情节时,因为其作品虽然不是直接地、但却是间接地与时间相关联,便也只是在空间中:这是一个错误的异议。说诗歌作为话语也只属于时间,同样是错误的。正是这样,只是直接说到词语:认为它们的素材都是存在物,因此是空间性的,也应当说是错误的。——原注

外,无论歌德说了些什么,我在这里将音乐与建筑的类似归之为其唯一的依据,即归之为节奏与对称的类似,相应地只能延伸到外在的形式,但决不涉及两门艺术的内在本质,二者有天渊之别。想把一切艺术之最迟钝者和最软弱者同本质上最扩大者和最有效者等量齐观,实在是可笑的。作为上述类似的发挥,还可补充如下:如果音乐仿佛在一次独立欲望的发作中,抓住一个延长符号的机会,以便从节奏的束缚中解脱出来后,大肆炫耀一个华彩乐段的自由想象,那么这样一个被剥夺节奏的乐曲便类似被剥夺对称的废墟,用那个妙语的勇敢语言,可以称之为一个冰冻的乐段了。

在这样探讨节奏之后,我现在必须说明,旋律的本质是怎样存在于它的节奏因素与和谐因素之永远更新的纠纷与和解中。就是说,它的和谐因素以基音为前提,正如节奏因素以节拍种类为前提,并通过一切音阶的声音,存在于对基音的偏离中,直至它经过或长或短的弯路,达到一个和谐的阶段,通常是属音或下属音,它给和谐因素提供一种不完美的抚慰作用;然后接着,按同样长的道路,是它对基音的回归,随之出现完美的抚慰。但二者必须这样发生,即对上述阶段的抵达,像对基音的重新发现一样,须与节奏的某种被偏爱的时刻相巧合,否则不发生作用。因此,和谐序列需要某些声音,首先是主音,除了它,还需要属音等等;这样,节奏就它这方面来说,需要某些时刻,某些被数出的节拍和这些节拍的某些等份,人们称之为重的或好的时刻、或强调的节拍等份,与轻的或坏的时刻、或未强调的节拍等份正相反。这两种基本因素的纠纷在于,一个的要求得到了满足,另一个的要求却没有,但和解却在于二者同时并一次得到满足。就是说,后者在一定数目的节拍之后,然后在节拍的一个良好的时间等份,必定遇见音列的那种漫游,直至抵达一个或多或少的和谐阶段,这个阶段因此变成那些节拍的某一个间歇点;正是这样,对主音的回归在一种同样数目的节拍之后,并同样在一个良好的时间等份,重新发现后者,然后由此出现充分的满足。只要两种因素的满足之这种被要求的巧合没有达到，那么一方面节奏会按其常规进行，另方面被要求的音符会经常足够地出现；虽然如此，它们始终完全没有那种借以产生旋律的效果：下列最简单的例子，可能有助于说明这一点：和谐音列在第一个节拍的结尾立即遇见主音；只是它并不因此获得满足，因为节奏正处于最坏的节拍等份。紧接着在第二节拍中，节奏有了良好的节拍等份；但音列已来到第七音。于是旋律的两种因素在这里完全陷于纠纷；我们便感到了不安。在乐段的下一半，一切颠倒过来，它们在最后一个音产生了和解。这个过程将在每个旋律中得到证实，虽然一般在大得多的范围内。这两种因素在这种情况下经常发生的纠纷与和解，形而上地来看，则是新希望得以产生、随后得以满足的反映。音乐永远为充分满足我们的心的愿望而给它演奏，正是这样赢得了我们的欢心，仔细观察一下，我们在旋律的这个过程中，看见一种近乎内在的条件（和谐的）与一种外在的（节奏的）条件，似乎通过一种偶然相巧合，——这种巧合当然是作曲家造成的，就这一点而言，它可以比作诗歌中的韵脚；但这正是我们的愿望同不依赖于它们的、有利的外在情况、即幸运的形象相巧合的反映。——在这种情况下，延留音的作用还值得注意一下。它是一个不和谐音，拖延着肯定被期待的、最后的和音；因此对它的要求加强了，它的出现便越是令人满足。显然这是意志因延宕而被提高的满足之类似物。完美的华彩乐段对属音要求前面的七音和弦；因为只有在最迫切的要求之后，才可能是被感觉得最深刻的满足和完全的抚慰。这就是说，音乐无例外地存在于或多或少使人不安的、即引起渴望的和弦同或多或少使人安静而又满足的和弦之一种持续不断的更迭中；恰如心（意志）的生命，是由于希望或恐惧而产生的或大或小的不安，与稳重得如此不同的宽慰之一种持续不断的更迭。据此看来，和声的连续进行在于不和谐音与和音之合乎艺术规律的交替。倒是一系列纯和音的和弦会令人腻味，令人厌倦，而且显得空洞，犹如一切愿望得以满足所导致的那种 languor（倦怠）。所以不和谐音虽然使人不安，几乎使人痛苦，却必须加以推广，但只为了带着恰当的准备,重新转变为和谐音。的确,在整个音乐中本来只有两种基本和弦:不和谐的七和弦和和谐的三和弦,一切出现的和弦都归属这二者。这正与下列情况相符:对于意志而言,根本上只有不满足和满足,尽管它们也可能以多种多样形态表现自己。而且正如性情有两种普遍的基本情绪,兴高采烈或者至少是精力充沛,和郁郁不欢或者压抑苦恼;因此音乐也有两种普遍的音响风格,和前者相适应的大调和小调,而且它必须永远处于二者之一。但实际上非常奇妙的是,有一个既不是肉体上痛苦的、也不是习俗上常有的、虽然如此却立即引人注目而又显而易见的痛苦标志:小调。由此可以判断,音乐是多么深刻地建立在事物与人的本质的基础上。——在生活于困难条件下的北方诸民族,尤其是俄罗斯民族中,小调风靡一时,甚至在教堂音乐中。——小调中的快板在法国音乐中屡见不鲜,而且是它的特色;这好似是一个人跳舞的时候鞋子夹脚一样。

我还补充几点附带观察。——在主音的变换以及一切音程之价值的变换之下(在其序列中同一音华彩化为二度音,三度音,四度音等等),音阶的各音响近似演员,必须时而接受这个,时而接受那个角色,而其本人则始终是同一个。演员经常不够精确地适应角色,这一点可以比作(在第一卷第52节结尾处提到过的)每种和谐体系之不可避免的污染,这种污染已造成同样悬而未决的平均律(音响体系的确定)。——

也许有人会对这样说有所反感,即音乐经常对我们产生如此鼓舞精神的作用,以致使我们认为,它在说另一个比我们的这个更好的世界,按照它的这种形而上学而论,实际上不过奉承求生意志而已,因为音乐向它表现了它的本质,在它面前描绘了它的成功,并在最后表示了它的满意和满足。下列一段《吠陀经》的摘句,可能有助于宽解这样的疑虑:"而拥有幸福感,意味着一种乐趣,因而被称为最高的自我,因为凡有乐趣处,它都是其乐趣的一小部分。"(不是按《奥义书》原文直译)

关于音乐的内在本质[*]

自从我们迄今按照那种适合我们的观点的普遍性观察了所有美的艺术以来,那是从美的建筑艺术开始的,其目的作为目的是阐释意志在其能见度之最低级阶段的客观化,意志在那一阶段表现为群体之迟钝的、无知识的、合乎规律的追求,并已在沉重与僵硬之间,暴露了自我分裂和斗争——而我们的观察以悲剧告结束,它在意志客观化的最高阶段,正把它的那种与自身的冲突,以可怕的容量和清晰度,显示在我们眼前——我们于是发现,尽管如此,还有一种美的艺术始终被排除在我们的观察之外,因为在我们的表述之系统关联中根本没有对它适当的位置:那就是音乐。它完全隔绝于其他一切艺术。我们在它身上看不到世界上生物之任何观念的模仿,重复;虽然如此,它仍然是一种如此伟大而又极其壮丽的艺术,如此强有力地作用于人的内心最深处,在那里如此完整而又如此深刻地被他理解为一种完全普遍的语言,其清晰度甚至超越直观世界本身的清晰度——我们还发现,我们在它身上找到的肯定多于一道不自觉的算术题,这时心灵不知道它在计算,为这道题莱布尼茨跟音乐打过交道,只要他仅仅观察到它的直接的外在的意义,它的外壳,他就完全做对了。但是,如果它不再是别的什么,它所提供的满意必定近乎我们在正确除尽一道运算题时所感觉的,而不能是我们用以将我们的本质之最深刻内部付诸语言的那种

---

[*] 选自叔本华的《作为意志与表象的世界》第一卷第三分册《柏拉图理念:艺术的对象》(§52)。

衷心的喜悦。所以,按照我们关注审美效果的这个观点,我们必须赋予它一个诚挚得多、深刻得多、涉及世界之最内在本质和我们自身的意义,就这个意义而言,它在其中得以解决的数字比例,不是被标志者,而只是标志。它在世界上按任何意义而言,必须是像表现之于被表现者,模仿之于蓝本,这是我们从与其他艺术的类似中得出的结论,所有这些艺术都具有这个性格,而它以与它们完全同样的方式在我们身上发生作用,只是更强些、更快些、更迫切些、更可靠些。它的那种对世界的模仿关系,甚至必然是一种非常真挚的、无限真实的和确切中肯的关系,因为它瞬息间为人人所理解,并且让人认识某种一贯正确性,由于它的形式可以化为十分确定的、可用数字表达的规则,它根本不能偏离这些规则,否则就不成其为音乐。——然而,音乐与世界之间存在着比较点,在这方面前者对于后者处于模仿或重复的关系中,隐藏得很深。人们时时刻刻练习音乐,却不能就此说出一个所以然;人们满足于直接理解它,却放弃了对这个直接理解的一个抽象领悟。

既然我将我们的心灵完全奉献给具有各种各样形式的音响艺术的印象,然后又回到反思,回到我的思想之以本文加以阐述的过程,我对于其内在本质,对于它按照类比对世界必然作为前提的模仿关系的方式,就做出了解释,这种解释对我本人虽然十分充足,对于我的探索也令人满意,即使对于那个至今被我所追随的,并且赞同我的世界观的人,同样是明白易懂的;但是要证实那个解释,我却认为根本上是不可能的;因为它采纳并确定了音乐的这样一种关系,即把它作为基本上不可能是表象者的一种表象,并已经把音乐看作一种其本身根本不可能直接被想象的蓝本的模仿。我因此不能再做什么,除了在这里,在主要用于观察各种艺术的第三卷末尾处,陈述一下关于奇妙的音响艺术的、我认为足够的那种解释;至于时而是音乐、时而是我在本文中所传达的整个和一个思想对每个读者所起的作用,我必须按照我对这些作用的看法来决定赞同或反对了。此外,为了能够以真正的确信赞许这里所作的对音乐的意义的表述,我认为人们有必要经常以持续的反思倾听音乐的演奏,此外还有必要非常熟悉全部由我表达过的思想。

适当的意志客观化是(柏拉图的)理念;引起对这些个别表现的事物(因为它们永远是艺术品本身)的认识(只有在认识主体身上一次与此相应的变化之下才有可能),是其他一切艺术的目的。因此它们都将意志客观化,只是间接地,即借助于理念;因为我们的世界无非是理念借助于进入个性化原则(对于个体作为个体可能有的认识之形式)在众多中的显现;音乐也是这样。因为它忽视理念,甚至完全独立于显现的世界,干脆不理睬它,即使世界根本不存在,它也几乎能够生存;关于其他艺术却不可这样说。就是说,音乐是整个意志之一种如此直接的客观化,是它的(一种)映像,正如世界本身也是这样,的确,正如理念也是这样,个别事物的世界构成这些理念的多样化显现。因此,音乐决不像其他艺术是理念的映像,而是意志本身的映像,其客观化也是理念;正因如此,音乐的作用比其他艺术的作用要强有力得多,深入得多:因为后者只说影子,而它却说本质。

关于艺术的内在本质[*]

不仅是哲学，连美的艺术也致力于解答生存的问题。因为在每个一度沉迷于对世界作纯客观观察的心灵中，都活跃着一种把握事物、生活、生存之真正本质的追求，尽管它可能怎样隐蔽而又无意识。因为只有这种本质才对智力作为智力、即对已经摆脱意志的目的的纯认识主体感到兴趣；正如只有意志的目的才对作为纯个人的认识主体感到兴趣一样。——所以，对事物的每个纯客观的、也就是每个纯艺术的理解的成果，更是生活与生存的一种表现，更是对"什么是生活"这个问题的答案——每个真正的成功的艺术品都按其方式完全正确地回答了这个问题。只有各种艺术才通统说出天真的儿童般的直观语言，而不是抽象的严肃的反思；所以它们的答案是一个短暂的形象，不是一个持久的普遍的认识。由此可见，每件艺术品为了直观回答了那个问题，每幅图画，每座雕塑，每首诗，每个舞台场景；甚至音乐也回答了它，而且比其他一切艺术更深刻，因为它用一种完全可以直接理解的、但不能翻译成理性语言的语言，表述了一切生活和生存的最内在本质。也就是说，其他艺术全都给提问者拿出过一个直观的形象，说道："瞧吧，这就是生活！"——它们的答案纵然都那么正确，却总只提供了一种临时的、而不是一种完整的最终的满意。因为它们永远只给予一个片段，一个取代规则的例证，而不是整体，整体只有在概念的普

---

[*] 译自叔本华的《作为意志与表象的世界》第34章。

遍性中才能得到反映。所以,为了后者,也就是为了反思,并且抽象地,对那个问题给予一个正因此而持久的永远充分的回答,——便是哲学的任务。同时我们在这里看见,哲学与美的艺术之亲属关系是以什么为基础,还能从中得出结论,二者的能量在多大程度上,尽管在方向上和次要事件上非常不同,却根本是同一物。

因此,每件艺术品本来致力于向我们如实显示生活和事物,但经过客观的和主观的偶然性之网,并不能为人人直接领悟。艺术搬开了这个网。

诗人、雕塑家和造型艺术家的作品一般公认地包含着一个深邃智慧的宝藏;正因为事物本身的本性的智慧从这些作品说话,它们只是通过解释和更纯粹的重复来翻译它们的话语。所以,每个阅读诗篇或者观赏艺术品的人,都必须运用自己的手段,促使那种智慧显露出来;因此,他只理解他的能力和教养所允许的那么多,正如每个水手向深海下放他的测锥,只能放到它的长度那么深。每个人站在一幅画前,就像在一位王侯面前,等着瞧它是不是会对他说话,以及说什么话;而且,如果是王侯,他一定不会对这个人讲话,因为他这时只要倾听。——依照这一切来看,在造型艺术的作品中诚然包含着一切智慧,但只是 virtualiter(在可能性中)或者 implicite(含蓄地);反之,哲学则致力于 actualiter(事实上)和 explicite(明确地)提供智慧,它在这个意义上与艺术的关系,犹如酒之于葡萄。它所许诺提供的一切,仿佛是一笔已经兑现的现金的盈利,一桩稳固的持久的财产;然而,从艺术的成果和作品所产生的,却只是一桩随时可以再生产的财产。但是,要做到这一点,它不仅对创作作品的人,还对欣赏作品的人提出了令人泄气的、难以实现的要求。所以,它的观众很少,而各种艺术的观众是很多的。

为了欣赏一件艺术品所需要的观众的合作,部分地基于这个事实,即每件艺术品只有通过想象力的媒介才能起作用,所以它必须刺激想象力,不可让它停滞下来,保持迟钝状态。这是审美效果的一个条件,所以也是一切美的艺术的基本规律。但由此可知,不是一切事物可以通过艺术品,直接交与感官的,毋宁尽可能按照需要地把想象力引上正途;有些东西,诚然是最后的东西,需要留给想象力去做。甚至作家也必须随时留些东西给读者去思考;因为伏尔泰说得很对:"令人厌倦的诀窍,在于把一切说完。"再者,在艺术中,最好的境界是精神化到不直接诉诸感官:它必须诞生在观众的想象中,虽然是由艺术品生产的。这是由于大师们的草稿常常比它们上色的图画更起作用;当然另有一种优点有助于此,就是它们在命意的刹那一气呵成;然而尽善尽美的图画只是在持续不断的努力之下,借助于巧妙的思虑与顽强的预谋而成,因为灵感不可能坚持到作品的完工。——从正在说到的审美基本规律还可进一步阐明,为什么蜡像不能产生一种审美效果,所以不是真正的美的艺术品,虽然正是在它们身上对自然的模仿可能达到最高程度。因为它们没有留下任何什么让想象力去做。雕塑只给予形式,没有色彩;绘画给予色彩,但只有形式的假象;因此二者都求助于观众的想象力。反之,蜡像给予一切,既有形式又有色彩;由此产生现实的假象,想象力则与此无关。——对比起来,诗歌甚至唯独求助于想象力,它纯粹借助言辞而使后者活跃起来。——

随意玩弄艺术手段,对目的没有真正认识,在每种艺术中,都是粗制滥造的特征。这样一种货色表现为什么也承载不起的支柱,无目的的涡卷形饰(建筑装饰),劣等建筑的突出部分和凸出物,表现为毫无意义的吹奏和音组,连同蹩脚音乐的无目的的喧闹,内容贫乏的诗篇之韵脚的铿锵,等等。——

依据前一章和我的整个艺术观,艺术的目的是便利认识世界的理念(在柏拉图的意义上,是我承认符合理念一词的唯一一种)。但理念根本上是一种直观物,所以在详尽的规定上,是不会枯竭的。所以这样一个理念的传达只能发生在直观的道路上,这就是艺术的道路。所以谁要是选择艺术作为传达理念的媒介,那么他就有理由为一个理念的见解所充满。——与此相反,纯概念是一个完全可限定物,所以是可耗尽物，是被清楚思考过的东西，按照其整个内容来说，它可以用语言冷静而平淡地加以传达。但是，想用一件艺术品来传达这样一个概念，则是一条非常徒劳的弯路，的确，正属于刚才被抨击过的无知无目的地玩弄艺术手段。所以，一件艺术品，其命意产生于纯清楚的概念，在任何时候都是不真实的。如果我们观赏一件造型艺术品，或者读一首诗，或者听一段音乐（它打算描绘某种明确的东西），通过一切丰富的艺术手段，目睹清楚的、狭隘的、冷静的、平淡的概念微微透过，终于显露出来，它是这个作品的核心，其整个命意同时只是存在于其清楚的思维中，因而通过其传达从根本上被耗尽了；于是我们感到厌恶和不满，因为我们看见自己被欺骗了，被骗取了我们的兴趣和注意力。只有当一件艺术品留下什么，我们尽管对它反复思考，仍不能把它拉下到一个概念的明晰状态，我们才会完全满意于它的印象。那种由纯概念构成的混合起源的标志就是，一件艺术品的作者在他着手创作之前，就能用清楚的话语陈述他所要表现的一切；因为那时也许用这些话语就可以达到他的全部目的。所以，如果人们像当今经常被尝试过那样，把莎士比亚或歌德的一首诗化为一个抽象的真理，想以传达这个真理为目的，这可是一个既卑鄙又愚蠢的举动了。当然，艺术家在整理他的作品时应当有所思考；但是，被思考的一切，在被思考之前被感知的一切，后来在传达过程中，具有令人兴奋的作用，因而是消失不了的。——我们在这里不禁想说，一气呵成的作品，像已经提及的画家草稿，它完成在第一次命意的灵感中，并仿佛无意识地一挥而就，曲调也是这样，它没有任何思考，全凭兴之所至，最后连真正的抒情诗，纯粹的歌曲，其中深沉感受到的当前情绪和环境的印象，都仿佛不由自主地，以其规律与韵脚自动到达的文字，倾泻出来，——我还说，所有这一切有重大的优越性，能成为瞬间出神的、灵感的、天才之自由发挥的纯净作品，没有搀杂任何意图与考虑；所以它们是完全彻底令人愉快而又可以享受的，没有壳与核，它们的效果比最伟大艺术品的效果更加毋庸置疑，其实施也更加缓慢，更加慎重。就是说，对于所有这一切,即对于伟大的历史性画卷,对于长篇史诗、大型歌剧等,思考、意图和审慎的选择都起过重大的作用,理智、技巧和常规在这里必须弥补命意和天才灵感留下的漏洞,而各种必要的附件作为唯一真实的光彩部件的胶合剂,必须和前者贯穿在一起。由此可以明白,所有这些作品,只须除开顶级大师们的最完美杰作(例如《哈姆莱特》《浮士德》《堂璜》歌剧),都不可避免地搀杂着一些枯燥乏味的东西,多少妨碍对它们的欣赏。可以为此作证是"弥赛亚行状",Gerusalemme liberate,甚至《失乐园》和《埃涅伊特》;贺拉斯已经作过大胆的评说:"当杰出的荷马微睡时,[我愤怒极了]"(《诗艺》第 359 页)。但这正是一般人力有限的结果。——

实用艺术的母亲是匮乏;美的艺术的母亲是富裕。前者以理智为父,后者以天才为父,天才本身就是一种富裕,即超过为意志服务所需限度的认识力量的富裕。

关于可笑性原理[*]

我的关于可笑性的原理也是以前几章解释过、以我断然强调过的直观概念和抽象概念的对立为根据的;因此为了解释这个原理还需要说的话,在这里找到了它的位置,虽然按照正文的次序,它本该放在下面说才好。

到处都相同的笑的起源,及其本来的意义等问题,已为西塞罗[①]所知晓,不过又被认为不可解决而立即放弃了(《辩论术》,ii·58)。从心理学方面解释笑,我所知道的最早的尝试,见于哈奇森[②]的《道德哲学导论》第一卷第一章第14节。稍后还有匿名著作《笑之生理原因与精神原因论述》(1768),作为这个论题的公开讨论,不是没有功劳的。普拉特内[③]在他的《人类学》第894节,采集了从荷马到康德等哲学家的意见,他们试图解释这个为人性所特有的现象。康德和让·保尔[④]的可笑性原理是众所周知的。我认为没有必要去证明他们的谬误,因为任何人拿可笑性的某些事例向他们请教,将会在极大多数情况下,立即认识到他们的力不胜任。

---

[*] 译自叔本华的《作为意志与表象的世界》英文版第一卷附录第8章。
① 西塞罗(Cicero, M.T., 公元前106—前43),罗马演说家,政治家,哲学家。
② 哈奇森(Hutchesen, Francis, 1694—1746),苏格兰哲学家,著《道德哲学导论》(1755)。
③ 普拉特内(Platner, Ernst, 1744—1818),德国哲学家。
④ 让·保尔(Jean Paul, 1763—1825),德国幽默作家弗里德里希·里希特的笔名。

根据我在第一卷所作的解释,可笑性的来源永远是把一个对象自相矛盾地、从而出乎意外地归类到一个在其他方面与之不同的概念之下,因此笑的现象永远意味着突然领悟到这样一个概念和它所想的真实对象之间、也就是抽象性和直观性之间的一种不协调。在对笑的领悟中,这种不协调越大,越出乎意外,它引起的笑便越强烈。所以,在逗笑的一切事物中,必定永远会指出一个概念和一个个别,即一件事物或过程,它当然可以归类到那个概念之下,因此可以通过它来想象,但在另一个更主导的方面却完全不属于它,而是显著地不同于按照那个概念所想象的任何其他事物。如果像经常发生的那样,特别在妙语、趣话中,代替这样一个直观的真实事物,出现了一个低于高级类概念的种概念;它只有通过这个事实才会引起笑来,即想象力实现了它,也就是使一个直观的代表代替了它,从而发生了所想和所见之间的冲突。的确,如果人们想很明确地认识这一点,可以用一个无可争议的大前提和一个意想不到的、几乎只由通过刁难才生效的小前提,把每个可笑事物化为一个具备第一格的结论;作为这种联系的结果,推理本身具有可笑的性质。

我在第一卷认为,举例说明这个原理是多余的,因为每个人容易独自做到这一点,只要把他记得的可笑事物略微想一想。但是,为了帮助那些宁愿永远停留在被动状态的读者的精神惰性,我愿在这里迁就他们。我甚至愿意,在这个第三版中,扩大和积累事例,以便无可置疑地做到,在这里,在那许多无益的早期尝试之后,真正的可笑性原理得以出现,被西塞罗提出、也被他放弃的问题得以明确地解决。——

如果我们考虑到,需要两线相遇才能成一个角,如果它们延长,就会彼此交叉;另一方面,切线只在一点上接触圆,但实际上,是与它平行;因此我们产生这个抽象的信念,圆的周线和切线不可能构成一个角;如果这样一个角在纸上显而易见地出现在我们面前,它会轻易地引起一个微笑。在这种情况下,可笑性诚然极其微弱;但它来源于所想与所见的不协调,这一点在它身上显得非常清楚。当我们发现这样一种不协调时,根据我们从真实的、即直观事物过渡到概念,或者相反,从概念过渡到真实事物,因而逗笑的或者是一句妙语,或者是一个谬论,而它在较高程度上,特别在实际范围内,则是一句傻话,这是在正文中阐释过的。现在为了考虑第一种情况、即机智的例子,我将首先举出那个吹牛的加斯克尼人众所周知的逸事,当国王看见他在严冬穿着夏天的薄衣便取笑他时,他对国王这样说道,"如果陛下穿上我穿的衣服,您会觉得它非常暖和";国王问他穿的什么,他回答说:"我的全部衣服!"在这个最后的概念下,我们几乎想到一个国王数不胜数的全部衣服,又想到一个穷鬼仅有的夏衣,看见它披在他快冻僵的身体上,便显得和"全部衣服"这个概念十分不协调。——巴黎一家剧院的观众一次要求演奏《马赛曲》,结果没有办到,便开始大吵大闹,于是一个穿制服的警察代表走上台来解释说,除了演出海报上的,剧院演任何什么,都是不允许的。对于这句话,有一个声音喊道:"请问先生,您也在海报上吗?"这个奇怪念头引起了哄堂大笑。因为这里所包含的异质内容,是既明显又不勉强的。有一个警句:

> Bav 是圣经所说的真正的牧人:
> 他的羊群都睡了,唯独他仍清醒

把令人厌烦的传教士归类到在睡着的羊群旁醒着的牧人这个概念下,他使全体教民昏昏欲睡,现在没有人听,他孤零零地吼叫下去。——与此相似,有一个医生的墓志铭:"他躺在此处像个英雄,他所杀死的人们躺在他周围";它把应当保全人命的医生归类到"被尸体包围着躺下"这个对英雄显得体面的概念之下。——妙语、警句往往存在于一句话中,它只提出可以让被表现情况归类的概念,虽然那个情况非常不同于那个概念所能表现的任何其他事物。在《罗密欧》中,情况也是这样,当快活的、但受了致命伤的茂丘西奥这样回答他的答应明天去拜访他的朋友们:"明天来找我,你们会发现我是 a grave man。"(莎士比亚,《罗密欧与朱丽叶》,Ⅲ,Ⅰ),这个概念在这里是指一个死人;但在英语中还有一点文字游戏,因为 a grave man 既可解作严肃的人,也可解作墓中人。——演员翁策曼①的著名逸事也属于这一类:在柏林剧院被严禁即席演唱不久,他不得不骑着马在舞台上露面,正当他走上舞台前面时,马拉屎了,观众一见便开始发笑,但当翁策曼对马说:"你干吗呀?你不知道我们被禁止即席演唱吗?"观众笑得更厉害了。这里异质内容被归类到更普遍的概念之下,所以这个妙语是非常恰当的,由此造成的可笑效果是极其强烈的。——属于这一类的还有哈尔②在一八五一年三月的报纸上发表的下列通告:"我们谈到过的犹太骗子帮,又要带着少不了的伴奏,交付给我们了。"把一名警察护送员和一个音乐术语归并在一起,是很巧妙的;虽然它接近纯文字游戏。——另一方面,当萨菲尔③同演员安杰里(Angeli)打笔仗,把他描写成"身心同样伟大的安杰里"时,这也完全是这里正在说的一类情况。演员的小雕像在全镇是出名的,因此非常渺小便直观地置于"伟大"的概念下,——还有,当同一个萨菲尔称呼一个新歌剧的曲调为"好旧相识"时,就把通常被谴责的品质归类到一个往往用以表扬的概念之下了;——还有,假如我们说一位女士,她的好感可以为礼品所影响,就是说她知道把 utile 和 dulci(用途和惬意:霍勒斯,《诗歌艺术》,343)联系起来;这样,我们便把道德领域置于霍勒斯在美学方面推荐过的那条规则的概念之下;——还有,假如要指妓院,我们会称它为"寂静乐事的端庄寓所"。——优秀社交界,为了彻底变得索然寡味,曾经禁止一切坚决的言论,从而包括一切强硬措辞,当必须表示诽谤性或某种意义上的猥亵性事物时,则惯于为了缓解,用一般性概念来表达它们,以便缓解或减轻它们;但这样会把或多或少与它们异质的

---

① 翁策曼(Unzelmann),德国柏林剧院演员。
② 哈尔(Hall),待考。
③ 萨菲尔(Saphir, M. G.,1795—1858),美国幽默家,编辑家;在柏林编过《柏林快邮报》(1826—1829)和《柏林信使》(1827—1829),在维也纳编过《幽默家》(1837—1858)。

东西归属到它们名下，并在相应程度上产生了可笑的效果。上文提到的 utile 和 dulci 就属于这一类，还有下列这样的词句："他在舞会上不怎么愉快"，——当他被痛打并被踢了出来时；或者，"他干了太多好事"，——当他喝得醉醺醺时；还有，"这女人有软弱的时刻"，——如果她给她丈夫戴绿帽子；等等。模棱两可的话语也属于同一类。它们是这样一些概念，即本身并不包含不正派的内容，但它们所表达的情节却导向一个不成体统的想法。它们在社会上非常普遍。但是，一个十足而出色的模棱两可的完美模式，是申斯通①为一位治安官所写的无与伦比的墓志铭，它以浮夸的简洁文体，似乎在说高贵而卓越的事物，而在它们的每个概念下却归纳了完全不同的东西，它只是出现在最后一个词儿上，作为对于整体的意想不到的线索，读者却大笑地发现，他只读到一个非常淫猥的含糊词句。在这个梳得油光水滑的时代，在这里引用它，且不说翻译它，是全然不被容许的；它可以在以"献词"为题的"申斯通诗作"中找到。模棱两可有时流为纯粹文字游戏，关于它需要说的话已在正文中说过了。

再者，将一方面异质的内容，基本上令人人感到可笑地，归类到其他方面与之相符的概念之下，也可能变得与意图相反。例如，北美一个自由黑人努力事事模仿白人，最近为他的亡儿竖了一块墓碑，墓志铭这样开始，"可爱的、早谢的百合花。"——假如相反，一个真实的直观事物，被厚着脸皮存心置于一个与之对立的概念之下，其结果就是庸俗的普通的冷嘲了。例如，下着倾盆大雨，我们说，"今天可有一个好天气"；——或者我们说一个丑新娘，"那人可选中了一笔极好的财宝"；——或者说一个无赖，"这位正人君子"，等等。只有儿童和没有受过教育的人才笑这些事物；因为这里所想和所见之间的不协调是全面的。然而正是在可笑性的制造过程之这种粗俗的夸张中，其基本性格，上述的不协调性，显得非常清楚。——这种可笑品种，由于其夸张

---

① 申斯通（Shenstone, William, 1714—1763），美国诗人，著有《女教师》（1742）、《田园民谣》（1755）等。

和明显意图，在某些方面与滑稽模仿（parodie）相关。后者的操作方法在于，它把一则严肃的诗歌或戏剧的事件和词句硬塞给渺不足道的粗人或无聊的动机和行动。它就这样把它所陈述的平凡的现实归类到这个主题所有的高尚的概念中，那些现实可能在某一方面适合在这些概念之下，而在其他方面又和它们非常不协调；所以所见和所想之间的不协调显得非常刺眼。这方面颇不乏众所周知的例子，因此我只从卡罗·戈齐①的"Zobeide"的第四幕第三场举一个，那里有阿里奥斯托②的著名诗节（《愤怒的罗兰》，I，22），"Oh gran bonta de cavalieri antichi（哦古老骑士的伟大的卓越技能）"等等，是一字一句地放在两个小丑的嘴巴里，他们刚才互相厮打，打累了，又悄悄并排躺下来。——在德国，严肃诗歌、特别是席勒的诗歌非常喜欢应用平庸事故，也是属于这一类，这种应用手法明白地包含着，将异质内容归类于这首诗所表达的一般概念之下。例如，有个人开了一个非常有特征的玩笑，往往不会没有人说，"从这一点，我可知道我的弱点了（《华伦斯坦之死》，Ⅲ，15）。"但是，新奇而又非常滑稽的是，一个人爱上了一个年轻的新娘，他向新婚夫妇引述了（我不知道好大的声音）席勒的叙事谣曲《担保》的结尾一句：

> 我请求你，让我做
> 你们同盟中的第三者。

可笑的效果在这里是既强烈而又不可避免的，因为在席勒借以使我们想起一个高尚的道德关系的概念之下，归纳了一个被禁止的不道德的关系，但却是正确而又没有改变地被思考过的。——在这里所

---

① 卡罗·戈齐（Carlo Gozzi，1720—1806），意大利剧作家，著有神话剧多种；其兄加斯帕罗（1713—1786）为但丁研究专家。
② 阿里奥斯托（Ariosto，Lodovic，1474—1533），意大利诗人，意大利文艺复兴的诗歌代表，名著为骑士史诗 *Orlando Furioso*。

举的一切机智例子中我们发现,在一个概念之下,或者一般地在一个抽象思想之下,一个实在事物直接地,或利用一个更狭隘的概念,被归纳进来,它的确,严格地说,归到了它下面,但却尽可能地不同于那个思想特有的原始的意图和倾向。因此机智作为一种精神能力,全然在于轻而易举地,为每个出现的对象发现一个概念,那个对象当然可以在这个概念之下被思考,但它非常不同于属于这个概念的所有其他对象。

　　第二类可笑性如我们已经指出,走的是相反的途径,即从抽象概念到被它想过的实在的或直观的事物,但是现在这揭示了与被忽略的概念的任何不协调,由此产生了一种荒谬,所以在实际范围内是一种愚蠢行为。既然戏剧需要情节,那么这种可笑性对于喜剧是不可缺少的。伏尔泰下列意见就是基于这一点:"J'ai cru remarquer aux spectacles, qu'il ne s'eleve presque jamais de ces eclats de rire universels, qu'a l'occasion d'une meprise"(Preface de L'Enfant Prodigue.)[我相信在剧场已观察到,几乎从来没有过这样普遍的一次放声大笑,如同在一个基于误解的情节中。]下列一些也许可以充作这类可笑性的例子。有人宣称他爱独自散步,一个奥地利人对他说:"你欢喜独自散步,我也一样:那么我们一起走吧。"原来他从这个概念出发,"他们可以共同享受一件两人都爱的乐事",于是把排除共同性的这件事归类到这个概念之下。此外,仆人用马卡油涂抹他主人盒子里的一块已经刮平了的海豹皮,好让它重新长出毛来;他这样做,是从这个概念出发,"马卡油能生长头发。"——禁闭室里的卫兵们让人把一个关押起来的囚犯带进来,参加他们的牌局,但因他打牌作弊,发生了争吵,又把他赶出去了;他们是让自己为这个普遍概念所引导,"坏伙伴要赶走,"——却忘记他还是个囚徒,即一个应当被拘留的人。——两个农民给他们的猎枪装了粗劣的霰弹,想把它掏出来,好换上精细一点的,而又不损失弹药。于是他们一个把枪管口放在他的帽子里,再把帽子夹在两腿之间,对另一个说:"现在你来慢慢地、慢慢地、慢慢地拉扳机,霰弹就会先出来。"他是从这个概念出发,"延缓了原因,也就延缓了后果。"——此外,堂吉诃德的大多数行动也是例证,因为他把他遇到的种种现实置于他从骑士小说吸取的种种概念之下,而那些现实非常不同于那些概念,例如,为了支援被压迫者,他解放了划桨犯人。严格地说来,闵希豪森的故事①也属于这一类,只是它们不是已经完成的古怪行动,而是用来谎骗听者,以为是真正发生过的不可思议的事。在这些事情中间,事实永远是这样构想的:它只是抽象地,所以比较 a priori 地(演绎地,从因到果地)被思考过,便显得可能而又似乎有理;但后来,如果我们降到直接经验个别事件,也就是它们 a posteriori 地(归纳地,从果到因地)被思考过,于是事物的不可思议性、实际上是设想的荒谬便凸现出来,并由于所见和所想显然不协调而引起了笑。例如,当凝冻在邮车号角中的曲调在暖房里融化开来;——当闵希豪森在严冬坐在树上,用他凝冻的尿流,把掉在地上的刀子捡了起来,等等。类似的还有两个狮子的故事,它们夜间撞折了它们之间的隔板,一怒之下互相吞噬对方,于是到早上,只剩两条尾巴找得到。

还有些可笑的事例,将直观事物置于其下的概念既不需要表明,也不需要暗示,而是由于联想自动地进入意识。加里克②在表演悲剧当中放声大笑,因为一个站在乐池前的肉铺师傅为了揩汗,把他的假发暂时放在他的大狗头上,那狗正面对舞台站着,把它的前爪搁在乐池的栏杆上,而加里克之所以发笑,是由于他从一个观众所联想到的概念出发。这就是为什么某些动物形体如类人猿、大袋鼠、跳兔等,有时对我们显得可笑的缘故,因为它们身上有某些与人相像的地方,导

---

① 闵希豪森(Muenchhausen, Karl Friedrich Hieronymus von, 1720—1797),德国猎人和军官,参加过俄国抵抗土耳其的战役,以夸张自己的功勋和奇遇著称;他的名字常见于荒诞夸张的故事中,《闵希豪森男爵对其奇异旅行与俄国战役的记述》的真正作者是德国矿物学家鲁道夫·埃里希·拉斯佩(Raspe, Rudolph Erich, 1737—1794)。
② 加里克(Garrick, David, 1717—1779),英国演员,以扮演莎士比亚剧中人物(特别是在《理查三世》中)著称,被认为是英国戏剧史上最伟大的演员之一。

致我们把它们归类于人体的概念之下，我们又从这个概念出发，注意到它们和人形不相协调。

与直观突出地不协调而使我们发笑的概念，或者是别人的，或者是我们自己的。在第一种情况，我们笑别人；在第二种情况，我们感到一种常常是惬意的、至少是逗乐的惊异。所以，儿童和粗人对最渺小的、甚至对令人厌恶的事物发笑，如果它们对他们是出乎意外的，从而证明他们的预想概念是错误的。——一般说来，笑是一种轻松愉快的状态：领悟所想和所见、亦即现实之间的不协调，因此使我们感到乐趣，并使我们高兴到捧腹大笑。其缘故如下。在所见和所想之间那种突然出现的冲突中，所见永远保持无可争辩的权利：因为它根本不易发生错误，不需要从外界得到认证，而可以为自己辩护。它与所想的冲突最终起源于，后者及其抽象的概念不屑于认识无限的五花八门和直观事物的细微差别。感觉、直觉知识对于思维的这种胜利使我们感到乐趣。因为直觉是与动物性不可分割的原始的认识方式，其中呈现出给意志提供直接满足的一切事物：它是当今的、享受的和愉悦的媒介；加之，不用费力就可和它联系在一起。至于思考，情况则相反；它是知识的第二种潜能，对它的行使总需要费一些往往很大的气力，正是思想的种种概念，经常反对满足我们眼前的欲望，因为作为过去、未来和严肃性的媒介，它们适于充当我们的恐惧、我们的悔恨和我们的一切忧虑的工具。这个严格的、不倦的、超负荷的保姆，理性，一旦被证明不胜任，一定会使我们赏心悦目。正因为这样，笑的外貌非常接近娱乐的外貌。

由于缺乏理性，从而缺乏一般性概念，牲畜不会笑，正如不会说话。所以，笑是人的一种特权和独特的标志。不过，还可以顺便说一下，他的无与伦比的朋友——狗，超过其他一切牲畜，有一种类似的为它独有的富于特征的行动，就是如此富于表现力的、亲热的、彻底诚实的摇尾乞怜。但是，这种由天性促成的友好欢迎，与人类的鞠躬、假笑等礼节相比，形成了何等鲜明的对照啊。至少就目前来说，它比他们为内心友谊与忠实所做的保证要可靠一千倍。——

笑与玩笑的对立面是严肃。因此,它在于意识到概念或思想和所见或现实的完全一致与协调。严肃认真的人相信,他按事物的本色来思考它们,它们就是他所思考的样子。这就是为什么从深刻的严肃到笑的过渡是如此容易,并可由小事情来实现;因为由严肃所设想的那种一致越是完整,它就越是容易为无意间发现甚至小小一点的不协调所取消。所以一个人越有完全严肃的能力,他就越能尽情地笑。人们的笑如若总是做作而又勉强,他们在智力上和道德上就没有什么价值可言;大体上,笑的方式,以及另一方面加上它的诱因,很能表示这个人的特性。性关系为玩笑提供最容易的、随时近在手边的、甚至能为最弱智者所理解的素材,可由猥亵笑话之多来证明,但如果没有最深的严肃为它们作基础,那也是办不到的。

别人取笑我们严肃的所作和所说,之所以如此强烈地冒犯我们,是由于这表明我们的概念和客观现实之间有一种巨大的不协调。出于同样的原因,"可笑的"这个谓语是侮辱性的。——真正的嘲笑是以胜利的口吻向被挫折的对手宣布,他所怀有的概念和正在向他显现的现实是如何不协调。我们坚定怀有的期望通过真实被证明是虚妄的,我们对这种真实之可怕的揭露报之以苦笑,这就生动地表明我们发现,我们在对人或命运的愚蠢信任中所持有的思想,与目前所显露的现实不相协调。

存心地可笑是笑话:它是努力以替换二者之一的方式,造成另一个的概念与现实之间的差异;而其对立面,严肃,则在于二者彼此确切相符,至少以此为目的。但是,如果笑话隐藏在严肃后面,我们就有了冷嘲:例如,如果我们以显然的严肃态度,默然同意与我们的意见相反的另一个人的意见,并假装和他共有这些意见,直到最后结果使他既对我们又对他们困惑不已。这就是苏格拉底同希皮阿斯,普罗塔戈拉斯,戈吉阿斯①及其他诡辩家、而且经常同他的一般对话者相对立的态度。——冷嘲的反题因此是隐藏在笑话后面的严肃。那就是幽默,它可以称为冷嘲的双倍对偶。——"幽默是有限和无限的互相渗透"之类解释,无非表现了那些满足于这类空话的人们全然无能于思维而已。——冷嘲是客观的,是打算说给另一个人听的;而幽默是主观的,主要只为本人而存在。因此我们在古人中间发现冷嘲的杰作,而在近人中间发现幽默的杰作。因为,更周密地考察一下,幽默取决于一个主观的、但又严肃而崇高的心态,它不由自主地同一个与它非常不同的普通的外在世界相冲突,它既不能从它逃脱,也不想顺从于它;所以,它为了调节,试图以相同的概念思考自己的观点和那个外在世界,这样便有时在一方面,有时在另一方面,发生了那些概念和它们所思考的现实之间的双倍不协调。由此引起了存心可笑的、例如笑话式的印象,但它后面却隐藏着并照射出最深刻的严肃。冷嘲以严肃的神色开始,以微笑结束;至于幽默,顺序相反。上文引用过的茂丘西奥(Mercutio)的话可以充作幽默的一个例子。也是在《哈姆莱特》中——"波洛涅斯:我尊敬的殿下,我想最谦卑地向您告别。哈姆莱特:先生,您不能从我拿走任何我更愿意献出的东西;——除非我的生命,除非我的生命,除非我的生命。"[Ⅱ, 2.]——然后,在宫廷上演戏剧之前,哈姆莱特对奥菲利娅说:"一个人除了取乐,还应该干什么?你瞧,我母亲显得多么轻松愉快,我父亲死了还不到两个月。"奥菲利娅:"不,是两个两个月,殿下。"哈姆莱特:"有那么久吗?唉,让魔鬼去穿丧服吧,我可要给自己做一套鲜艳的外衣。"[Ⅲ, 2.]——还有,也是在让·保尔的《泰坦》中,已经变得忧郁成性、但现在正对自己苦思冥想的朔佩(Schoppe),经常望着自己的双手,自言自语道:"那儿有血有肉地坐着一位老爷,我就在他身上;可他是谁呢?"——亨利希·

---

① 希皮阿斯(Hippias of Elis),公元前五世纪希腊诡辩家;普罗塔戈拉斯(Protagoras),公元前五世纪希腊哲学家,以"人是万物的尺度"这句名言标志其哲学观念;戈吉阿斯(Gorgias,公元前483—前376),希腊诡辩家和修辞学家,曾与柏拉图对话。

海涅在他的《罗曼采罗》中作为一个真正的幽默家出现。在他所有的笑话和噱头后面，我们看出一种深沉的严肃，它羞于一丝不挂地走出来。——因此，幽默有赖于一种特殊的心境或情绪（德语，Laune，也许出自 Luna，月神），通过这种心境，概念连同其一切修饰，主观对于客观的一种决定性优势，在对外在世界的领悟中被思考过了。再者，一个喜剧的、甚或一个闹剧的场景之每种诗意的或艺术的表现，可还有一个严肃的思想作为它的被掩蔽的背景隐约透射出来，那就是幽默作品，也就有了幽默感。例如，蒂施拜因①的一幅彩色画表现一个空房子，仅由壁炉里的烈火所照明，就是这样一个幽默作品。在炉火前面站着一个穿着坎肩的人，他的影子从脚下铺开去，铺满了整个房间。蒂施拜因在画上这样题写道："这是一个不想在世上有所成就、也搞不出什么名堂来的人；现在他高兴他能扔下一个这么大的影子。"如果我应当表白一下隐藏在这个笑话后面的严肃，我最好能利用从安瓦里·索黑利（Anwari Soheili）②的波斯诗篇摘引的下面一节诗来说一下：

  如果你失掉一个世界，
   不要悲伤，它是个泡影；
  如果你赢得一个世界，
   不要高兴，它是个泡影。
  痛苦和欢乐都完结了，
   从世界旁边走过去，它是个泡影。

  今天"幽默"一词以"喜剧"的意义普遍用于德国文学界，这是起因于这样一个可悲的欲望，即想给事物一个更显赫的名字，比它们更

---

① 蒂施拜因（Tischbein, Johann Heinrich, 1722—1789），德国画家，黑塞-卡塞尔的威廉八世的宫廷画师。
② 安瓦里（Anwari, 又名 Awhad ad-Din'Ali，公元十二世纪），波斯诗人，长于颂歌与抒情诗，被认为是波斯最伟大的颂词作者之一。

高一级的名字。这样，每个鸡毛店必须称旅馆，每个货币兑换商必须称银行家，每个演奏会必须称音乐学院，商人的账房要称办公署，陶工要称泥塑艺术家，所以每个小丑也就是一个幽默家。"幽默"一词是从英国人借来的，用以挑选和称呼一种十分特殊的、甚至如上所述与崇高有关的一种可笑；但并非用来给各种玩笑和各种恶作剧作标题，像今天在德国普遍发生的情况，而没有受到文人和学者们的任何抵制；因为那种变种的、那种精神倾向的、那种可笑与崇高之子的真正概念，对于它们的观众都未免太精致、太高尚，为了取悦于他们，它们努力使一切事物变得单调而又庸俗。当然啦，"高级字眼和低级意义"通常是高贵"现代"的格言，因此从前叫作小丑的，现今被称作一个幽默家了。

论历史[*]

我已经在第一卷的下文被提到的段落充分地指出过,为了认识人类的本性,文学创作要比历史做出更多的贡献,而且为什么会是这样;就这点而言,从前者似乎比从后者可以期待更多真正的教益。亚里士多德也看清了这一点,他说,"而文学要比历史更富于哲理性,更有价值。"(见《诗学》第9章)不过,为了不致对历史的价值造成误解,我想在这里说说我对它的看法。

在每种每类事物中,实际情况是无数的,个别本质是无限的,它们的差别的多样性是无可匹敌的。对它看一眼,都使得渴望知识的心灵感到眩晕;它认识到,随它探索到多远,它终归会被斥为无知。——但接着来了科学:它从数不清的众多进行挑选,将它聚集在类概念之下,又将后者聚集在种概念之下,由此打开了通向对普遍与特殊的一种认识的道路,这种认识还包含不可胜数的个别,因为它适用于一切,没有人会认为每个个别是自在的。因此它对进行研究的心灵保证了满意。然后一切科学彼此并列起来,将个别事物分布在自己下面,而后位于后者的真实世界之上。但在它们一切之上盘旋着哲学,它作为最普遍因而最重要的知识,预告了其他知识只是为之铺路的结论。——唯有历史本来不可进入那个系列;因为它不能像其他知识炫耀相同的优点:因为它缺乏科学的基本性格,

---

[*] 译自叔本华的《作为意志与表象的世界》第38章。

已知物的从属性，它只能表明该物的并列性。所以历史不像其他各种科学，它没有什么体系。因此它虽是一门知识，却决非科学。因为它从不会借助于普遍来认识个别，而是必须直接地领悟个别，这样便好似在经验的地面向前爬行；这时真正的科学盘旋在它上面，因为它们已经获得借以控制个别的综合概念，至少在某些界限内，预期事物在其领域以内的可能性，因此它们对即将来临的事物可能感到放心。科学是概念的体系，因此永远诉说种类；历史则诉说个体。因此它可以说是关于个体的一门科学，这样说表示了一个矛盾。从前一句可以导致这样的结论，科学总说永远存在的事物；反之历史都说只存在一次而不再有的事物。因为，此外，历史须与绝对个别和特殊相关，按其性质而论，它们是无穷无尽的；所以它只是不完全、不充分地知道一切。与此同时，它还需在日常琐事中，向每个新日子求教它尚不知道的事情。——如果应当反对这样的说法，在历史中也有特殊从属于普遍的现象，因为时代、政府及其他关于首脑与国家的变革，简言之，在历史表格上发生的一切，都是特殊所从属的普遍；那么，这个说法就是以一个对普遍概念的错误理解为基础的。因为这里所指的历史上的普遍只是主观的，即其普遍性仅是由于对事物的个别认识之不完备而产生的，而不是一个客观的，即一个其中许多事物实际上一同被想到的概念。即使历史上最普遍的事物，其本身也不过是一个个别而特殊的事物，也就是一个较长的时间阶段，或者一个重大事件；所以特殊之于它，有如部分之于整体，但不像事例之于规则；反之这种情况发生在一切真正的科学中，因为它们提供概念，不是单纯的事实。因此，在这些科学中才可以通过对普遍的正确认识，准确地测定正在显露的特殊性。例如，我一般懂得三角形的规律，能说明我面前摆着的三角形的特征必定是什么；还懂得一切哺乳动物的属性，例如它们有一对心室，恰好七个颈椎、肺、横膈膜、膀胱、五官等等，我也能在解剖刚才捉到的陌生蝙蝠之前，断言它也有这些器官。但是，在历史中却不是这样，那里普遍不是概念的客观普遍，而只是我的认识的一个主观普遍，只因它是肤浅的，才可能被称为普遍的。所以我至少大体上知道三十年战争，曾经是一场在十七世纪进行的宗教战争；但是这点普遍知识并不使我能够更确切地谈论它的过程。——同样的对立还为这个事实所证实，在真正的科学中特殊与个别是最确凿的事物，因为它基于直接的感觉；而普遍真理仅仅是从它抽象出来的；所以后者可能更容易沾染某些错误的东西。但是在历史中则相反，最普遍的才是最确凿的，例如时代，王位的继承，革命，战争和和约；反之，事件及其关联的特殊性则是不确凿的，越陷于琐屑越不确凿。所以历史越特别就越有趣，但也越不可靠，然后在各方面就接近长篇小说了。——至于其他方面，关于历史之被夸耀的实用主义教训，重要的是要它能最好地判断，谁还记得，不过二十年之后，他仍会按照其正确的前后关系，理解他自己的生活的各种事件，即使有关资料全部摆在他的面前；在偶然的持续干犯与意图的隐瞒之下，动机作用的组合竟是如此之艰巨。既然历史实际上永远只以个别、独特事实为对象，并把它视作唯一真实的，它因此便是哲学的直接的对立面和反面，哲学正是从最普遍的观点观察事物，明确地以普遍为对象，而普遍在一切个别中始终是相同的；所以，在个别中哲学永远只看见普遍，并认为它的各种现象变化是非本质的；因为哲学家是普遍之友。当历史教导我们，每时每刻都有某种不同事物时，哲学则试图帮助我们认识，在一切时间内曾有过，正有着并将有完全相同的事物。事实上，人生的本质像到处的自然本质一样，完全存在于每个眼前，所以需要理解的深度，才可详尽地被认识。但是，历史希望拿长度和宽度来弥补深度；对于历史，每个眼前只是一个碎片，它必须由过去来补充，但过去的长度是无限的，它还连接着一个无限的未来。从这一点可见出哲学头脑与历史头脑的对立：前者要追根溯源，后者要检查全过程。历史每一页只显示不同形式的同一物；但是，谁要是在一个或几个形式中认不出这个同一物，即使经历一切形式也难于达到对它的认识。各民族史的篇章基本上仅以名称和年代相区分;固有的本质内容都是一样的。

既然艺术的素材是理念,科学的素材是概念,我们便看见二者都从事于永远以相同的形式、永远存在于那儿、但不是又在又不在、又是这样又不是这样的东西:正因如此,二者便与柏拉图专门作为真知对象而提出的东西发生了关系。与此相反,历史的素材是有其个别性与偶然性的个别事物,是一度存在、然后永远不再有的东西,是一堆像云朵在风中移动的人世之瞬息即逝的千丝万缕,是一个经常由于微不足道的偶然而完全变形的世界。从这个观点来看,我们感到历史的素材算不上是一个值得人类精神认真而费力地观察的对象,而人类精神正因它如此短暂,本应当选择永恒不朽的素材来供自己观察的。

最后涉及这样一个企图,它主要由于到处如此败坏人心、使人愚昧的黑格尔伪哲学而流行开来、想把世界史理解为一个按照计划的整体,或如伪哲学所称,想"把它有机地构成";对于这个企图,有一个粗糙而平庸的现实主义做根据,它把现象看作世界的内在本质,并臆断一切取决于现象,取决于它们的形态和过程;在这一点上,这个现实主义还悄悄地借助于某种神话的基本观点,它还缄口不语地以之为前提:否则可以这样发问,上演这么一部喜剧究竟是给哪些观众看呢?——因为只有个人,而不是人类,具有真实的、直接的意识一致,所以人类的生活历程的一致不过是一个虚构。再者,正如在自然界只有种是真实的,而类则是纯粹的抽象,那么在人类中只有个人及其生活历程是真实的,各民族及其生活则是纯粹的抽象。最后,由平庸的乐观主义所引导,结构历史终于永远导致一个舒适的、富足的、肥沃的国家,有调节良好的宪法,优秀的司法和警察,技术与工业,充其量还导致智力上的完善;事实上这是唯一可能的,因为道德品质基本上始终是不变的。但是,按照我们内心深处的意识证明,一切取决于道德品质;而它作为个人意志的倾向,仅仅存在于个人身上。事实上,只有每个个别人的生活历程才有一致、关联和真正的意义;它可以被看作一个教训,其意义是一种合乎道德的。只有内心的过程,既然它们涉及意志,就具有真正的现实性,就是真实的事件;因为只有意志才是自在之物。在每个小宇宙里有完整的大宇宙,后者所包含的无非就是前者。多样性是现象,外在事件是现象世界的纯粹构型,所以直接看来,既无现实性,亦无意义,而间接看来,则需通过它对个别人的意志的关系。想直接说明并解释这些外在事件,其企图犹如想在云朵的形象中观看人群和动物一样。——历史所叙述的,实际上只是人类的漫长、沉重而混乱的梦。

把历史的哲学看作一切哲学的主要目的的黑格尔学派,可能被认为与柏拉图有关,他不倦地重复过,哲学的对象是不变物,是永远存在物,而不是时而这样、时而那样的东西。所有设立世界进程或如他们所称的历史之这类结构的人们,都不曾理解所有哲学的主要真理,即一切时代存在着同一物,一切生成与兴起只是假象,只有理念存在着,时间是虚构的。柏拉图是这样看的,康德也是这样看的。据此看来,应当设法懂得,凡是存在着的,今天和永远都会真实地存在,——即应当认识理念(在柏拉图的意义上)。反之愚人们认为,它应当先变成什么再出现。所以他们把他们哲学中一个主要位置让给了历史,并按照一个假定的世界计划设计这个位置,根据这个计划一切会被指挥到最佳状态,这时它被假定最后会出现,并将成为一场宏伟的壮观。因此他们认为世界是完全真实的,并将它的目的置于可怜兮兮的尘世之乐中,那种乐趣即使再怎么为人所爱护,为命运所眷顾,毕竟是一个空洞的、骗人的、脆弱的而又可悲的东西,想用它制造出基本上较好的什么来,无论宪法与立法、还是蒸汽机与发报机都无能为力。上述历史哲学家和历史颂扬者们看来都是头脑简单的唯实论者,同时是乐观主义者和幸福论者,因此是些平庸的家伙和根深蒂固的市侩,而且还是本来就恶劣的基督徒;因为基督教的真正的精神与核心,正如婆罗门教和佛教的一样,在于认识尘世幸福之虚无,对它彻底蔑视,并从它转向一个完全异质的、甚至对立的生存。我说,这才是基督教的精神和目的,才是真正的"事情的脾气"(莎士比亚《亨利五世》第 2 幕第 1 场)①;但它并不如他们所说,是一神教;所以,即使是无神论的佛教,也远比乐观的犹太教及其变种、伊斯兰教,更其接近基督教。

因此,一门真正的历史哲学不应当像那些人所做的那样,观察(用柏拉图的话来说)永远生成而不存在的事物,并把它看作事物的真正本质;而应当留心于永远存在而不生成或消逝的事物。因此,历史哲学不在于使人们的一时的目的永恒化和绝对化,并通过复杂纠葛人为地和想象地构造他们的进步,而在于认识历史不仅在论述上、而且在本质上是虚构的;它说到纯粹个人和个别事件,总是假托在叙说别的什么;尽管从头到尾它总是用另一个名称、穿另一件衣服重复同一事物。也就是说,真正的历史哲学在于认识,尽管有这一切无穷的变化及其混乱,我们眼前永远只看见同样的毫无变化的人,他今天像昨天、像永远那样做着同一件事:也就是说,它应当在古今、东西的一切事情经过中认识同一事物,虽然各地特殊情况、服装和风俗千差万别,它应当处处发现同一种人性。这个同一物,万变中的不变者,在于人心和人脑的基本特征——多数坏,少数好。总而言之,历史的格言必定是这样:"eadem, sed aiter"(同一物,但以不同的方式)。如果一个人读过希罗多德,那么他为了哲学起见,就已足够地学习过历史②,因为那里已有构成后续世界史的一切:人类的活动,行为,苦难和命运,这都来自上述各种品质和天生的尘世宿命。——

如果我们迄今已经认识到,历史被看作认识人类本质的手段,比不上文学艺术;然后认识到,它在本来的意义上不是一门科学;最后认识到,把它构建成一个有头、有中、有尾的整体,连同合理的连贯性,这种努力是一种基于误解的徒劳行为;那么,看来仿佛我们希望否定历

---

① 本文此处引文为 Humor der Sache.(莎士比亚《亨利五世》)此处原文为 That is the humour of it. Humour 在英语中,除解作幽默、体液、性情外,还有"古怪念头""想入非非"等意。
② 希罗多德,公元前五世纪的希腊历史学家,被称为"历史之父";"历史",指希罗多德的名著《历史》。

史的一切价值，要是我们不向它指明价值究竟在何处。实际上，在被艺术战胜并被科学拒绝之后，历史始终有一个与二者不同的、完全独特的领域，它非常光荣地站在那里面。

理性之于个人，犹如历史之于人类。就是说，由于理性，人不像动物那样，局限于狭隘的直观的当前；还认识非常广阔的过去，当前和它相连接，并从它出发；因此他对当前有一个真正的了解，甚至对未来还能做出推论。反之动物由于其无反射的认识限于直观，因而限于当前，即使被驯化了，仍是一无所知地、糊糊涂涂地、头脑简单地、无助而又不自主地游荡在人们中间。——与此类似，一个民族不知道自己的历史，局限于现在活着的一代的当前，所以也不懂得它自己和自己的当前；因为它不能把当前和过去联系起来，不能从过去来解释当前，更不能预期未来。只有通过历史，一个民族才完整地意识到自身。据此，历史可以看作人类的合乎理性的自我意识，它之于人类，正如审慎而连贯的意识之于为理性所制约的个人，由于缺乏这种意识，动物便始终囿于狭隘的直观的当前。所以，历史的每个空白，就像一个人产生回忆的自我意识的一个空白；在一件活得比它自己的有关消息更久的远古文物如金字塔、尤卡坦的庙宇和宫殿①面前，我们傻头傻脑而又不知所措地站着，仿佛动物站在为了效劳而被卷入的人类行为面前，或者像一个人站在自己用陈旧密码所写的、却又忘记解答线索的文字面前；的确，还像一个早上发现他睡梦中所做一切的夜游者。因此在这个意义上，历史可以看作人类的理性，或审慎的意识，并持有一个为整个人类直接共有的自我意识的位置，因此正由于它的这个意识，人类才在实际上变成为一个整体，成为一个人类。这就是历史的真正的价值；照此看来，对它如此普遍而又主要的兴趣，首先基于它是人类的一桩个人事务。——语言之于个人的理性，作为对它加以应用的必要条件，犹如文字之于这里所指的整个人类的理性；因为它的真实存在

---

① 尤卡坦半岛，位于墨西哥湾和加勒比海之间，玛雅文化发祥地，居民玛雅人有自己的历法，建筑和象形文字，曾经是具有高度文化的民族。

恰是随同后者开始，正如个人的理性恰是随同语言开始一样。就是说，文字有助于重新统一人类因死亡而不断中断的、因而被裂成碎片的意识；因此在祖先身上出现过的思想，终于会被曾孙想出来；文字补救了人类及其意识在无数短命个人身上的衰变，并与遗忘落入其手的不停飞逝的时光对抗。连石制文物也可被看作像书写文物一样，是一件履行这一任务的尝试，它有一部分比后者还老。因为，谁会相信，那些人多少年来以不可估量的代价，发动千百万人力，修建已经存在几千年的金字塔、独石柱、岩洞墓穴、方尖石塔、庙宇和宫殿，难道他们这样做，只是着眼于他们自身，而他们的生命期限短促得还不足以让他们目睹这些建筑物的完工，或者甚至许多人的无知强求他们假托的表面的目的？——显然，他们的真正目的是对最晚的子孙说话，是让自己与后者发生关系，是就此统一人类的意识。印度人，埃及人，甚至希腊人和罗马人的建筑物估计已有好几千年，因为他们的眼界由于高等教育而更其广阔；而中世纪和近代的建筑物充其量只被打算维持几百年；不过这还由于人们更信赖文字，当它的用途普遍化以后，而自印刷术从其萌芽诞生以来，情况就更其如此了。但是，即使在更晚期的建筑物中，我们还看到向后代说话的冲动；所以，如果将它们毁坏，或者使它们破相，让它们服务于低级的功利主义目的，那是可耻的。书写文物比石制文物较少害怕风雨，却更害怕野蛮暴行；它们做出了更多的成绩。埃及人想把二者结合起来，便在石制文物上刻出象形文字，不仅如此，他们还添上图画，假如象形文字不再有人懂的话。

附录：几首诗的说明[*]

  我把这几首毫无诗意可言的诗发表出来，自以为是一件克己的行为；正因为一个人不可能同时是诗人又是哲学家。所以这样做，也只是有利于这些人，他们将来在时间的流程中，会对我的哲学抱那么一种强烈的兴趣，甚至希望以任何一种方式亲自结识一下它的作者，尽管到那时已经结识不成了。因为人在诗歌中，以格律与韵脚为面纱，敢于比在散文中更自由地显示自己的主观内在，而且一般说来，是以一种比在哲学中富于更纯粹人性的、更个人的、在任何情况下都与众不同的方式倾诉衷情，正因此也就更加接近了读者；所以，我在这里向后世的同情者们呈献这份礼品，几首大都写于青年时期的诗歌习作，期望他们将为此而感谢我；因此，我还请求别人把这看作我们之间的一件私事，不过偶然发生在这里罢了。发表诗作在文学上有如在社交场合一个人唱歌，就是说，是一件舍身的行为；——完全由于上述考虑，我才能够做到这一点。

---

[*] 作者的诗已编入本译文集第一卷。

总目次

第一卷
诗歌:心灵之歌

歌　德

流浪人的暴风雨之歌	3
穆罕默德之歌	9
致御者克洛诺斯	13
伽倪墨得斯	16
普罗米修斯	18
航海	21
我的女神	24
神性	28
宇宙之魂	31
极乐的眷恋	34
重新发现	36
以一千种形式	39
让进	41
一与一切	43
遗嘱	45

（以上选自《歌德诗歌精选》，北岳文艺出版社1994年版）

263

致睡眠	48
献给友人贝里施的三首颂歌	50
如此良宵	56
幸福与梦	57
茨冈人之歌	58
过客	60
朝圣者的晨歌	68
行家和热心家	70
座右铭	72
浪游者的夜歌（之二）	73
睡眠祝词	74
夜思	75
酒杯	76
申辩	78
我一定会走得很远很远	79
罗马哀歌（二十二首）	80
风平浪静	107
谁来买爱神	108
幸运的航海	110
诀别	111
变化中的持续	112
早来的春天	115
总忏悔	117
十四行体（十三首）	119
关于十四行体	130
五月之歌	134
眼前	135

才与美之争	137
半斤八两	138
新哥白尼	139
生活常规	141
鲜蛋,好蛋	142
新词创造者	143
午夜时分	144
三月	145
四月	146
五月	147
六月	149
风神琴	152
万应灵药	154
激情三部曲	155
歧途	166
我们花园里的小屋	167
回忆	168

(以上选自《歌德诗选》,人民文学出版社2001年版)

新婚之夜	169
鹰与鸽	171
超脱的作为	174
批评家	175
作者	176
艺术家的晚歌	177
少年维特的喜悦	179
传说	180
不相配的婚姻	181

人性的界限	182
甜蜜的忧愁	184
爱人身旁	185
虚空！虚空的虚空	186
且让我们痛饮！	189
为独出心裁者作	191
墓志铭	192
榜样	193
时间到，办法来了！	194
信条	195
序曲	197
艺术批评家克洛诺斯	199
致拜伦勋爵	200
风景	201

（以上选自《浪游者夜歌》，人民文学出版社 2008 年版）

狐死留皮	202
千姿百态的钟情者	204
致他的矜持者	207
非此即彼	208
哈尔茨山冬游记	209
永远永远	213

（以上选自手稿）

海　涅

掷弹兵	217
伯沙撒	219
在绝妙的五月	222

星星待在高空	223
莲花害怕	224
一株松树孑然伫立	225
他们折磨我	226
不知道是怎么回事	227
每当早晨我	229
夜深沉,街巷清静	230
死是清凉的夜	231
哈尔茨山游记序诗	232
暮色苍茫	234
海滨之夜	236
疑问	239
坐在白色的树木下	241
悦耳的钟声	243
我的记忆里盛开着	244
你写的信	245
从前我有个美丽的祖国	246
赞美诗	247
哪儿	248
学说	249
夜思	250
西里西亚织工	252
卑尔根的光棍	254
卡尔一世	257
世道	259
追悼	260
敢死队员	262
泪之谷	264

忠告 ································· 266
别理那些神圣的训喻 ················· 268
别着急 ······························ 269
我的白天晴朗 ······················· 270
空话！空话！ ······················· 271
当真，我们两个是 ··················· 273

（选自《海涅诗歌精选》，北岳文艺出版社1994年版）

易卜生

鸟与捕鸟人 ························· 277
矿工 ································ 279
音乐家们 ···························· 281
绒鸭 ································ 282
羞明者 ······························ 283
建筑计划 ···························· 285
鸟曲 ································ 286
野花和盆花 ························· 288
在画廊里 ···························· 290
致幸存者们 ························· 292
错综复杂 ···························· 294
一朵睡莲 ···························· 297
走了 ································ 298
天鹅 ································ 299
记忆的力量 ························· 300
家居 ································ 302
致吾友，一位革命演说家 ············ 304
谢意 ································ 305
焚烧的船 ···························· 307

海燕 ·· 308
我的新葡萄酒 ······································· 309
留念册题词 ·· 310
为一位作曲家题词留念 ···························· 311
林肯被刺 ··· 312
光雾中的星 ·· 316
四行诗 ·· 318

（选自《易卜生文集》第八卷，人民文学出版社1995年版）

叔本华

十四行 ·· 321
施瓦茨堡的谷中岩石 ······························ 322
暴风雨中从云层射出的日光 ····················· 324
哈尔茨山的早晨 ···································· 325
望西斯廷小教堂的圣母像 ························ 326
大言不愧的诗 ······································· 327
致康德 ·· 328
图兰朵之谜 ·· 329
吕底亚的石头 ······································· 331
花瓶 ··· 332
胸音（附：头音） ··································· 333
第七十三首威尼斯警句的对唱 ·················· 335
吸引力 ·· 336
终曲 ··· 337

（选自《叔本华散文选》，百花文艺出版社1997年版）

切斯瓦夫·米沃什

路过笛卡尔大街 ···································· 341

一只鸟的颂歌	344
河流	347
一个装镜子的画廊	349
关于独立岁月的篇页	364
茵陈星	371
歌	378
缓流的河	381
废墟中的一本书	384
阿德里安·齐林斯基之歌	388
康波·代·菲奥里	394
别了	397
世界(一首天真的诗)	400
这是冬天	413
没有名字的城	416
那些通道	427
一个故事	429
Veni Creator	430
当月亮升起来	431
多么丑啊	432
在路上	433
符咒	434
我忠实的母语	436
季节	438
一个诗的国度	439
记事	441
一件错误	442
读日本诗人一茶	443
致罗宾逊·杰弗斯	446

邂逅	449
你降下了灾难	450
告别	451
祭奠	452
窗外	454
福廷布拉斯的挽歌	455
尝试	457

(选自《拆散的笔记簿》,漓江出版社1989年版)

第二卷
诗歌：房屋张开了眼睛

英语国家现代诗选

关于美国现代诗选	3
埃德温·阿林顿·鲁滨逊	6
八行	6
埃德加·李·马斯特斯	7
沉默	7
斯蒂芬·克兰	11
在沙漠里	11
罗伯特·弗罗斯特	12
雪暮驻马林边	12
卡尔·桑德伯格	14
印第安人,红人	14
维切尔·林赛	16

欧几里得 ⋯⋯⋯⋯⋯⋯⋯⋯⋯⋯⋯⋯⋯⋯⋯⋯⋯⋯⋯	16
埃兹拉·庞德 ⋯⋯⋯⋯⋯⋯⋯⋯⋯⋯⋯⋯⋯⋯⋯⋯	17
花园 ⋯⋯⋯⋯⋯⋯⋯⋯⋯⋯⋯⋯⋯⋯⋯⋯⋯⋯	17
合同 ⋯⋯⋯⋯⋯⋯⋯⋯⋯⋯⋯⋯⋯⋯⋯⋯⋯⋯	18
鲁滨逊·杰弗斯 ⋯⋯⋯⋯⋯⋯⋯⋯⋯⋯⋯⋯⋯⋯⋯⋯	19
受伤的鹰 ⋯⋯⋯⋯⋯⋯⋯⋯⋯⋯⋯⋯⋯⋯⋯⋯	19
玛丽安·穆尔 ⋯⋯⋯⋯⋯⋯⋯⋯⋯⋯⋯⋯⋯⋯⋯⋯⋯	21
诗 ⋯⋯⋯⋯⋯⋯⋯⋯⋯⋯⋯⋯⋯⋯⋯⋯⋯⋯⋯	21
兰斯顿·休斯 ⋯⋯⋯⋯⋯⋯⋯⋯⋯⋯⋯⋯⋯⋯⋯⋯⋯	24
乙班英语作文 ⋯⋯⋯⋯⋯⋯⋯⋯⋯⋯⋯⋯⋯⋯	24
肯尼思·雷克斯罗思 ⋯⋯⋯⋯⋯⋯⋯⋯⋯⋯⋯⋯⋯	27
古老的坏日子 ⋯⋯⋯⋯⋯⋯⋯⋯⋯⋯⋯⋯⋯⋯	27
奥格登·纳什 ⋯⋯⋯⋯⋯⋯⋯⋯⋯⋯⋯⋯⋯⋯⋯⋯⋯	29
很像一条鲸鱼 ⋯⋯⋯⋯⋯⋯⋯⋯⋯⋯⋯⋯⋯⋯	29
兰德尔·贾雷尔 ⋯⋯⋯⋯⋯⋯⋯⋯⋯⋯⋯⋯⋯⋯⋯⋯	32
作者致读者 ⋯⋯⋯⋯⋯⋯⋯⋯⋯⋯⋯⋯⋯⋯⋯	32
理查·维尔布尔 ⋯⋯⋯⋯⋯⋯⋯⋯⋯⋯⋯⋯⋯⋯⋯⋯	33
耻辱 ⋯⋯⋯⋯⋯⋯⋯⋯⋯⋯⋯⋯⋯⋯⋯⋯⋯⋯	33
路易斯·辛普森 ⋯⋯⋯⋯⋯⋯⋯⋯⋯⋯⋯⋯⋯⋯⋯⋯	35
巧克力 ⋯⋯⋯⋯⋯⋯⋯⋯⋯⋯⋯⋯⋯⋯⋯⋯⋯	35
詹姆士·麦利尔 ⋯⋯⋯⋯⋯⋯⋯⋯⋯⋯⋯⋯⋯⋯⋯⋯	37
天使 ⋯⋯⋯⋯⋯⋯⋯⋯⋯⋯⋯⋯⋯⋯⋯⋯⋯⋯	37
艾伦·金斯伯格 ⋯⋯⋯⋯⋯⋯⋯⋯⋯⋯⋯⋯⋯⋯⋯⋯	39
加利福尼亚的超级市场 ⋯⋯⋯⋯⋯⋯⋯⋯⋯⋯	39
结局 ⋯⋯⋯⋯⋯⋯⋯⋯⋯⋯⋯⋯⋯⋯⋯⋯⋯⋯	41
托姆·冈恩 ⋯⋯⋯⋯⋯⋯⋯⋯⋯⋯⋯⋯⋯⋯⋯⋯⋯⋯	43
早餐 ⋯⋯⋯⋯⋯⋯⋯⋯⋯⋯⋯⋯⋯⋯⋯⋯⋯⋯	43
戴夫·史密斯 ⋯⋯⋯⋯⋯⋯⋯⋯⋯⋯⋯⋯⋯⋯⋯⋯⋯	45

在梅树湾的牡蛎船中间 ………………………… 45
　　下雨时分写的诗 …………………………………… 46
　　离婚 ………………………………………………… 47
　　关于一个夏天的非田园曲的回忆 ………………… 49
　　春天的诗 …………………………………………… 50
　　反舌鸟 ……………………………………………… 51
　　圆形车库的声音 …………………………………… 51
　　码头附近 …………………………………………… 55
　　雨林 ………………………………………………… 57
　　白色的手枪皮套 …………………………………… 58
　　坎伯兰车站 ………………………………………… 62

附录：新的梦想 ……………………………………… 66

蒂莫西·斯蒂尔 ……………………………………… 68
　　留给后代的快照 …………………………………… 68
　　陈旧的书简 ………………………………………… 69
　　小生命 ……………………………………………… 71
　　巧舌鸟 ……………………………………………… 71
　　息怒的莎孚体 ……………………………………… 72
　　瓦特堡，1521/1522 ……………………………… 74
　　夜曲 ………………………………………………… 75
　　哲学颂 ……………………………………………… 76
　　和谐小章 …………………………………………… 77
　　期待暴风雨 ………………………………………… 78

关于美国黑人青年女诗人小辑 …………………… 79

罗塔·西尔弗斯特里尼 ·················· 80
    血披风 ························· 80
维多利亚·亨特 ······················ 83
    对比的研究 ······················ 83
    每个月的天赐 ···················· 84
索菲娅·亨德森 ······················ 87
    沃伦老太太及其他鬼神 ············ 87
陶乐珊·里夫赛 ······················ 94
    绿雨 ··························· 94
管多琳·马克埃温 ···················· 96
    发现 ··························· 96
玛格奈特·艾特伍德 ·················· 98
    晚餐后的游戏 ···················· 98
帕特·罗特尔 ······················· 100
    初冬 ·························· 100
玛格奈特·阿维森 ··················· 102
    在失业的季节 ··················· 102
菲莉丝·韦伯 ······················· 104
    致菲多尔 ······················ 104

附录：加拿大现代女诗人小集译后记 ······· 107

安奈·帕尤劳玛 ····················· 108
    你离开的时候 ··················· 108
    冰焰死了 ······················ 110
    我的爱人像酒 ··················· 111
    远距离的呼唤 ··················· 111
    丝绸之路 ······················ 112

我焦急地投入了意识	113
在断念的祭坛上	114
苍天摸到了我的根	115
我抓住伸出来的手	115
你身上什么死了	116
在情欲的沼泽里	117
渴望,像一阵强烈的巫术	118

叶芝	120
两棵树	120
茵旎丝芙莉湖岛	122
一个亡灵的梦	122
他诉说完美的美	123
摇篮曲	123

吉卜林	125
懦汉	125
最后的起锚歌	125
礼拜后的退场曲——1897年6月22日	128

马克·弗鲁特金	131
迟疑	131

王平	132
呼喊的灵魂之歌	133

德语国家现代诗选

关于德语国家现代诗选	147

克里斯蒂安·莫根斯特恩	152
一个悲剧的速写	152
奥古斯特·斯特拉姆	154

　　　　邂逅 ··· 154
　　　　忧郁 ··· 155
　　　　战场 ··· 155
　　　　冻火 ··· 156
埃尔斯·拉斯克-许勒 ······································· 157
　　　　我的人民 ··· 157
　　　　乡愁 ··· 158
　　　　世界之末日 ··· 159
　　　　黄昏来临 ··· 160
　　　　祈祷 ··· 160
特奥多尔·多伊布勒 ··· 162
　　　　孤寂 ··· 162
　　　　我的坟不是金字塔 ····································· 163
斯特凡·茨威格 ··· 165
　　　　奥古斯特·罗丹 ······································· 165
　　　　崇高的一刹那 ··· 170
路德维希·鲁宾纳 ··· 179
　　　　沉思 ··· 179
　　　　人 ··· 180
保罗·策希 ··· 183
　　　　树林 ··· 183
　　　　房屋张开了眼睛 ······································· 184
威廉·克勒姆 ··· 185
　　　　哲学 ··· 185
　　　　成熟 ··· 186
威廉·勒曼 ··· 188
　　　　二月的月亮 ··· 188
　　　　伦敦（1964） ··· 188

恩斯特·施塔德勒 …… 191
- 夜过科隆莱茵桥 …… 191
- 伦敦一家施粥厂门前的孩子们 …… 192
- 形式即逸乐 …… 193

勒内·席克勒 …… 194
- 花园里的孩子 …… 194
- 月升 …… 195

奥斯卡·勒尔克 …… 196
- 疗养院 …… 196
- 柏林的冬暮 …… 197

阿尔贝特·埃伦施泰因 …… 198
- 在铁石心肠的大地上 …… 198
- 绝望 …… 199

戈特弗里德·本恩 …… 200
- 女像柱 …… 200
- 地铁 …… 201
- 迷失的我 …… 202

格奥尔格·海姆 …… 205
- 你的睫毛,长长的 …… 205
- 下午 …… 207
- 战争 …… 208
- 夜 …… 210

格奥尔格·特拉克尔 …… 214
- 出自深渊 …… 214
- 给孩子埃利斯 …… 215
- 晴朗的春天 …… 216
- 童年 …… 218

雅可布·范·霍迪斯 …… 220

世界末日 …… 220
早晨 …… 220

阿尔弗雷德·沃尔芬施泰因 …… 222
 心 …… 222
 合唱 …… 223

阿尔弗雷德·利希滕施泰因 …… 224
 朦胧 …… 224
 早晨 …… 225

鲁道尔夫·莱昂哈德 …… 226
 亡故的李卜克内西 …… 226
 蒙古人的髑髅 …… 227

卡尔·奥滕 …… 229
 心的登极 …… 229
 工人！ …… 230

恩斯特·威廉·洛茨 …… 235
 我点燃了煤气灯 …… 235
 我们找到了光辉 …… 236

瓦尔特·哈森克勒弗尔 …… 237
 诗 …… 237
 悼一个女人的死 …… 238

弗朗茨·韦费尔 …… 240
 泪水 …… 240
 歌 …… 241
 我做了一件好事 …… 242
 微笑呼吸跨步 …… 245

伊凡·戈尔 …… 248
 电 …… 248
 巴拿马运河 …… 249

约翰内斯·贝歇尔 ... 253
新的句法 ... 253
绝望的岛屿 ... 254
灰烬在我心头燃烧 ... 255
忧郁 ... 255
艰难的道路 ... 256
雷雨中间 ... 257

内利·萨克斯 ... 258
在蔚蓝色的远方 ... 258
梦游者 ... 259

库特·海尼克 ... 260
格西马尼 ... 260
人 ... 260

格特鲁德·科尔玛 ... 262
……从黑暗中来 ... 262

贝托尔特·布莱希特 ... 265
恶面具 ... 265
坐一辆舒适汽车旅行 ... 265
浇灌花园 ... 266

马丽·路易丝·卡施尼茨 ... 267
只是眼睛 ... 267
复活 ... 268

威廉·索博 ... 269
教堂司事在估计 ... 269

海威希·卡策尔 ... 270
天黑以前 ... 270

胡果·胡柏特 ... 271
徒然 ... 271

彼得·胡赫尔 ··· 272
 奥德修的坟 ··· 272
 冬窗一瞥 ··· 273

恩斯特·舍恩魏泽 ··· 275
 一切不过是个映象 ······································· 275

格奥尔格·毛雷尔 ··· 276
 对话 ··· 276
 雷翁纳多 ··· 276
 我们的 ··· 277
 写给在一场车祸中幸免于难的 R ························· 278

沃尔夫冈·魏劳赫 ··· 280
 泪水的埃菲尔斯峰 ······································· 280
 埃兹拉·庞德 ··· 281

冈特·艾希 ··· 283
 清单 ··· 283
 谦恭未免过晚 ··· 284

马克斯·齐默林 ··· 286
 敲门 ··· 286

阿弗里德·格斯魏因 ··· 288
 凳上的人 ··· 288

格特鲁德·富塞内格尔 ··· 290
 文字,这小船 ··· 290

托玛斯·泽斯勒 ··· 292
 无题 ··· 292

克里斯廷娜·布斯塔 ··· 294
 降临节的雪 ··· 294
 墓志铭 ··· 294
 全部真理 ··· 294

汉斯·维尔纳·科恩 …………………………………… 296
　　睡眠 ……………………………………………… 296
　　落 ………………………………………………… 296
赖内·布拉姆巴赫 …………………………………… 297
　　树 ………………………………………………… 297
约翰内斯·博布罗夫斯基 …………………………… 299
　　特拉克尔 ………………………………………… 299
　　异化 ……………………………………………… 300
约翰·伯克 …………………………………………… 301
　　无题 ……………………………………………… 301
米夏埃尔·古滕布龙内 ……………………………… 303
　　回家 ……………………………………………… 303
　　绳子从上向下悬挂着 …………………………… 303
沃尔夫迪特里希·施努雷 …………………………… 305
　　诗节 ……………………………………………… 305
　　碎片上的气息 …………………………………… 305
多丽丝·米林格尔 …………………………………… 307
　　无题 ……………………………………………… 307
赫尔穆特·海森比特尔 ……………………………… 309
　　那又怎么样 ……………………………………… 309
　　慰词 ……………………………………………… 311
海因里希·埃格尔特 ………………………………… 312
　　我的仇人 ………………………………………… 312
　　临别 ……………………………………………… 313
埃里希·弗里德 ……………………………………… 314
　　措施 ……………………………………………… 314
　　恐惧和怀疑 ……………………………………… 315
　　无言 ……………………………………………… 315

短腿的谎言 ………………………………………… 316
　　　分居 ……………………………………………… 317
伊尔莎·艾兴格 ……………………………………… 318
　　　所属 ……………………………………………… 318
汉斯·卡尔·阿特曼 ………………………………… 319
　　　永远是鸟 ………………………………………… 319
阿洛伊斯·福格尔 …………………………………… 321
　　　昨日的朋友 ……………………………………… 321
瓦尔特·诺沃特尼 …………………………………… 322
　　　梦狗 ……………………………………………… 322
伊尔莎·蒂尔施-费尔茨曼 ………………………… 324
　　　沉默的伙伴 ……………………………………… 324
海因茨·皮昂特克 …………………………………… 326
　　　铁匠的女儿 ……………………………………… 326
阿洛伊斯·海尔葛特 ………………………………… 328
　　　无题 ……………………………………………… 328
欧根·戈姆林格 ……………………………………… 330
　　　字 ………………………………………………… 330
恩斯特·扬德儿 ……………………………………… 332
　　　口袋 ……………………………………………… 332
英格博格·巴赫曼 …………………………………… 333
　　　致太阳 …………………………………………… 333
　　　每天 ……………………………………………… 334
　　　缓刑的时间 ……………………………………… 335
君特·格拉斯 ………………………………………… 337
　　　打开的衣柜 ……………………………………… 337
　　　拍卖 ……………………………………………… 338
　　　在蛋里 …………………………………………… 339

我的橡皮 ································· 341
库尔特·克林格尔 ··························· 343
　　死亡变奏曲 ································· 343
彼得·哈克斯 ································· 344
　　我说话算数的 ····························· 344
汉斯·马格努斯·恩岑斯贝格 ············ 345
　　在一个和平爱好者的坟头 ············ 345
　　中产阶级的布鲁斯 ······················ 346
　　另一个人 ··································· 347
　　影子的王国 ································· 348
冈特·库纳特 ································· 351
　　一条旧街的旧照片 ······················ 351
　　应该是这样 ································· 351
耶尔格·施泰纳 ······························ 353
　　雨中 ·· 353
　　广岛 ·· 353
　　履历表 ······································· 354
格哈德·吕姆 ································· 355
　　二三事 ······································· 355
安德烈亚斯·奥柯本柯 ····················· 357
　　花园 ·· 357
托玛斯·伯恩哈德 ··························· 359
　　没有树 ······································· 359
马加丽特·赫策尔 ··························· 360
　　为一只狐狸写的安魂曲 ··············· 360
爱德华·卡尔·海因里希 ··················· 362
　　处方 ·· 362
恩斯特·大卫 ································· 363

阶段 ……………………………………………………… 363
康拉德·拜尔 ……………………………………………… 364
　　给尤蒂特 …………………………………………… 364
赖内·孔策 ………………………………………………… 366
　　夜曲（一） …………………………………………… 366
　　夜曲（二） …………………………………………… 366
埃尔弗里德·哈斯莱内尔 ………………………………… 368
　　无题 ………………………………………………… 368
克里斯托夫·梅克尔 ……………………………………… 370
　　孔雀 ………………………………………………… 370
　　工余 ………………………………………………… 371
卡尔·米克尔 ……………………………………………… 372
　　德国妇女，1946 ……………………………………… 372
赫伯特·库纳尔 …………………………………………… 373
　　自酿 ………………………………………………… 373
　　泼掉的牛奶 ………………………………………… 374
　　维也纳颂 …………………………………………… 375
　　告别 ………………………………………………… 376
　　着迷的人生 ………………………………………… 378
　　风景 ………………………………………………… 379
海因茨·切肖夫斯基 ……………………………………… 381
　　一个星期天下午的观察 …………………………… 381
　　她的皮肤冷得像雪 ………………………………… 382
尼古拉斯·博尔恩 ………………………………………… 384
　　三愿 ………………………………………………… 384
　　自然诗 ……………………………………………… 384
库尔特·巴尔奇 …………………………………………… 388
　　布莱希特之死 ……………………………………… 388

  人道主义者 ································ 388
基托·洛伦茨 ·································· 390
  单字 ······································ 390
胡伯特·法比安·库尔特瑞 ················ 393
  无题 ······································ 393
尤塔·许丁 ····································· 395
  夜间外面有几所屋子 ················ 395
福尔克尔·布劳恩 ··························· 397
  荒原 ······································ 397
埃达·施泰因文德尔 ························ 399
  玩偶 ······································ 399
彼得·保尔·维普林格 ····················· 401
  犹太人的墓地 ·························· 401
贡特拉姆·费斯佩尔 ························ 403
  什么都不怕 ····························· 403
  熟悉的新闻 ····························· 404
彼得·汉德克 ································· 405
  颠倒的世界 ····························· 405
  摘自《闲荡的结局》 ················ 408
约翰·埃彭贝克 ······························ 410
  昏暗中的谴责 ·························· 410
  猛兽 ······································ 410
赫尔穆特·施特拉达尔 ···················· 412
  你我之间的私房话 ··················· 412
阿克塞尔·舒尔策 ··························· 413
  哥伦布的一瞬间 ······················ 413
彼得·汉尼施 ································· 414
  无题 ······································ 414

于尔根·特奥巴尔蒂 ·················· 416
　　厨房里的诗 ················· 416
恩斯特·诺瓦克 ··················· 418
　　茫然 ····················· 418
赖因哈德·普里斯尼茨 ················ 419
　　风景 ····················· 419
汉斯·吉加赫尔 ··················· 421
　　无题 ····················· 421
伊尔莎·布莱姆 ··················· 422
　　玫瑰 ····················· 422
恩斯特·凯恩 ···················· 423
　　无题 ····················· 423
安德烈亚斯·卡尔帕蒂 ················ 425
　　麝牛 ····················· 425
斯特凡·门中 ···················· 426
　　没有明显的变化 ··············· 426
恩斯特·汉内斯 ··················· 428
　　1982年的贝鲁特 ··············· 428
古杜拉·齐默尔 ··················· 431
　　难画的肖像 ·················· 431
霍斯特·凯米希 ··················· 433
　　她的眼睛的另一种语言 ············ 433
　　创作 ····················· 434
　　黑暗的海湾 ·················· 434
　　夜间的水井 ·················· 435
　　你的寂静 ··················· 436
　　敏斯特的十二月 ··············· 437
　　闪烁壁炉旁的小夜曲 ············· 438

立像	439
亲自	439
在回忆的闪电里	440
被记起的问候，七月的脸	440
呼吸	441
夜里	441
桦树	442
猞猁	444
利刃的拜会	447
一瞥	448
旗帜	449
玫瑰	450
从一片无人之境	450
库尔特·施维特斯	452
致安娜·布卢姆	452

第三卷
诗歌：致后代

反法西斯诗篇

保罗·策兰	3
示播列	3
死亡赋格曲	5
埃里希·弗里德	7
我父亲的葬仪	7
悲叹	8

致统治者 ··· 8
最后的旅行 ··· 8

赫尔曼·哈克尔 ·· 10
犹太孩子,1945 ··· 10
洪水 ··· 11

埃尔斯·拉斯克－许勒 ·· 13
越过闪烁的砂砾 ·· 13
我躺在路边 ··· 14

内利·萨克斯 ··· 15
哦烟囱 ·· 15
哦哭泣的孩子们的夜晚 ··· 16
何等隐秘的血愿 ·· 17

弗朗茨·韦费尔 ·· 19
历代最伟大的德国人 ·· 19
逃亡者的梦城 ··· 20

贝托尔特·布莱希特 ··· 22
致后代 ·· 22

尼古拉·扬可夫·瓦普察洛夫 ··· 26
信念 ··· 26
工厂 ··· 29
回忆 ··· 32
西班牙 ·· 35
给母亲的信 ··· 38
我们将建造 ··· 42
无题 ··· 44

哲理诗

瓦尔特·萨维奇·兰多 ··· 47

行年七十五 ································· 47
艾尔弗雷德·丁尼生 ································· 48
　　裂缝墙上一朵花 ································· 48
　　橡树 ··· 48
夏洛蒂·勃朗特 ····································· 50
　　生活 ··· 50
托玛斯·哈代 ······································· 51
　　两个都在等 ····································· 51
威廉·沃森 ··· 52
　　无题 ··· 52
劳伦斯·比尼恩 ····································· 53
　　哦夏天的太阳 ··································· 53
拉尔夫·霍奇森 ····································· 54
　　奥秘 ··· 54
　　时间,你这老吉卜赛 ······························ 54
特奥多尔·蒂尔顿 ··································· 57
　　国王的指环 ····································· 57

爱情诗

赫尔曼·隆斯 ······································· 61
　　晚歌 ··· 61
　　又苦又甜的歌 ··································· 62
　　鬼 ··· 62
　　警告 ··· 64
　　采草莓 ······································· 64
　　小窗 ··· 65
　　勿忘我 ······································· 66
　　刨开 ··· 67

修女	68
爱的怨诉	69
访求爱情	70
冬天	71
贝托尔特·布莱希特	72
弱点	72
情歌	72
爱者之歌	72
卡尔·米克尔	74
哀歌,仿卡图努斯	74
约翰内斯·贝歇尔	75
奇迹	75
在你的手上	76
卡尔·克罗洛	77
情诗	77
约翰奈斯·波勃洛夫斯基	79
鸟窠	79
以你的声音	80
斯密斯	82
马莉安,这是你的	82
埃尔斯·拉斯克 – 许勒	84
一支恋歌	84
赖内·孔策	87
爱情	87
尼古拉·扬可夫·瓦普察洛夫	89
离别	89

儿童诗

阿德尔贝特·夏米索	93

巨人的玩具	93
路德维希·乌兰德	96
西格弗里德的剑	96
施瓦本的新闻	97
约翰·戈特弗里德·封·赫尔德	101
魔王的女儿	101
古斯塔夫·施瓦布	104
骑士与博登湖	104
恩斯特·扬德儿	108
在美味食品店	108
威廉·巴恩斯	109
母亲的梦	109
约翰内斯·R.克勒+奥斯卡	111
像你我一样的动物	111
牛蛙	112
金龟子	112
衣鱼	113
蚜虫	114
土鳖	114
蟋蟀	115
跳蚤	115
蜘蛛	116
蛾子	117
毛虫	117
蚯蚓	118
蟑螂	119
家蝇	119
臭虫	120

大蚊 ……	120
蜗牛 ……	121
蜜蜂 ……	122
知了 ……	122
孔雀 ……	124
雄鹅 ……	124
狼 ……	125
母牛 ……	125
鸵鸟 ……	126
猫 ……	127
老虎 ……	127
犀牛 ……	128
袋鼠 ……	128
狗 ……	129
猫头鹰 ……	130
猴 ……	131
猪 ……	131
大象 ……	132
公牛 ……	133
鳄鱼 ……	134
鹿 ……	134
狮子 ……	135

威廉·布什 …… 136
  顽童捣蛋记 …… 136
    写在前面 …… 136
    开篇 …… 137
    第一回捣蛋 …… 138
    第二回捣蛋 …… 140

第三回捣蛋 ……………………………………… 143
　　第四回捣蛋 ……………………………………… 146
　　第五回捣蛋 ……………………………………… 149
　　第六回捣蛋 ……………………………………… 152
　　第七回捣蛋 ……………………………………… 154
　　收场白 …………………………………………… 156
雷丁儿童诗选 ………………………………………… 158
　　德国作家约瑟夫·雷丁向中国小读者致意 …… 158
　　日安课本 ………………………………………… 159
　　白天,你早! …………………………………… 160
　　鼓励 ……………………………………………… 161
　　笛声 ……………………………………………… 162
　　毛地黄 …………………………………………… 163
　　我的皮球 ………………………………………… 164
　　叫人生病的机器 ………………………………… 165
　　不是超人 ………………………………………… 166
　　你们每天容忍这些嚷嚷 ………………………… 167
　　警察不是大块头 ………………………………… 168
　　我的城市 ………………………………………… 169
　　栽颗心 …………………………………………… 171
　　谁来洗河流 ……………………………………… 172
　　从多特蒙德到慕尼黑 …………………………… 173
　　这可跟政治有关 ………………………………… 175
　　我们家里不兴这个样 …………………………… 176
　　来吧! …………………………………………… 177
　　泥巴,沙土和尘埃 ……………………………… 178
　　游手好闲 ………………………………………… 178
　　如果动物用我们来做我们用它们所做的东西 … 179

传单	180
不像话	181
姑娘,别指望王子!	182
一份电报	182
教我儿子走路	184
互相关联	185
魔术师?	186
骗局	187
一只新老虎	188
电视广告	189
离婚	191
你可有点儿缺陷?	192
被打扰的桥梁建筑师	192
在月亮背后	193
好不容易	194
"假设"先生	194
天大的秘密	196
你怎么支持你的市镇?	196
老妖婆瓦克察恩的新闻	197
错位错得古怪的世界	198
别嚷嚷!	199
乖比尔	200
饱和饿	201
建议	202
你的帆是黑的	203
天黑以前要说白天好!	204
鼓掌,鼓掌,鼓掌	205
米盖尔十岁刚满	205

嘿?	206
海外奇谈式服装	207
家庭游戏	208
可不是稻草人	210
打扫是可以的	211
保健院	211
阿贝之歌	213
一本书好比一个港口	214
不是每个	214
奇妙的围场	215
明天的儿歌	216
强盗学	216
倒垃圾	217
最难的单词	218
用什么写作?	219
和平	219

第四卷

诗歌:里尔克诗选

《里尔克诗选》中译本插图版译者弁言	1
前言	1

早期诗作(选)

在古老的房屋	7
在老城	8
一座贵族宅院	9

赫拉钦宫城 ··· 10
十一月的日子 ··· 11
黄昏 ··· 12
年轻的雕塑家 ··· 13
春天 ··· 14
国土与人民 ·· 15
万灵节 ··· 16
冬晨 ··· 18
斯芬克斯 ·· 19
春天来了的时候 ··· 20
当我进了大学 ··· 21
尽管如此 ·· 23
母亲 ··· 24
卡耶坦·退尔 ··· 26
民谣 ··· 28
民歌 ··· 29
乡村星期日 ·· 31
夏日黄昏 ·· 32
古老的钟 ·· 33
中波希米亚风景 ··· 34
故乡之歌 ·· 35

（以上选自《宅神祭品》）

我怀念 ··· 36
我觉得，有一座小屋是我的 ························· 37
这儿玫瑰花儿黄 ··· 39
我们一起坐着 ··· 40

我希望，人们为我做了 ·················· 41
我羡慕那些云 ······················ 42
像一朵硕大的紫茉莉 ················· 43
我们走在秋天缤纷的山毛榉下 ··········· 44
在春天或者在梦里 ··················· 45
很久，——很久了····················· 46
　　（以上选自《梦中加冕》）

你我的神圣的孤独 ··················· 47
我爱被忘却的过道上的圣母 ············ 48
黄昏从远方走来 ···················· 49
少女们在唱 ························ 50
我常渴望一位母亲 ··················· 51
母亲 ····························· 52
　　（以上选自《基督降临节》）

有一座邸第 ························ 53
最初的玫瑰醒了 ···················· 54
在平地上有一次等候 ················· 55
这是最后几个小茅舍的所在 ············ 56
往往在深夜这样发生 ················· 57
那时我是个孩子····················· 58
你们少女要像舢板 ··················· 60
他们都说：你有时间 ················· 61
我那么害怕人们的言语 ··············· 62
不要怕，紫苑亦将老去 ··············· 63
　　（以上选自《为我庆祝》）

297

《图像集》(选)

第一册第一部分

入口 · 69
写于四月 · 70
汉斯·托玛斯六十诞辰二首 · 71
  月夜 · 71
  骑士 · 71
少女的忧郁 · 73
疯狂 · 75
钟情人 · 77
新娘 · 78
寂静 · 79
音乐 · 80
童年 · 82
童年一瞥 · 84

第一册第二部分

向入睡者说 · 85
人们在夜间 · 86
邻居 · 88
Pont du Carrousel · 89
孤独者 · 90
阿散蒂人 · 91
最后一个 · 93
忧惧 · 95
悲叹 · 96
寂寞 · 98
秋日 · 99

回忆	100
秋	101
在夜的边缘	102
前进	104
预感	105
暴风雨	106
斯科讷的黄昏	108
黄昏	110
严肃的时刻	111

第二册第一部分

圣母领报节	112
在卡尔特教团修道院	115
最后的审判	118
儿子	125
歌者在一位幼君面前歌唱	129

第二册第二部分

声音集	133
扉页题辞	133
乞丐之歌	134
盲人之歌	135
醉汉之歌	136
自杀者之歌	136
寡妇之歌	137
白痴之歌	138
孤儿之歌	139
侏儒之歌	140
麻风患者之歌	141
读书人	143

观望者 ·················· 145
写于暴风雨之夜(扉页题辞,外八首) ·············· 147
盲女 ·················· 152

《定时祈祷文》(选)

关于僧侣的生活(1—31) ·············· 163
关于参诣圣地(32—44) ·············· 196
关于贫穷与死亡(45—60) ·············· 211

《马利亚生平》(选)

马利亚在庙堂显圣 ·············· 239
约瑟的猜疑 ·············· 241
向牧人们的通报 ·············· 243
基督的诞生 ·············· 245
逃往埃及途中的休息 ·············· 247
迦拿的婚礼 ·············· 249
Pietà ·············· 251
马利亚之死 ·············· 252

挽歌(选)

为一位女友而作 ·············· 260
为沃尔夫伯爵封·卡尔克洛伊特而作 ·············· 272

《新诗集》(选)

早年阿波罗 ·············· 283
情歌 ·············· 284
东方的日歌 ·············· 285
约书亚聚集以色列众支派 ·············· 287

浪子出走	290
橄榄园	292
Pietà	294
女士们向诗人们唱的歌	296
诗人之死	297
佛	299
大教堂	300
陈尸所	302
瞪羚	303
独角兽	305
豹	307
圣塞巴斯蒂昂	309
施主	310
罗马石椁	312
天鹅	314
诗人	315
一个女人的命运	316
失明者	318
在一座异国林苑里	319
离别	321
死亡的经验	322
夏雨以前	324
大厅里	326
最后的黄昏	327
我父亲青年时期的肖像	328
1906年的自我写照	329
旗手	330
最后的伯雷德罗德公爵从土耳其人那里越狱	332

交际花 ·· 333
桔园的台阶 ·· 334
佛 ··· 335
罗马的喷泉 ·· 336
旋转木马 ··· 338
西班牙女舞蹈家 ······································ 340
岛屿 ·· 342
俄耳甫斯·欧律狄刻·赫耳墨斯 ···················· 345
阿尔刻斯提斯 ··· 350
维纳斯的诞生 ··· 355
艺妓墓群 ··· 358

《新诗集续编》(选)

远古阿波罗裸躯残雕 ································ 364
丽达 ·· 365
海豚 ·· 366
塞壬们的岛屿 ··· 368
被爱者之死 ·· 370
扫罗在先知之列 ······································ 371
撒母耳在扫罗面前显灵 ····························· 373
以斯帖 ··· 375
死之舞 ··· 377
押沙龙的背叛 ··· 379
亚当 ·· 382
夏娃 ·· 383
老者之一 ·· 384
盲人 ·· 385
火场 ·· 386

班子	387
弄蛇	389
黑猫	391
阳台	393
城市的夏夜	395
罗马郊野	396
海之歌	397
夜游	398
鹦鹉园	400
公园(之二)	402
画像	404
威尼斯早晨	406
威尼斯的晚秋	408
鹰猎	409
唐璜的童年	411
唐璜的选择	412
阳台上的贵妇	413
钢琴练习	414
钟情人	415
玫瑰花心	417
八十老妪写照	418
镜前贵妇	420
白发老妇	421
床	422
陌生人	424
火烈鸟	426
睡眠之歌	428
成年人	429

洗尸	431
诱拐	433
单身汉	435
孤独者	437
读者	438
苹果园	439
狗	441
光轮中的佛	442

《杜伊诺哀歌》

《致俄耳甫斯十四行》

第一部（共26首）	507
第二部（共29首）	534

未编稿及残稿（选）

西班牙三部曲	568
"他们把他们的声音投入"	571
基督的地狱之行	573
精灵阿莉儿	575
浩大的夜	577
"认识了她们就得死"	579
悲叹	581
被弃于心之山	582
致荷尔德林	583
死亡	585
让我大吃一惊吧，音乐	587
一而再	588

旅客	589
早春	592
散步	593
丰饶角	594
鬼火	596
鸟群从他身上穿过的那人	597
群神缓缓而行	598
在阳光普照的路上	599
你预先失去的情人	600
它向触感示意	602
对一些人她像酒	604
转折	606
为约翰·济慈的临终画像而作	609
哦微笑	611
在无辜的树木后面	612
致音乐:雕像的呼吸	613
我们,在扭斗的夜里	614
波德莱尔	615
手	616
假想的履历	617
由于飞扬般的陶醉	618
手掌	620
夜	621
引力	622
是时候了……	623
偶像	624
锣	625
童年的持续	627

赞美节致埃里卡 ………………………………………………	629
"世界在情人脸上" ……………………………………………	630
哦泪人儿 ………………………………………………………	631
哀歌 ……………………………………………………………	633
墓志铭 …………………………………………………………	636
年表 ……………………………………………………………	637

第五卷
散文·戏剧:永恒的交流

歌　德

向青年诗人进一言 ……………………………………………	3
自然 ……………………………………………………………	5
生活智慧(散文体格言) ………………………………………	9
关于个人 …………………………………………………	9
关于艺术 …………………………………………………	13
关于自然与科学 …………………………………………	20
关于伦理 …………………………………………………	25

里尔克

论风景 …………………………………………………………	33
论艺术 …………………………………………………………	37
《流浪人》:歌德诗作的思路与意义 …………………………	43
马尔特·劳里茨·布里格手记(选译) ………………………	46
脸 …………………………………………………………	46

为了一首诗	47
在国立图书馆里	51
恐惧	54
饲鸟人	55
易卜生	56
圣者的诱惑	59
浪子	60
骑兵旗手克里斯多夫·里尔克的爱与死之歌	66

茨威格

论歌德的诗	79
乔伊斯的《尤利西斯》批注	88
告别里尔克	92

纪伯伦

主之音	109
主和门徒	110
主的威尼斯之行	110
主之死	118
主的话语	127
谈人生	127
谈人之法则的殉道者们	128
沉思与冥想	129
谈初瞥	131
谈初吻	131
谈婚姻	132
谈人的神性	132
谈理性与知识	134

谈音乐	136
谈智慧	138
谈爱与平等	140
主的另一些名言	141
倾听者	143
爱情与青春	145
智慧与我	147
两个城市	148
自然与人	149
女巫	150
青春与希望	152
复活	154

疯人——他的寓言和歌诗 … 158

上帝	158
我的朋友	159
稻草人	160
梦游者	161
聪明的狗	161
两个隐士	161
有予有取论	162
七个自身	162
战术	164
狐狸	164
明智的国王	164
宏愿	165
新的乐趣	166
另一种语言	166
石榴	167

两个牢笼	168
三只蚂蚁	168
掘墓人	169
在圣殿的台阶上	169
神圣的城	169
善神和恶神	170
失败	171
夜与疯人	172
面孔	173
更大的海	173
被钉在十字架上	175
天文学家	176
莫大的渴望	176
一根草叶说	177
眼睛	177
两个鸿儒	178
当我的忧伤降生时	178
当我的欢乐降生时	179
"完美的世间"	179

沙与沫 ……………………………………… 181

米沃什

存在	201
一个装镜子的画廊	202
（第十二页）	202
（第十四页）	203
（第十七页）	204
茵陈星	206

（第三十九页）	206
（第四十三页）	206
（第四十六页）	207
（第四十九页）	208
青年人和神秘事物	210
野兽的肖像	225
什么东西是我的？	229
卡梅尔	232
论检查制度	239
作家的自白	247
附录　授奖词	256
受奖演说	260

基　希

报告文学：一个危险的文学体裁	273
生理学家巴甫洛夫的狗	277
纱厂童工	282
南京和红军	290

克里斯托弗·莫利

小品二则	303
说门	303
人靠什么为生	305

黑格尔传

引言	311
行动在先	314
科学之科学	334

精神的漫游	349
办报苦差	364
大逻辑	373
从崇高到可笑	387
密涅瓦的猫头鹰	403
理性与历史	419
在美的领域	430
上帝死了	441
通向真理的道路	450
布鲁塞尔、维也纳、巴黎	466
……没有完	479

第六卷
散文·戏剧:剧海悲喜

莎士比亚笔下的少女和妇人

引言	1
悲剧(之一)	
克瑞西达	19
卡珊德拉	22
海伦	23
维吉利娅	25
鲍西娅	28
克莉奥佩特拉	32
拉维妮娅	38
悲剧(之二)	

康斯丹丝 ……………………………………………… 45
潘西夫人 ……………………………………………… 49
凯瑟琳公主 …………………………………………… 51
贞德 …………………………………………………… 53
玛格莱特 ……………………………………………… 54
玛格莱特王后 ………………………………………… 56

悲剧（之三）

葛雷夫人 ……………………………………………… 63
安夫人 ………………………………………………… 66
凯瑟琳王后 …………………………………………… 67
安·波琳 ……………………………………………… 69
麦克白夫人 …………………………………………… 71
奥菲利娅 ……………………………………………… 73
考狄利娅 ……………………………………………… 76
朱丽叶 ………………………………………………… 79
苔丝德梦娜 …………………………………………… 82
杰西卡 ………………………………………………… 85
鲍西娅 ………………………………………………… 94

喜剧（之一）

米兰达 ………………………………………………… 101
提泰妮娅 ……………………………………………… 102
潘狄塔 ………………………………………………… 103
伊莫琴 ………………………………………………… 104
朱利娅 ………………………………………………… 105
西尔维娅 ……………………………………………… 106
希罗 …………………………………………………… 107
贝特丽丝 ……………………………………………… 108
海丽娜 ………………………………………………… 109
西莉娅 ………………………………………………… 110

罗瑟琳 …………………………………… 111
　　奥丽维娅 ………………………………… 112
　　薇奥拉 …………………………………… 113
　　玛利娅 …………………………………… 114
　　依莎贝拉 ………………………………… 115
　　法国公主 ………………………………… 116
　　住持尼 …………………………………… 117
　　培琪大娘 ………………………………… 118
　　福德大娘 ………………………………… 119
　　安·培琪 ………………………………… 120
　　凯瑟丽娜 ………………………………… 121

喜剧（之二）

　　第一部分注释 …………………………… 135

假不假？假而不假（代序）…………………… 144

爱德华三世

　　剧中人物 ………………………………… 153
　　第一幕 …………………………………… 155
　　第二幕 …………………………………… 164
　　第三幕 …………………………………… 180
　　第四幕 …………………………………… 196
　　第五幕 …………………………………… 213

　　第二部分注释 …………………………… 219

两位贵亲戚

　　剧中人物 ………………………………… 229

313

开场白	231
第一幕	233
第二幕	248
第三幕	266
第四幕	289
第五幕	302
收场白	320

第三部分注释 …………………………………… 322

黎 明

爱弥儿·维尔哈伦和《黎明》 …………………… 329

人物表	332
第一幕	333
第二幕	352
第三幕	368
第四幕	385

第四部分注释 …………………………………… 401

第七卷
散文·戏剧：浮士德

| 前言 | 1 |
| 《浮士德》中译本修订版说明 | 1 |

献词	1
舞台序幕	3
天堂序曲	7

悲剧第一部

夜	13
城门口	24
书斋	33
书斋（二）	42
来比锡奥尔巴赫地下酒店	53
女巫的丹房	63
街道	72
黄昏	74
散步小径	78
邻妇之家	80
街道（二）	85
花园	87
园中小屋	91
森林和洞窟	92
格蕾琴的闺房	96
玛尔特的花园	98
水井边	102
城墙角	104
夜（二）	106
大教堂	110
瓦尔普吉斯之夜	113
瓦尔普吉斯之夜的梦或奥白朗和 　蒂坦尼亚的金婚。插曲	124

阴天　原野 …………………………………………… 131
夜　开阔的原野 ……………………………………… 133
地牢 …………………………………………………… 134

第一部注释 ……………………………………………… 139

悲剧第二部

第一幕

宜人的佳境 …………………………………………… 188
皇帝的行宫 …………………………………………… 193
　　金銮宝殿 ………………………………………… 193
　　四通八达的厅堂 ………………………………… 200
　　御苑 ……………………………………………… 229
　　阴暗的走廊 ……………………………………… 234
　　灯火通明的大厅 ………………………………… 237
　　骑士厅 …………………………………………… 239

第二幕

高拱顶、狭隘的哥特式书斋 ………………………… 246
实验室 ………………………………………………… 253
古典的瓦尔普吉斯之夜 ……………………………… 258
　　法尔萨洛斯旷野 ………………………………… 258
　　珀涅俄斯河上游 ………………………………… 260
　　珀涅俄斯河下游 ………………………………… 265
　　珀涅俄斯河上游 ………………………………… 271
　　爱琴海的岩石海湾 ……………………………… 284

第三幕

斯巴达的墨涅拉斯宫殿前 …………………………… 300
城堡的内院 …………………………………………… 321

第四幕

高山 ································ 356

山麓小丘 ··························· 364

伪帝的营帐 ························ 374

第五幕

开阔地带 ··························· 382

宫殿 ································ 384

深夜 ································ 388

午夜 ································ 391

宫中宽广的前厅 ··················· 396

埋葬 ································ 399

山谷 ································ 406

第二部注释 ························ 418

第八卷

理论：美学拾贝

悲剧性 ······························· 1

喜剧性与幽默 ······················ 13

美学入门（节译） ·················· 31

关于美文学和艺术讲座——导论（1801—1802） ······ 55

马克思和比喻 ······················ 65

资本主义和艺术 ··················· 71

美学初探 ··························· 84

叙述与描写——为讨论自然主义和形式主义而作（1936年） ······ 195

文学与文学批评 …………………………………… 240
古典作家及其现代意义 …………………………… 250
《现代美学析疑》译者弁言 ………………………… 257
美学方面 …………………………………………… 261
新的感受力 ………………………………………… 302
反现实主义的政治 ………………………………… 323
弗洛伊德与文学 …………………………………… 354
弗兰茨·卡夫卡作品中的希望和荒诞 …………… 375
叶芝论 ……………………………………………… 386
《儒林外史》德译本译后记 ………………………… 399

第九卷
理论：十九世纪文学主流（第二分册）

一　心理学的文学观。德国的浪漫主义文学与丹麦的
　　浪漫主义文学 ……………………………………… 1
二　浪漫主义文学的消极准备。主观主义与回避现实。
　　蒂克的《威廉·洛维尔》。让·保尔的《罗凯洛尔》………… 14
三　浪漫主义的积极准备。《热情的奔放》…………………… 33
四　荷尔德林 ………………………………………………… 41
五　奥·威·施莱格尔 ……………………………………… 46
六　浪漫主义者的社会尝试。弗·施莱格尔的《卢琴德》…… 55
七　浪漫主义的无目的性。适应《卢琴德》的现实 ………… 60
八　施莱尔马赫论《卢琴德》的书信。乔治·桑和雪莱的
　　婚姻观 …………………………………………………… 81
九　威·亨·瓦肯罗德尔。浪漫主义文学对于音乐性和
　　音乐的关系 ……………………………………………… 90

十　浪漫主义文学对艺术与自然的关系。风景。
　　蒂克的《斯特恩巴尔德》 …………………………… 111
十一　浪漫主义的反映和心理学。蒂克的讽刺喜剧。
　　　恩·特·阿·霍夫曼。沙米索 ……………………… 131
十二　浪漫主义的心灵。诺瓦利斯和雪莱 ………………… 156
十三　浪漫主义的憧憬；"蓝花"。诺瓦利斯的《海因里希·
　　　封·奥夫特丁根》。艾兴多夫的《废物传》。
　　　丹麦的浪漫主义者 ………………………………… 181
十四　阿尼姆和勃仑塔诺 ……………………………………… 206
十五　浪漫主义戏剧中的神秘主义。蒂克。海因里希·
　　　封·克莱斯特。扎哈里亚斯·维尔纳 ………………… 225
十六　浪漫主义文学对于政治的关系。蒂克。费希特。
　　　阿恩特。察恩。福凯的骑士小说 ……………………… 262
十七　浪漫主义政治家。约瑟夫·格雷斯。弗里德里希·
　　　封·甘茨。约瑟夫·德·梅斯特尔。瑞典和挪威的
　　　浪漫主义文学 ……………………………………… 277

第十卷
理论：叔本华文选

新编前言 ……………………………………………………… 1
旧编译本序 …………………………………………………… 1

自我思考 ……………………………………………………… 1
论写作与风格 ………………………………………………… 11
论博学与学者 ………………………………………………… 43
论阅读与书籍 ………………………………………………… 54

关于美的形而上学与美学 …………………………… 65
论判断、批评、赞许与荣誉 ………………………… 102
论天才 ………………………………………………… 126
论自杀 ………………………………………………… 140
心理学备考 …………………………………………… 145
论教育 ………………………………………………… 177
论妇女 ………………………………………………… 183
论噪音 ………………………………………………… 195
比方,譬喻和寓言 …………………………………… 199
关于文学写作的美学 ………………………………… 207
关于音乐的形而上学 ………………………………… 222
关于音乐的内在本质 ………………………………… 232
关于艺术的内在本质 ………………………………… 235
关于可笑性原理 ……………………………………… 240
论历史 ………………………………………………… 253

附录:几首诗的说明 …………………………………… 261